古代歷史文化 研究輯刊

十六編

王明蓀 主編

第24冊

中國農業歷史研究（上）

張履鵬 著

國家圖書館出版品預行編目資料

中國農業歷史研究（上）／張履鵬 著 — 初版 — 新北市：花
木蘭文化出版社，2016〔民 105〕
序 10+ 目 2+244 面；19×26 公分
（古代歷史文化研究輯刊 十六編；第 24 冊）
ISBN 978-986-404-769-7（精裝）
1. 農業史 2. 中國
618   105014276

ISBN-978-986-404-769-7

9 789864 047697

古代歷史文化研究輯刊
十六編　第二四冊　　　　　　　ISBN：978-986-404-769-7

中國農業歷史研究（上）

作　　者　張履鵬
主　　編　王明蓀
總 編 輯　杜潔祥
副總編輯　楊嘉樂
編　　輯　許郁翎、王筑　美術編輯　陳逸婷
出　　版　花木蘭文化出版社
社　　長　高小娟
聯絡地址　235 新北市中和區中安街七二號十三樓
　　　　　電話：02-2923-1455／傳眞：02-2923-1452
網　　址　http://www.huamulan.tw 信箱 hml810518@gmail.com
印　　刷　普羅文化出版廣告事業
初　　版　2016 年 9 月
全書字數　356607 字
定　　價　十六編 35 冊（精裝）台幣 68,000 元

中國農業歷史研究（上）

張履鵬 著

作者簡介

張履鵬，《中國農業歷史研究》編著者爲天津市寧河蘆臺人，生於 1929 年，長期在農村工作，熟悉農村、農業和農民。早年曾經在河南省內的研究所和大學從事農業農業歷史研究與教學工作，擔任過教授和研究員職務。學術團體中曾任河南省農史研究會會長，首屆中國農業歷史學會副理事長，中國農業經濟史學會副理事長。曾出版《中國近現代農業經濟史》、《資源經濟學》、《農業區劃與佈局》等多部著作。獲多項國家、部、省技術進步獎，享受國務院特殊津貼。

提　　要

　　中國自古以來，號稱以農立國，農業是國家生存的命脈。中國農業發展的歷史，許多地方可以在世界上誇耀。治理了所有的大江大河，發展農田的排灌系統。改善農業耕作技術，培育優良品種，傳流古農書五百多鐘, 都是可稱道的。但是農村、農民常因自然災害，特別是社會動蕩，政權失誤，都會引起民生凋敝，農民走死逃亡。爲了今後的農業發展，對中國的農業歷史進行多方位的研究，以期透過農業發展歷程，闡述其規律，爲今後農業發展提供借鑒。農業歷史研究內涵和外延都很廣泛，諸如農村的社會結構，土地關係，賦稅制度，生產技術，經濟關係，農民生活都是農業歷史研究的範圍。農業又和工業發展、商務活動，財政金融等密切相關。本書都有所涉及。

序　一

　　張履鵬教授長期從事農史研究，碩果累累，是農史界的一位知名的學者。曾對農史研究的開展，新生力量的培養及農史知識的普及作出過重要的貢獻。

　　在農業技術史方面，十分重視實驗。在農史界形成一種不光憑書本，重視在實驗中找答案的新學風。像「區田法」、「溲種法」的研究成果，對學術界影響就較大。經過實驗，澄清了多年爭論的問題。

　　張履鵬教授在農業經濟史研究方面，涉及較廣。農田制度、資源開發、農產品貿易等研究課題新穎，不少是前人未曾涉及到的領域。近聞，張履鵬教授將多年研究成果，整理成書，名爲《中國農業歷史研究》，準備正式出版，聞之甚爲欣喜。這不僅是他本人的成果的一次彙集，也滿足了農史界盼之已久的一個願望。

　　我和張教授有多年的文字之交。他的文章同爲人一樣，淳厚、樸實、而又深沉。我喜歡他的爲人，也喜歡他的文章。今日得知《農業經濟史研究》即將出版，心中既高興又激動。寫此文字，算爲迎接本書早日問世的一聲歡呼吧。

閔宗殿序於北京

序　二

　　張履鵬教授是我們的農史界的老朋友。曾擔任過中國農業歷史學會的副理事長，現在仍擔任學會顧問。數十年來，對農業歷史研究，治學嚴謹，學識淵博，忠實於教學、科研。在農史界同仁中，年高德韶，平易近人，與人相處友善，切磋學術虛心，頗爲同行好評。數十年來，他在科研中，善於借鑒、汲取前人的成果，並在此基礎上，進一步鑽研，提出自己的獨到見解和新的觀點。他曾獲得省、部、國家級科研成果十餘項。現在享受自然科學和社會科學雙重的國家特殊津貼。

　　他同時還熱心於地方的農業、科學歷史研究的發展。曾成功的主辦了河南籍的明代科學家朱橚，和清代科學家吳其濬的學術討論會，受到國內、外學術界的重視。近年來，他將長期教學、科研中有關農業經濟史方面的成果、論述進行整理出版，定名爲《中國農業歷史研究》。內容廣泛，包括：農田制度史、資源開發史、農業生產技術史、農業科學史、農工商及貨幣關係史等，都有一定的創新性和科學性。該著作出版乃農史研究的大事。

周肇基於華南農業大學

序　三

　　張履鵬教授是我國農史學界的著名學者。早在上世紀五十年代，就開始從事農業歷史方面的研究，其成果在學界有重要影響，成爲建國後農史研究的先行者。1987 年當中國農業歷史學會成立時，他即以顯赫的學術成就，而被推舉爲該學會的副會長。他還積極倡導並主持創辦了河南省農史研究會。我雖在年齡上屬於張教授的晚輩，但在共同主持、創辦研究會和組織全國性的學術活動中，建立了眞摯的忘年之誼，深爲他的道德文章所折服。

　　張教授多年來治學勤奮、嚴謹，大膽創新，在農業歷史的廣闊領域內，筆耕不輟，建樹頗豐。尤其是在農業經濟史中的農田耕作制、農業生產技術、資源開發、經濟關係等方面，進行了精細的耙梳和深入的論證。這些論見多發前人所未發，或論前人所未詳，在許多方面塡補了學術研究的空白，深爲學界所稱道。欣聞張教授研究成果《中國農業歷史研究》即將出版，當屬學術論著之精品。這不僅是河南財經政法大學之大手筆，亦是農史學界之幸事。

鄭州大學王星光謹序

代自序——河南省農史研究會三十年回顧與展望

　　河南省農史研究會於 1984 年開始籌備，1986 年在鄭州正式成立，到今已經三十年了。為了使河南的農業歷史研究工作能進一步發展，優良傳統得到發揚光大，特以把三十年來學會活動情況進行回顧，並展望未來。今後希望河南農史界多出成果，多出人才，更好的為農業發展作出貢獻。

一、研究會建立時的情況

　　河南地處中原，是中華民族的發祥地。研究歷史，包括農業歷史，既有區域優勢，又有歷史優勢，得天獨厚。河南有眾多的代表各時期的農業文化遺址，如新石器時期的裴李崗文化、仰韶文化、大河村文化等。所以，國內的業內人士，以致外國專家，都非常關注河南的農業史研究的寶貴資源和研究進展。中華人民共和國農業部籌備成立中國農業歷史學會時，一直關注河南的歷史資料和研究隊伍現狀。撥亂反正以後，農業部委託中國農業科學院編寫《中國農業科學技術史》，會議召開地址就選中了鄭州。1979 年 3 月正式召開編寫會議，我省專家學者積極參與，盡了地主之誼。會議期間參觀了農業文化遺址，博物館，圖書館，收集了大量可貴資料。此次會議促進了省內農史研究學者與國內專家的交往，也促進河南省農史研究會的籌建。

　　經過兩年醞釀籌備，河南省農史研究會在河南省農學會領導支持下於 1986 年 10 月 18 日在鄭州正式成立。參加會議的有 25 名代表，包括有研究單位、教學單位和史志辦的工作者。會議期間宣讀質量較高的的論文 20 篇。研究會的成立受到國內、省內領導、專家的重視。中國農業歷史學會籌委會派

來咸金山專家與會祝賀。副省長邵文杰、省人大常委會副主任吳紹驥、范濂到會指導並講話。原林業廳廳長張企曾、原農業廳副廳長屠家驥擔任了本會的副理事長。為研究會站臺、撐腰。

二、研究會活動成績

研究會成立後，工作開展順利。在國內外先後發表有關農史論文在百篇以上，並非虛誇。編寫論著、教材十數本。為了加強學術的交流，還與有關學會組織跨會聯手。其中有河南省科學技術史學會農學史專業委員會、中國農業經濟學會農業經濟史研究會等。成立以來，除了省內的學術交流外，我會人員經常被邀請參加國際、國內的學術交流。並且受國家學會的委託，河南還組織了幾次全國性的學術會議。

植物學是農學的基礎科學之一。古代的三位著名的植物學家嵇含、朱橚、吳其濬都是河南原籍或久居地，各自分別出版過《南方草木狀》、《救荒本草》和《植物名實圖靠》等曠世名著。

1989 年 5 月，為了紀念科學先驅吳其濬誕辰 200 週年，我會受河南省人民政府等領導單位委託，在吳氏家鄉固始縣舉辦了「吳其濬學術討論會」。來自全國各地專家學者 60 餘人參加會議，研究討論他在植物學、藥物學、礦冶學、水利學多方面的成就。吳其濬是清代 200 年來河南籍的唯一的一位狀元。「宦跡半天下」，當過湖廣、雲貴總督，福建、山西巡撫。在高位上還注意科學，難能可貴。會議期間參觀了東墅植物園遺址。會後由河南農史研究會負責，編寫了《吳其濬研究》論文集。1991 年由中州古籍出版社出版。

另一位古代植物學家嵇含的《南方草木狀》及有關佚文，張宗子先生做了輯佚和校注。書名定為《嵇含文輯注》，於 1992 年由中國農業科學出版社出版。國內著名的考訂學家胡道靜，農學家吳紹驥給以肯定並作序。張宗子對地方志編製也有貢獻。《新安史蹟》於 2013 年有河南人民出版社出版。並考證過「函谷關」。

1994 年受中國科學技術史學會、河南科學技術史學會委託，我會協同開封地方志辦公室、河南大學，在開封舉辦了《救荒本草》和《普濟方》科學成就研討會。作者朱橚身為藩王，錦衣玉食，還關心民眾疾苦。他雖然是朱元璋皇子，祖居安徽，但他長期駐守開封，死葬禹州，一生研究資料也多取自河南，與河南結下不解之緣。全國專家學者到會百餘人，提出大量研究成

果。其中選取了 27 篇，編寫了《明藩王朱橚科學成就研究》論文集，於 2006
年由中國文史出版社出版。

2013 年 10 月中國農業歷史學會、中國農業博物館主辦的中國農業歷史學
會 2013 年年會暨第二屆中華農耕文化研討會在鄭州舉行。具體工作有鄭州大
學歷史學院王星光教授操辦。全國各地有 130 餘位專家、學者參加。韓國釜
山大學也有代表與會。收到論文近百篇之多。與會專家、學者圍繞中國傳統
農耕技術、中國農村社會與風俗文化、中國傳統農業與生態環境、中原農業
歷史成就等議題，進行了深入探討，展開了多視角、跨學科的學術討論。本
屆學術研討會深入探索了中華農業文明的形成、發展、交流及歷史成就，探
討了中原農業的歷史成就和影響，拓展了中國農史的研究視野，推動了我國
農業歷史研究的進步發展。代表們認為此次會議，參會人員之多、研究領域
較廣、水平亦高。論文經過整理後，已經出版論文集，以顯示新近農業歷史
研究的成就。會後還參觀了殷墟遺址和三楊莊遺址。

三、農史研究開展的有利條件

1、河南農史研究會之所以取得一些成績，其原因很多。農業歷史研究基
礎紮實，國內有一些素質很高的、成績卓著的先輩農史專家，為農史研究打
下很好的基礎。全國在解放前就有一些農學家和興農志士，熱心農史研究。
如辛樹幟、石聲漢、王毓瑚、萬國鼎、梁家勉諸先生是農史研究開創者，為
後人打下很好的基礎。

2、河南農業歷史研究的資源豐厚，有良好的研究基礎。歷史上農書最為
豐富，王毓瑚先生錄有古農書 611 種，河南居多。有眾多的歷史遺存，河南有
新石器時代的農業遺址，最近還出土了漢代三楊莊農莊遺址。保存了大量的
地方志文獻。

3、國際上農史研究有知音者，有用武之地。美國、英國、日本、韓國都
有一些很有造詣的研究中國農業歷史專家學者。像日本的天野元之助、西嶋
定生研究成果卓著，日本對《齊民要術》研究成風，被稱為「賈學」。美國的
一些美籍華人，也有許多成果。不斷的舉辦國際性的農業歷史研究會議。

4、解放後農業部的一些領導幹部，在指導農業生產時，深深體會到農業
遺產對現實農業的應有作用。像農業部劉瑞龍、王發武副部長等親自抓農史
研究工作，給學會大力的支持。在他們的領導下《中國農業科學技術史》於

1989 年出版，並獲得國家科學技術進步獎。還編寫了《中國農業大百科全書》，其中包括有《農業歷史卷》一部，我會科研人員亦參加編纂工作。

5、學術界需要農業歷史的研究，相互依存，相互交流。農業歷史研究對作物的鑒定，農具發展，農業生產多方面，都起到現實作用。

四、開展農史研究的問題和不利因素

1、會員發展不連貫，中間出現斷層，有近三十年青黃不接。這與辦學方向是有很大關聯。老一輩的學者一般國學基礎好。解放後一段時間放鬆歷史學習，甚至篡改歷史、曲解歷史。特別是開展批林批孔運動、評水滸等對農史研究開展有其負面作用。學界對歷史研究缺乏熱情，急功近利，浮躁情緒抬頭，不能也不願坐下來研究學問。

現今情況已經有了很大的變化，一批青年博士學者已經做出了可喜的成果。如黃富城《漢代農業制度與農業文化》已經由九州出版社出版，《列入中華農業文明研究院文庫》。賈兵強所著的《楚國農業科技與社會發展研究》在科學出版社出版。符奎博士為研究三楊莊遺址，在當地蹲點調查，編寫了專著。2013 年在鄭州召開的中國農業歷史年會上，在河南工作的青年學者提交的論文就有 30 餘篇。

2、不善於適應現在的辦學會的辦法，作學問內行，辦社團外行。河南省農史研究會過去是屬於河南農學會領導，原來與民政廳無涉。現在民政廳對社團每年要辦年檢，多為會計報表之類，查年收入、開支，並不涉及學術問題。適應當今辦會條件，辦法不多。學會辦企業既無資金，又無能力。科研成果難以轉移。需要尋求新的出路、辦法。

3、河南缺少農業歷史專門機構，只有河南農史研究會起聚合農史界同仁的作用，但其作用是有限的。省農史研究會在成立時，曾建議籌備建立專業機構，河南農學院、河南農業科學院雖有意圖，但難實現。農業歷史研究與歷史資源大省很不相對應。本會初成立時掛靠在原河南財經學院，由於現在成為大學，專業擴展，加上諸多緣故，難以維持，須要重組整合，以利學術的開展。

河南省農史研究會會長　張履鵬

2014 年 5 月 10 日

序 一 閔宗殿

序 二 周肇基

序 三 王星光

代自序——河南省農史研究會三十年回顧與展望

張履鵬

目 次

上 冊

農業開發史篇

我國農業資源開發利用的歷程 ……………………… 3

黃淮海平原墾殖史略 ……………………………… 9

河南省農業經濟區域歷史發展簡述 …………… 21

河南省黃河故道和灘地開發研究 ……………… 27

魏晉南北朝農業資源開發利用 ………………… 35

農業經濟史篇

西漢文景時期的糧食生產水平芻議 …………… 49

我國農田耕作制度的發展史 …………………… 63

我國歷代作物佈局的演變 ……………………… 67

魏晉南北朝區域農業生產概況 ………………… 77

民國以降天津濱海農村的社會經濟轉換——

以寧河蘆臺鎮蘇莊爲例 …………………… 85

農業技術史篇

古代相傳的區田栽培法 ………………………… 91

漢代推行代田法在農業技術改革中的作用 …… 97

溲種法研究 ………………………………………… 103

冬穀試驗及調查報告 …………………………… 107

預防春旱及抗旱歷史經驗 ……………………… 113

歷代相傳社日種麥經驗 ………………………… 117

農業遺產與考古篇

漫談研究繼承農業遺產 ………………………… 123

河南古代的植物學家 …………………………… 127

穀子起源與分類研究 …………………………… 131

國內首次發現漢代村落遺址 …………………… 137

農田制度史篇

歷代田制分期回眸與展望 ························· 145

漢初名田制執行情況探討 ························· 163

名田制是地主豪強莊園經濟發展的基礎 ············· 177

莊園制與佃耕制不同時期土地改革問題的差異 ······· 191

編戶齊民是歷代政權追求農戶的模式 ··············· 201

租佃制是具有活力的土地流轉方式 ················· 217

從柴山保土地革命談佃耕制 ······················· 233

下　冊

農業財稅金融史篇

儒家輕繇薄賦思想的傳承及其影響 ················· 247

歷代農稅改革探討 ······························· 255

歷代稅收財務管理方式的變革 ····················· 269

農業生產發展與貨幣起源 ························· 279

貨幣發展階段與農業經濟關係 ····················· 283

農業經濟發達的宋代多彩貨幣 ····················· 291

歷代金屬貨幣使用價值研究 ······················· 301

試論民國前期貨幣金融變革成效 ··················· 313

農村商貿旅遊史篇

近現代農產品對外貿易 ··························· 325

重農政策與官工官商關係 ························· 331

宋代城鄉集市貿易興起的緣由探討 ················· 341

宋代田園詩中所見的農村實況 ····················· 349

休閒農業現狀與創意 ····························· 359

宋代農村觀光休閒已經形成風氣 ··················· 365

發揮古代逸居習俗辦好臨黃農村休閒業 ············· 371

農業社會史篇

農業狀況與古代官俸關係 ························· 377

農村基層行政變革歷程 ··························· 387

簡論使用農奴史 ································· 401

西漢名田制執行中的賣爵與賜爵 ··················· 411

民國時期的南陽鄉村自治 ························· 431

大躍進豫北農村記事 ····························· 439

推行鄉村民主自治評估 ··························· 451

農業開發史篇

我國農業資源開發利用的歷程

提　要

　　農業資源是農業生產的基礎，以往只重視自然資源，現在人文資源已經得到重視和發揮。現代旅遊業的發展，已經成爲重大的開發資源，重要的國民經濟支柱之一。我國自然資源的開發和利用，至少在七、八千年。先秦時期就已經重視自然資源管理，並建立一些制度，收到了保護自然資源的效果。到近現代由於科學的進步，進行了以自然資源爲主的綜合考察，取得一些成果。進一步摸清資源家底，認識國情，爲發展國民經濟提供可靠依據。

　　農業資源是社會生產的重要組成部分，是人類賴以生存的條件，是社會財富的源泉。經濟上最合理、最有效的開發、利用和分配每一種資源是人們所追求的目標和基本前提。資源的內容和含義是隨著社會發展而變化的，因此，資源是動態的概念，是隨著人們對它認識和利用的程度不斷變化。資源概念產生於近代，古代對「資」的涵義只是做爲物質、財貨。如《詩經‧大雅》：「喪亂蔑資」，《戰國策》：「地方千里，帶甲百萬，車千乘，騎萬匹，粟支十年，此霸王之資也。」國土、軍隊和糧食是支撐一個國家的主要資本。由於人們認識的不斷加強，在近代「資源」作爲辭句才廣泛應用。民國時期有資源委員會，指負責開發工礦工作的機構。《辭海》對資源的解釋爲「資財的來源，一般指天然的財源」。但現在人們對資源認識不止於此，認識不斷地深化，聯合國環境規劃署對資源下的定義是：「所謂資源，特別是自然資源，是指在一定時期、地點的條件下能夠產生經濟價值，以提高人類當前和將來

福利的自然因素和條件。」這就把資源和環境條件聯繫在一起，資源是自然的社會的環境的組成部分，比較全面地說明了什麼是資源。但還只是局限於自然資源的解釋。

馬克思在《資本論》中指出：「勞動和土地，是財富兩個原始的形成要素。」這裏，除自然資源以外，還把人的因素考慮到也是財富的資源，包括勞力和技術等。恩格斯在這個問題上闡述的也很清楚：「其實勞動和自然界一起才是一切財富的源泉，自然界爲勞動提供材料，勞動把材料變成財富。」〔註1〕這就是對資源的廣義理解，資源不但包括勞動對象——自然資源，而且也包括人類勞動的社會、經濟、技術等因素，人才、智力都可作爲資源。這才是完整的科學的資源範疇，也是完善的科學表達，也就是自然和社會結合的基本概念。

我國古代就已經懂得這個道理。傳說唐堯時，人們祝福他時的「華封三祝」內容就是「多福、多壽、多男子」；古代社會統治者就知道如何多佔用勞動力，如戰國時期各國還盡力搜集人才，來發展國家實力。

資源的寬度，隨著歷史發展不斷擴展。虛化性的資源，如文化、精神等方面在我國古代已開始注意。宋代文學家蘇軾在《赤壁賦》中提到的：「唯江上之清風，山間之明月，耳得之而爲聲，目遇之而成色，是造物者無盡藏矣。」他認爲精神財富是寶藏還沒有形成經濟優勢，只是到現代旅遊業的發展，才成爲重大的開發資源，重要的國民經濟支柱之一。

一、先秦時期資源開發利用和保護

我國是古老文明的國家，至少在七、八千年前已從事農業生產。在黃河流域從河南新鄭裴李崗文化和河北武安磁山文化遺址看，在新石器時代已經進行以種粟爲主的農業生產；浙江餘姚縣河姆渡出土的稻可以證明，長江下游已從事以稻爲主的農業生產。農業生產主要利用氣候、水、生物和土地資源。由於人們的認識不斷提高，由原始的刀耕火種「焚山林、破增藪」〔註2〕掠奪式的農業，向利用、保護並重的農業生產方式過渡，由放任型向管理型過渡。這時期資源的利用是有限的，經濟發展也很緩慢。

隨著生產力的不斷提高，階級社會的建立，資源，主要是土地資源開始

〔註1〕馬克思，《恩格斯選集》第三卷508頁，人民出版社，1972年出版。
〔註2〕《管子·地員篇》

私有化。社會分工還使資源範圍不斷擴大，如西周時期家庭經濟已經容納了紡織、農具修造、編造、房舍建築、家畜飼養、伐薪燒炭等生產。這就需要開發水域、草原、森林、礦產以至各種生物資源。隨著一部分經濟資源的私有化，諸侯國也相應建立了管理山澤的制度，《周禮》記載我國在周朝就已設立虞官，管理農田以外的山澤，此官職一直保留到春秋、戰國。

在以農業生產為主的自然經濟社會，古代經濟思想家一直很重視合理利用資源。《禮記‧王制》提到「田（獵）不以禮，曰暴天物。天子不合圍，諸侯不掩群。……獺祭魚，然後虞人入澤梁，豺祭獸，然後田獵，鳩化為鷹，然後設罻羅；草木零落，然後入山林；昆蟲未蟄，不以火田，不麛、不卵、不殺胎，不夭夭，不覆巢。」

戰國末期的《荀子‧王制》篇就提到：「草木榮華滋碩之時，則斧斤不入山林，不夭其後，不絕其長也，黿鼉（音駝）魚鱉鰍鱔孕別之時，網罟毒藥不入澤，不夭其生，不絕其長也」。漢代的《淮南子》對先秦時期的資源開發與保護做了如下總結：「故先王之法畋不掩群，不取麛夭。不涸澤而漁，不焚林而獵，豺未祭獸（秋末），罘罝不得布於野；獺未祭魚（初春），網罟不得入於水；鷹隼未摯，羅網不得張於溪谷；草木未落，斤斧不得入山林；昆蟲未蟄，不得以火燒田；孕育不得殺，鷇卵不得探，魚不長尺不得取，彘不期年不得食。」這是在農業生產為主的社會，人們對資源保護利用的認識。《書‧武成》還提出了反對「暴殄天物」的思想，成為我國傳統的社會道義觀念，對保護資源起了思想指導作用。

和自然經濟社會生產、生活至關重要的兩大工業資源鹽、鐵，在此時期已占重要地位。在管理以土地山林為主的農業資源以外也加強了對鹽、鐵的管理。在先秦時期，在能源方面還主要依靠木材，森林還沒有達到稀缺程度，採樵燒炭已成為一種行業。礦物能源中煤碳，在《山海經》和《漢書‧地理志》上，都已有記載，稱為「湟石」。但到唐宋時期，煤才普遍用於冶煉、燒窯等方面。石油在《漢書》中亦有記載，在高奴（今延安一帶）曾發現有石油，到唐代才開始利用石油照明，宋代用於軍事上的火器。直到20世紀才用近代方法開發煤田，解放以後才有我國自己的石油工業。在漫長的歷史中，礦產資源利用是非常緩慢的。

先秦時期在管理自然資源方面，已經建立一些制度，也收到了保護自然資源的效果。西周對山澤資源管理施行了因時禁發政策。《周禮‧山虞》提到：

「物為之屬,而為之守禁,仲冬斬陽木,仲夏斬陰木;⋯⋯以時入之。」《禮記・王制》規定:「草木零落,然後入山林。」

東周時期,齊國是經濟發展較先進的地區,管仲除繼續推行因時禁發外,還重視海澤資源的管理,施行官山海政策。為此國家控制鹽鐵業,減少農民的農業稅收,休養生息。

商鞅則在秦國推行「壹山澤」政策,即是國家壟斷全部山澤資源經營,禁止民間開發利用,使「惡農慢惰倍欲之民,無所於食,無所於食則必農,農則草必墾」,促使農民回到農田勞動,客觀上也就保護了山澤資源。

二、秦漢後君主時期資源開發利用

秦漢以來人口增殖,土地資源開墾利用,在廣度和深度方面都有擴展。三國時期連年戰亂,人口銳減,土地荒蕪。又因戰爭常採用火攻,山森資源深受破壞。晉代自永嘉南渡以後,人口南遷,以至南朝時期江南地區農田開發利用較快。山林川澤仍作為國家控制的一部份,施行過「限田制」等保護措施,雖時開時禁,此禁彼開,但收到一定效果。到劉宋時期私人管理好的山澤,政府不再追回。唐代以來到晚清時期山林開墾較多,雖說「四海之內,高山絕壑,耒耜已滿」(《元次山集》),但直到清代還保有大量的未利用荒山水澤,東北、內蒙旗地被列為禁地,禁止漢人墾殖,清代末期才大量地被開墾。

我國歷史上資源開發特點是:廣度大而深度較差。特別是礦產資源、水資源開發利用低下,主要是資源不清,技術落後,沒有把資源優勢轉化為經濟優勢。所以我國資源開發既古老又年青,許多資源有待開發。

三、近代的資源開發利用

世界上在工業革命的推動下,正處於資源開發有科學技術指導興盛時代,而我國卻是處於半殖民地半封建社會,資源受帝國主義和官僚資本主義控制和掠奪。中國主要礦產如煤礦、金屬礦藏資源深受外國控制而霸為己有。由於科學技術落後,對資源情況不清,地上資源缺少統計調查研究,地下資源更是不瞭解數量、質量,資源的開發都比較差。另一方面一些資源科學工作者,在條件很差,設備簡陋的情況下慘淡經營,在化工資源、地質、森林資源等方面也做了不少工作,為新中國的資源開發打下了一些基礎,是非常難能可貴的。

四、現代資源綜合考察

解放後，爲了適應大規模經濟建設的需要，曾先後組織了各種學科的專業技術人員，進行了以自然資源爲主的綜合考察，取得一些成果。

（一）綜合考察過程

新中國有關自然綜合考察大致分爲三個階段：

第一階段是新中國成立初期，爲了適應綜合開發的需要，曾先後組織地學、生物、經濟、工業、農業、交通等各種必要的學科與專業力量進行了一些考察工作，取得一些成果。國家曾組織過熱帶生物考察，黃河中下游水土保持考察等，爲發展熱帶地區以橡膠爲主的生產和黃河的綜合治理提供了科學依據。第二階段在 1956 年以後國家制定十二年科學發展規劃，重點是以未開發的邊遠地區爲主，像治沙考察、鹽湖開發等。曾大規模地開展黃淮海平原綜合治理考察。十年動亂造成時斷時續，參加的學科少、規模小，考察周期亦短。第三階段在粉碎「四人幫」以後，1978 年召開了科學大會，制定科學發展規劃草案，成立了相應機構——資源考察委員會。1979 年全國開展了農業區劃工作，我國大部分縣份已完成了農業自然資源考察和農業區劃工作，進一步正在制訂規劃以便進行實施，有些成果已應用於生產，如調整農業生產結構、調整作物佈局已大見成效。考察的手段已大大提高，電子計算機、遙感技術等在黃淮海綜合考察中已經應用。1982 年又開展了國土資源調查工作，我國政府先後動員了各級政府部門、科研單位、高等院校及社會各界共 100 多萬人參加國土資源調查，進一步摸清資源家底，認識國情，爲發展國民經濟提供可靠依據。

（二）綜合考察性質

綜合考察的性質有三種：

1、**地區性的綜合考察**：它的基本內容是全面分析各地區各種資源的開發利用的潛力與利弊，原則探討地區經濟發展的方向與進程，比較、論證主要工農業生產部門遠景規模與資源保證程度，重點研究重要工、農業基地的合理佈局，以及科學預測地區開發中可能出現的重大技術經濟問題與相應對策，以便給有關計劃、設計、基建部門制定長遠規劃時提供依據，作出區域性的發展計劃。

2、**重大專題考察**：專題考察是一個或幾個專題爲主的考察。涉及面比較

廣,大致有三個方面,一是有關大自然改造方面,如跨流域調水、水土保持、沙漠的治理改造;二是有關重大自然資源的開發方面,如熱帶、亞熱帶生物資源、宜農荒地、天然草地、鹽湖等;三是有關生產建設的重大問題,如工業基地建設、鐵路選線等。

專題研究既要側重於長遠的目標,又是當前生產建設的重要問題。工作採取重點調查與觀測試驗相結合,其考察成果可以為有關部門及時採納應用。

3、學科性的考察:多為探討性的考察,以填補充實學科內容為目的,如冰川、海塗、氣象、地質等學科,為合理開發利用與保護該地區資源提供科學依據。

見 1993 年 1 期《古今農業》

黃淮海平原墾殖史略

提　要

　　我國是一個古老的農業大國，有豐富的農業生產經驗，曾爲世界所矚目。實現農業現代化，走中國式的道路，就需要研究我國各地區的農業發展歷史，這對現實有重要的意義。黃淮海平原是國內最大平原之一。平曠的地貌，大陸性季風旱澇不均的氣候，三條水系的影響是其主要的自然地理因素。三條水系中，以黃河最爲源遠流長，北侵海，南奪淮，在大平原上往返擺動，對黃淮海地區的農業生產，乃至政治經濟生活的影響最大。這一地區農業生產歷史悠久，但是農業生產低而不穩，到現在依然存在旱、澇、沙、鹼等問題。研究其農業發展歷史，找出規律，可以避免今後開發的盲目性。本文僅就這一地帶的墾殖歷史提出簡略看法。

一、史前情況——黃淮海平原農業生產起步較晚

　　根據文物和考古研究的成果，黃河中游、海河上游，是以種粟爲主、旱農生產的最早地區。就農業生產結構來講，今天仍然如此。河南新鄭裴李崗文化遺址、河北武安磁山文化遺址距今有七千餘年的歷史，這一帶是山丘和平原的過渡地帶，依山傍水，有利農業生產。江浙一帶沼澤地發展稻作生產也比較早，浙江河姆渡文化遺址亦屬於新石器時代早期。新石器時代中期的仰韶文化西安半坡遺址亦山前平原爲主。晚期龍山文化的大汶口遺址，也處泰山的緩斜平原地帶。上述遺址的優越自然地理條件，使之成爲農業生產的發祥地。古代所謂「三農生九穀」，三農就是原、隰、平地。地勢較高的平坦

地區最理想，既可避洪水，又有水源。

　　同期內，在廣大的黃淮海平原，農業考古發現甚少。因為黃河橫流浸溢，又攜帶著巨量泥沙，這就不利於農業生產的發展。該平原的農業起步較四周晚，是可以理解的。

二、夏、商、西周時代——由治水開始發展農業

　　由於社會的發展、技術的提高，開墾農田亦大有進展。大禹治水的傳說，反映了當時人們治水闢田的願望。目前夏代出土文物是有限的。夏主要活動在陽翟（今河南禹縣）、大夏（汾澮河區域）、安邑（今山西安邑）、原（今河南孟縣）、老丘（今河南開封）等地。據此看來，農業生產重點還是承繼新石器時代遺址，局限在山前緩斜平原一帶，平原地帶當時由於淤積年限較短，地貌亦比現在差異大，高阜土丘和沼澤比較明顯。點片發展主要是在平原的高阜之地，傳說中的黃帝三支子孫中除帝嚳居亳（今河南偃師）外，少昊居典阜，顓頊居帝丘，並傳說夏代仲康子相逃到商丘。阜、丘都代表高地。

　　大禹治水的範圍，目前還說不太清楚。根據當時的條件，治河範圍不會太大。起於黃淮平原的商也有治河的傳說。《國語・魯語》上說「冥勤其官而水死，……商人禘舜而祖契，郊冥而宗湯。」冥是商湯八代祖，治河而死，受到後代的敬仰。治河的目的還是發展生產，墾闢農田。商代建立後六次遷都，「涉河以民遷」，為的是避水害，說明大平原還是不安全的。最後兩次遷到安陽小屯和淇縣朝歌，才到達了山前平原地帶。周代由關中平原向東發展而滅殷，其政治經濟中心在關中和殷商舊地。

　　三個朝代在大平原開墾事績，周多於殷，殷多於夏，說明了生產是不斷發展的。當時大平原林木叢生，還分佈著竹鼠、象、犀牛、貘等。〔註1〕因為存在大量池沼，捕魚也是生產的重要部份，河南永城王油坊遺址就發現有網墜。〔註2〕殷墟中出現六種魚骨〔註3〕，既有河泊魚種，也有河海交接處魚種。當時大平原漁獵生產比重還很大。

　　傳說夏代已經利用隰地種稻，《史記・夏本紀》載：禹令「益於眾庶稻，可種卑濕」。利用低窪地種稻比裴李崗文化有發展。殷周時代記載其傳說更多，《戰國策》就提到：「東周欲為稻，西周不下水。」夏代還出現有溝洫，

〔註1〕竺可禎：《中國近五千年來氣候變遷的初步研究》。
〔註2〕見《中國水利史稿》。
〔註3〕見《中國水利史稿》。

史稱「禹……盡力乎溝洫」。﹝註 4﹞目前洛陽就出土有很深的人工溝。在老農業區，河南安陽，山東益都，河北藁城等地，有商代的養蠶文物出土。大平原腹地的蠶業則不發達，鄭、曹、衛等平原種桑的記載，卻晚見於《詩經》。

三、春秋戰國時期——農墾向大平原逐步推進

春秋戰國，鐵質農具逐漸應用，生產力不斷提高，大平原的開發速度加快。這一帶已出現象宋、衛、陳、蔡等較大國家，但還遠不如農業發展較早的晉、秦、楚、齊等國的國勢強盛。平原農業生產較好的還是丘阜高地。在此以前已開拓的高地如帝丘、老丘、商丘、營丘已成為衛、魏、宋、齊等國的都城。春秋時代高地城邑又有發展。或為國都，如楚丘（衛文公遷都於此），雍丘（杞國都）；或為較大的經濟都會，如陶丘（今定陶），葵丘（今蘭考），平丘（今陳留），牡丘（今茌平）；或為諸侯大夫的采邑、食邑，如瑕丘（今濮陽境）、閭丘（今鄒縣東），咸丘（今巨野東），貝丘（博興南）等。此外，如安丘（今膠東），桃丘（今陽谷）、重丘（今巨野）、頓丘（今內黃東）、梁丘（今城武東北）、谷丘（今虞城南）、雞丘（今雞澤）、廩丘（今范縣南）、長丘（今封丘境）等亦很著名。平坦低窪地開發較晚，說明有一定的困難條件，易受水害。這一帶還有大片空地沒有開拓，《左傳》記載：「宋鄭之間，有隙地焉。」《史記》上亦提到燕齊之間，相當於今德州以北，也有大量隙地，以致燕莊公入了齊境還不覺察。這時期四周發展起來的強國不斷向黃淮海大平原墾闢，尤其以種稻為主發展起來的楚國，一度把淮河流域的壽春作為政治經濟中心，興建了大型農田水利蓄水灌溉工程，如芍陂、思期陂等，對發展農業生產起了重要作用。

水利工程，治城改土等，在春秋時代雖已有所發展，但還是在山前平原老農業區。像《水經·濁漳水》提到「終古瀉鹵」，注意鹽鹼地危害。西門豹領導建成漳水十二渠引水種稻，先由洗鹽開始。井田溝洫有所發展，孔子就贊許：「田疇盡易……溝洫深治」﹝註 5﹞，看來平原有發展溝洫的可能。

四、秦漢時期——大平原開發的高潮

經秦統一六國，到漢初是農業生產的鼎盛時期。漢代在比較安定的條件下，人口增長很快。漢朝建立之初只有六百萬人口，經二百餘年，到漢平帝

﹝註 4﹞見《史記》。
﹝註 5﹞見《中國水利史稿》。

元始二年（公元 2 年），人口增加到五千九百多萬，增長近十倍。為了人們生活的需求，必須擴大耕地。在三大農業發源地（即「三河」地區，〔註6〕長江下游，齊魯之地）中間地帶黃淮海平原是最好的拓荒墾殖對象。它土地平坦，鬆軟而肥美，適合發展農業生產。但必須克服水害，才能達到一定效果。《史記·貨殖列傳》描述這一帶：「夫自鴻溝以東，芒碭以北，屬巨野，此梁、宋也。陶、睢陽亦一都會也。昔堯作成陽，舜漁於雷澤，湯止於亳，其俗猶有先王遺風，重厚多君子，好稼穡。雖無山川之饒，能惡衣食，致其蓄藏」，「齊帶山海，膏壤千里，宜桑麻，人民多文采布帛魚鹽」，「鄒魯濱洙泗……頗有桑麻之業，無林澤之饒」，「燕有魚鹽棗栗之饒」。看來這一帶林業不甚發達，但有棗栗桑等。沿海湖泊一帶有魚鹽之利，有農業興盛之象。

漢代農作物生產，已奠定多種作物種植的輪作制基礎《漢書·食貨志》提到：「種穀必雜五種，以備災害」。大豆面積已經增加，《氾勝之書》估計西漢時每個勞動力就種五畝大豆。大豆和穀子在作物中占主要地位，漢代文獻常見菽粟連稱。《天祿拾餘》載，豆腐是淮南王劉安所發明，至今八公山豆腐還享有盛譽，說明淮河流域盛產大豆。延續到現在，形成黃淮大豆產區。由於技術的進步，這一帶農作物產量不斷提高，《管子·治國篇》提到：「常山之東，河汝之間……中年畝二石，一夫為粟二石。」到東漢時，黃淮海平原人口已很密集，說明墾殖量之大，崔是在《政論》上說：「今青、徐、兗、冀，人稠土狹，不足相供」。林業以楸木最著，《史記·貨殖列傳》提到：「淮北常山以南，河濟之間，千樹楸」。

正是黃淮海平原大發展時期，黃河水患的記載，也最頻繁。首次在文獻上出現黃河名稱，《漢書》提到「使黃河如帶，泰山如礪」。考查其原因，一方面是治水工程趕不上農業的發展；另一方面田疇的墾殖增加，對水害非常的敏感了。黃河改道的最早記載是周定王五年（公元前 602 年），說明當時由於農耕發展已重視水道的變化了。漢代以前，對河道不斷有過治理和修防，但在諸侯各自為政的情況下，沒有統一的修整，甚至以水相互攻伐。統一後，漢代不斷的治理河道，政府也較重視。漢武帝在元封二年（公元前 109 年）曾親自主持過治河工作。東漢永平十二年，朝廷派王景治理黃河，有重要的成效，穩定了河道，有利這地區的農業發展。漢代對淤地肥田有限明確認識。西漢人賈讓曾說過：「河水時到時去，填淤肥糞，民耕田之」。〔註7〕

〔註6〕三河在漢代指河內、河東、河南，今晉南、豫北、豫西一帶。
〔註7〕見《中國水利史稿》。

五、魏晉南北朝時期──動盪的農業生產

東漢末年，連年戰爭，三國鼎立時，人口已大量減少。西晉統一不久，又出現南北朝分立，這時期黃淮海農業生產受到較大的破壞，許多農田荒蕪。黃河水患已無所謂，被人們所忽視，即為所說的「百年安流」時期，農業生產結構也發生明顯的變化。

黃河下游以南及淮河兩岸，長期處於南北相爭之地，與黃河北岸形成不同的農業區。此時期黃河下游以北，農業生產受到過嚴重破壞。到北魏時期，得以恢復和發展，成為北魏的經濟重點，後方基地。從《水經注》得知。當時黃河沒有大的改道。因為戰亂也沒有大規模築堤防。當時下游分支較多，向下分流的就有濟河、汴水、陰溝、濮水、白溝、漯水等。入海口也比較多。通過很多的湖澤，如滎澤、圃田澤、李陂、菏澤、巨野澤等。並有許多荒蕪園囿，甚至洛陽附近亦有大片荒田。曹魏大臣高柔上疏表明：離京都不遠的滎陽，周圍十餘里，是皇帝禁苑射獵地方。這裏野獸出沒，「殘食生苗，處處為害，所傷不貲。民雖障防，力不能禦。」〔註8〕因為荒蕪湖澤比較多，畜牧業就有基礎。晉代以來人口增加，農田不敷應用，束皙給晉武帝上疏提出：「州司十郡（指京都附近的司州，所屬平陽、河東、弘農、上洛、河南、滎陽、汲郡、河內、頓邱），土狹人繁，三魏尤甚，而豬羊馬牧，布其境內，宜悉破廢以供無業」提出用牧場改造農田。

從束皙上疏看，也瞭解到這一帶畜牧業原來就很發達，「以為馬之所生，實在冀北，大賈祥羊，取之清勃，放豕之歌，起於鉅野」。少數民族大規模入侵以前，就有專管馬牧的，石勒曾被賣到茌平（今魯西南）師歡家做奴，給師家牧馬。以牧業為主的少數族南侵以後，更促進了牧業的發展，有人稱為畜牧業南侵。《魏書·食貨志》載：「高祖即位以後復以河陽（今河南孟縣）為牧場，恒置戎馬十萬匹，以擬京師（洛陽）軍警之備，每歲自河西牧於并州，以漸南轉，欲以司水土而無死傷也」。牧場規模很大，「規石濟（今河南延津縣東）以西，河內以東（今河南沁陽一帶），拒黃河南北千里為牧地」。由於畜牧業的發展，食用亦發生了變化，後魏高祖（拓跋宏）舉行殿會，羊肉乳酪粥是一種主食。除馬羊以外，牛亦得到重視，在「計口授田」和施行均田制中都注意耕牛的分配。後魏延興年代即規定「禁殺牛馬」。熙平元年重申「殺牛之禁」。由於重視耕牛，種植業也得到重視，漢族更為注意。《齊民

〔註8〕見《三國志·高柔傳》。

要術》反映出這一區域內種植業技術水平很高，作者賈思勰為高陽太守，所著農書多反映此地區的生產技術問題。作物種植業是以旱作物為主的。而黃淮之間，三國末年時，為晉軍屯重點地區，伐吳的前哨。東晉以來常成為戰場。東晉末年劉毅曾上疏說：「忝任此州（指豫州），地不為曠。西界荒餘，密邇寇虜，北垂蕭條，士氣疆新」。南兗州在此區域內，寄治廣陵（今淮陽）。東晉時已是「城池崩毀荒舊，散伏邊疆諸戍，不聞雞犬」，流寓此州者，「十家九落，各自星處，一縣之民，散在州境」。南豫州是「潁川汝陽荒殘來久，流民分散」。但此農業區域自然條件好，一旦有安定局面，也會出現農業恢復的景象。如劉宋時，「永明之世，十許年中百姓無雞鳴犬吠之警，都邑之盛，士女富逸。」

自曹魏以來，此地區多屯田種稻和粟，淮河上游似多種粟，曹魏建安元年（公元 156 年）「是歲乃募民屯田許下得穀百萬斛」。在潁川（今河南禹縣）屯田，「數年中在積粟，倉廩皆滿」。淮河下游江淮地區所建水利工程常用於種稻。從三國時至晉代修復和新建芍陂、茹陂、七門、吳塘諸，多種稻田。麥田地也很廣，農作物以稻、麥、豆、粟為主。魏世宗正始元年下詔「緣淮南北所在鎮戍，皆令及秋播麥，春種粟稻，隨其土宜，水陸兼用。」東晉太興元年曾下詔督種麥，「徐揚二州，土宜三麥，可督令漢地，投秋下種，至夏而熟，繼新故之交，於以周濟，所益甚大」。看來當時已有「三麥」之稱，「三麥」即小麥、元麥（也叫裸仁大麥、亞麥）和大麥（即芒大麥）。現在江蘇一帶依然稱作「三麥」，多種於旱田。這一帶旱地也種粟。直到唐代駱賓王寫的《討武氏檄》上還提到「海陵紅粟」。海陵即今江泰州一帶。豆類在此地區亦為主要作物，在水源不甚多的情況，亦需提倡旱作。宋元嘉二十一年（公元 444 年）曾下詔：「自今悉督種麥，以助闕乏。速運彭城，下邳種，委刺史貸給。徐豫土多稻田，而民間專務陸作，可符二鎮行舊陂，相率修之，並課墾闢，使及來年。凡諸州郡，皆令盡勤其利，勸導播殖蠶、桑、麻、苧」。〔註9〕

淮河海域為當時政治需要，是以糧為主的農業區，以顧民食和軍需。此外並種有桑、麻等作物。畜牧業主要是耕牛，但也十分奇缺。傅玄上疏提到用官牛耕種屯田租佃，由六分加到八分，負擔太大，只得無牛而耕。在此地區，馬雖有發展條件，但由於戰爭，造成嚴重缺馬。馬在戰爭中最為需要，而且易於掠走，為了不使敵方獲得到馬匹，大型牧馬場所，各國多在心臟地

〔註 9〕見《宋書》。

區發展，邊緣地區限制養馬。後魏正始四年（公元507年），下令禁河南畜牧馬，這時正是和梁朝對峙時期。延昌元年（公元512年）開禁。淮北地區，農業生產矛盾突出的就是治水問題。在晉滅吳以前，此地區在治水方面基本上是以蓄為主。修造陂、塘、堰、壩等水利工程用來灌澆屯田。鄧艾屯田從曹魏正始二年（公元241年）開始，令淮北屯二萬人，淮南三萬人，「遂北臨淮水，自鍾離而南，橫石以西，盡此水四百餘里，五里置一營，營六十人，且佃且守。兼修廣液陽、百尺二渠，上引河流，下通淮穎，大治諸陂於穎南，穎北穿渠三百餘里，澆田二萬頃，淮南淮北皆相接連」。淮南諸陂塘中，以芍陂為重點，相傳當時在芍陂旁邊又修了小陂五十餘所。事過三十餘年，晉武帝廢魏稱帝以後，杜預在咸寧三年上書言事，其中主要一項就是排水種田。認為在這一地區影響農業生產主要是水災。「今者水災東南特劇，非但五稼不收，居業並損，下田所在停淤，高地皆多磽瘠。此即百姓困窮方在來年。」消弭水災就要排水，「今者宜大壞兗、豫州東界諸陂，隨其所歸而宣導之」。等到「水去之後，填淤之田」。〔註10〕此地區農作物種類很多，主產作物是穀子（粟），其它還有麥、稻、黍、梁及各種豆類。

河北平原蠶桑業很發達，北魏的均田制規定：丁男有桑田二十畝，適於種麻的給麻田，無論從數量和質量上，江浙蠶區還是趕不上的。西晉石崇的《奴券》中列舉的「常山細縑，趙國之編，許昌之總，沙房之綿」都是絲織品有名產地。歷經南北兩朝的顏之推也說：「河北婦人，織壬組訓之事，黼黻錦繡、羅綺之工，大優於江東也」。直到唐朝前期絲織業中心依然在河北。據《通典賦稅》條所載，唐全盛時各郡貢品，定州博陵郡貢到一千二百餘疋，而蘇州、杭州、餘杭、潤州等郡，年只貢七疋至十疋。

林業方面自然林原來比較好，在十六國混戰時，開始出現破壞情況。石趙時破壞比較嚴重，大興元年（公元320年）滹沱河沖毀大松樹很多，石勒下令說：「去年水出巨材，所在山積，將皇天欲孤繕修宮宇也」。於是動員五千工匠大造宮室。十二年後，又發生洪水「漂巨木百餘萬根」，又叫少府等營建鄴宮。〔註11〕

六、隋唐宋元時代——農業不斷發展，但落後於江南

隋唐形成的全國統·局面，生產有所發展，經濟得到繁榮，成為繼漢以

〔註10〕以上見《晉書·食貨志》。
〔註11〕見《晉書·石勒紀》。

來又一次興盛時代。農田墾殖再度發展起來。《冊府元龜》稱：「緜來榛棘之所，遍爲秔稻之川」，「四海之內，高山絕壑，耒耜已滿」。唐代北方農田的開發與農田水利都有發展，引黃灌溉工程亦有較大的效益。但都在中游，下游的平原地帶沒有什麼成就。淮河水系在隋代有興建工程。唐代曾修的玉梁渠，位於蔡州新息縣（今河南息縣），亦在上游。孤山陂位於薊州三河縣，屬海河水系。兩處均能溉田三千頃。唐代已有大規模的放淤工程，《夢溪筆談》記錄了宿州的碑文：「唐人鑿六陡門，發汴水以淤下澤，民獲其利。」

因爲黃淮海平原的自然經濟地理條件，及政治方面的影響，農業生產始終沒有趕上長江下游、黃河中游農業區。尤其江南經過六朝建設，發展很快，所以韓愈有「當今賦出天下，江南居十九」，「揚一益二」等說法。唐代黃淮海平原仍然是產糧區域，北朝時牧業比較興盛的黃河以北，變爲糧產基地。隋初曾調鄭、衛、汴、許、汝等地糧食。河北位州設黎陽倉（在今河南濬縣），所儲糧食能養二十萬軍隊，足見河北糧產的豐富。北方桑蠶業還是很發達，是重要的經濟作物。華北平原經過安史之亂和唐末五代的紛爭，農業生產又受到挫折。

北宋統一中國，建都於汴梁，深入到了黃淮海平原腹地。對發展此地區農業生產，主要是優越的政治條件起作用。建國之初，這一帶荒蕪土地很多，陳靖上疏《勸農奏議錄》向宋太宗提到：「今京畿周環二十三州，幅員數千里，地之墾者亦十二三」。經過開國後的經營，這一帶出現了繁榮的景象。《東京夢華錄》提到：「大抵都城左近，皆是田圃，百里之地，並無閒地」。北宋在這一帶的農田水利建設和土地利用方面有不少成就，比唐代的成就還要大。主要有：

1、在海河流域發展水稻。淳化四年（993年），雄州地方官何承矩等建議利用淀泊、河流修堤防，開闢稻田。朝廷發軍隊一萬八千人參加。工程結束後第一年，種水稻用晚熟種，遭霜而失敗。次年接受教訓改用早熟種，得到收成。至此，自順安（今高陽縣）到海邊數百里都發展了稻田。並發展了各種水產，「莞蒲蜃蛤之饒，民賴其利」。

2、引濁放淤，利用黃河、滹沱河放淤改良鹽鹼地。用政府力量組織大規模引濁放淤在歷史上首見於宋代。王安石曾用黃河水以填淤沙瘠鹵薄的鹽鹼地。熙寧五年曾付諸實施，滄州、灤州、邢州都有淤灌工程。淤田技術有提高，知道引濁放淤有一定厚度才有效。陽武縣（今河南原陽縣）官員提出：「田

沙城瘠薄，淤溉，候淤深一尺，計畝輸錢，以助興修」。放淤厚度要達到一尺才有改良的效果。放淤時間不同，水質不同，淤田效果大不一樣。黃河水分二、三月桃花水；四月末麥黃水；五月瓜蔓水；六月中旬後叫礬山水，淤田最肥。這種水是由山林深處來的水，攜帶含腐植質肥土較多。《宋史·河渠志》稱：礬山水「朔野之地，深山窮谷，固陰沍寒，冰堅晚泮，逮於盛夏，消釋立盡，而沃蕩山石，水帶礬腥，並流於河。」

　　宋代華北平原以糧食生產爲主。蠶桑業是由於海路的開闢、江南蠶業興起等原因而衰敗。元代蒙古族統治者入主中原地帶以後，曾企圖把大片農田改爲牧場，「漢人無補於國，可悉空其野，以爲牧地」。〔註12〕契丹人耶律楚材說服了元朝皇帝扭轉了這種政策。興辦水利，勸課農桑，繼續保持農業區的生產。此時期棉花由於引種成功，代替衰落了的蠶桑業，華北平原成爲重要的棉糧產區。元代的重要農書《農桑輯要》、《王氏農書》對棉花栽培技術都有精闢的論述。到明代晉、冀、魯、豫四省棉花在國內占比重最大，由萬曆六年徵實來看，徵棉布占全國的百分之六十五點八，棉花占百分之八十五點九。林業、漁業則都無大的發展。

七、明清時代——農業在深度和廣度上都作了艱苦的努力

　　明清兩代繼元之後都建都在北京，自然重視畿輔附近的海河流域農業生產。雖然打算發展水利，開闢農田，但是因海河水量不足，常和漕運發生矛盾。依靠漕運花費又很高，明萬曆年間徐貞明的奏章反映得較明確：「神京雄踞上游，兵食宜取之畿甸，今皆仰給東南。豈西北古稱富強地，不足以實廩而練卒乎？夫賦稅所出括民脂膏，而軍船夫役之費，常以數石致一石，東南之力竭矣。又河流多變，運道多梗，竊有隱憂」。這種灌溉與漕運的矛盾在河南輝縣百泉灌溉區表現依然明顯，限止了水稻發展。在京畿附近雖墾田三萬九千餘畝，但由於條件限制並有阻力而罷。清雍正三年（公元 1725 年）發生大水災。災後，在怡賢親王允祥的主持下，墾出稻田五十九萬多畝，也因和漕運的矛盾而逐漸淹沒，所餘面積不大。清代是人口增加最多的一個朝代，人口增加了近四倍，農田墾闢達到高峰，山區梯田開發量也很大。爲了有效的使用有限的農田，出現提高單產的經濟思想。諸如「糞田勝於買田」，「墾田不如糞田」，「用天之道，資人之力，興地之利」等，對黃河、海河下游的

〔註12〕見《元史·耶律楚材傳》。

鹽鹼地治理達到高峰。在海河流域古來就有鹽鹼分佈,《禹貢》稱冀州「厥土惟白壤」。因爲人口稀少時,可墾田較多,對城害並不重視。明清兩代因人口的增加,農田相對不足,對鹽鹼窪地的城害問題越來越關切。顧炎武《天下郡國利病書》中提到:「河北大名等地十年九澇」,「江湖鳧雁之澤,而硝河者又復地鹵下墊,凡所經流率數歲不復芻牧」。《曲周縣志》載:「鹽鹼浮鹵,九成廢壞」。沙荒鹽鹼給不尋人民帶來貧困,明代韓貫過河南延津曾題詩訴苦:「北望沙門路,無風亦起塵。蓬頭經布婦,赤腳煮鹽人。迎送晝兼夜,差徒舊並新,細評諸郡縣,最苦是延津。」〔註13〕農民爲了求生,在生產鬥爭中也找出一些有效的辦法。但限於小農的境遇,改良也是有限度的。歸納其治鹽鹼辦法有:

　　　　1、用水沖刷把土壤中鹽分趕走;

　　　　2、在地裏打圍墊,蓄存雨水壓鹽;

　　　　3、靠農業耕作措施,躲鹽減少鹽分對農作物的危害等等。

　　明代萬曆年間,任寶坻(今河北寶坻縣)知縣袁黃在其所著《寶坻勸農書》中記錄造臺田來改良利用濱海鹽鹼地辦法,「瀕海之地,潮水往來,淤泥常積,上有城草叢生,此須挑溝築岸,或樹立杭橛,以抵潮汛。其田中間高,兩邊下,不及十數丈,即爲小溝;百數丈,即爲中溝;千數丈,即爲大溝,以注雨潦,謂之甜水溝。初種水稗,斥鹵現盡,可種稻。所謂瀉斥鹵令生稻梁,非虛語也。」

八、當前發展方向及措施

　　治理好黃淮海平原,對發展生產是非常重要的,根據黃淮海平原開發、發展的歷史,總結經驗教訓,利用現代科學技術,才能發揮這一地區的增產潛力。這裏優點平疇千里,土層深厚,氣候溫和,雨量充沛。存在問題旱澇不均,災害頻繁,土地瘠薄,能源短缺,旱澇、風沙、鹽鹼又是本農業區的主要災害。這裏的農業生產的歷史是不平坦的,幾經周折。不像其周圍的長江下游農業區、黃河中游農業區等處那麼穩定。東漢末年,十六國時代,唐末,金元等時期以及近代軍閥國民黨的統治和歷代河道決口的影響,生產常受到創傷。建國以來,已經有了穩定的生產條件,河道治理也初具規模,黃河安流已近四十年。海河、淮河都經過治理,發展農業生產有了良好的條件。

〔註13〕見《河南延津縣志》。

在此基礎上，要進一步進行合理治理，發揮增產潛力。根據歷史經驗，提出以下幾點意見：

1、**要採取以農為主，農、林、牧並舉的方針。**以種植業為主的農業結構，漢代以來即已奠定。北魏、元、清初打算改變以牧為主都沒有成功。但目前在黃淮平原發展林牧業還有很大潛力，而且是勢在必行。並要重點抓好林業的發展，平原地區還有許多沙荒可以作為發展林業的場所，農田林網也是平原農業必須相應發展的。林業發達了，能源短缺的問題也會緩和。隨著農業、林業的發展，牧業、副業也會興旺起來。隨著農田墾殖發展而衰落下來的漁業，今後會遇到更為不利的境遇，必須合理規劃。

2、**在作物佈局中要抓多種作物輪作制，吸取漢代「種穀必雜五種，以備災害」的經驗。**黃淮海平原除發揮元明時代形成的糧棉基地作用外，要注意豆科作物的肥田作用及高粱抗旱抗澇作用、穀子的抗旱作用。在輪作中要安排一定比例。耕作制度要注意春、夏、秋三大季合理安排。「二八曬旱三七秋」是這一地區耕作制度的基礎，有利於克服自然災害，避災或抗災。

3、**加強治水，治水要根據現出情況的變化。**歷史上都以排為主，灌水工程成效不大。當前亦應注意排。據河南省農學會的考察，建國三十年來澇災多於旱災。河南境內澇災每年一千一百多萬畝，旱災六百三十餘萬畝。目前人口增加，工業用水加大，中上游蓄水工程的增加，加上上游區地下水開發，庫存範圍加大，河道水量正在減少，安流的可能性更增強了。主要抓排泄內澇水工程。在水道穩定條件下，利用平原地下水蓄存量豐富的條件，打井抗旱。建國以來，井灌面積發展很快，在歷史上是空前的。

4、**有條件的施行淤灌稻改。**淤灌稻改的歷史很長了，有興有廢。現農田已經很密集，稻改伴隨發生的鹽漬化、內澇等災害轉移場面已經有限。晉代的稻改和修陂塘相結合，宋代稻改和發展水產結合經驗已不適用。當前稻改必須全面照應，根據水源條件進行改制。現在陸路交通發達，水運已基本廢止，雖無與漕運爭水的問題，但有水源、能源不足的新問題，並還能引起鹽漬化，必須要全面安排。

5、**注意能源問題。**平原地區礦藏盆乏，發展平原農業生產，很大程度取決於能源的供應程度。一方面要發展林業；一方面要加強能源的研究和供應。有機質大部分作了燃料。能源短缺造成了地力下降。

6、**注意培肥地力，治理城、沙、薄地，大力發展綠肥，施行農、林、牧**

綜合發展。豆科作物在耕作制中要有一定比例。加強化肥的施用技術，增加施用量，以提高單產，提高土地利用率。

見《中國農史》，1983 年 2 月。

河南省農業經濟區域歷史發展簡述

提　要

　　河南省第處中原，自古爲八方輻輳之地。也是中國歷史上，從事工農業生產最早的一個地域。據近年來考古界發掘出的大批文物證明，我國人民在這個地域從事生產活動至少有七千餘年的歷史。從自然條件看，河南位於山地與平原之會，暖溫帶和亞熱帶之交，南北形成氣候差異，東西構成地勢區別。這種自然條件的區分，必然在經濟上形成不同的區域。在幾千年的古代經濟生活中，河南省境內多從事農、林、牧生產，形成以農業爲主的特點。隨著生產力的提高，社會經濟的發展必然在各地域形成一些城鎮，作爲附近地域範圍內的經濟中心。爲了搞好我省經濟區域的劃分，以便瞭解其發展規律和相互關係，作爲今後制定經濟區劃的參考，認眞研究我省經濟區域的發展概況是很有必要的。

　　黃河是中華民族文化發源地之一，根據考古研究的成果證明，以種粟（穀子）爲主的旱農生產，最先是在山地和平原的交接地帶。新石器時代，在河南省境內主要是以新鄭裴李崗遺址代表早期的文化遺址，澠池縣境內的仰韶文化爲中期代表。迄今爲止的考古成果證明，這一地域是國內從事農業生產最早的地域，比江浙一帶以水稻爲主的水田農業要早。這一地域，自現在屬河北武安（解放前屬河南省管轄）的磁山遺址沿山向南發展到淮河流域，河南全省的中間帶狀地域，這是農業經濟起步最早而且生產穩定的第一個經濟區域。在漫長的歷史中，這個區域是最發達的經濟區，從夏到唐有不少地方

還是全國的政治中心。有史以來，傳說夏代活動中心就在這一帶，即河南境內的陽翟（今禹縣）、原（今濟源附近）、老丘（今開封附近），以及山西省南部一些地方。

發展較晚的第二個經濟區域是黃淮海平原。平原地帶地域廣闊，土質肥美，是發展農業經濟好地方。但是平原地域容易遭受水患，不能保證安全生產，所以經濟發展不但晚於第一個經濟區域，也晚於山東龍山文化和南面的水稻文化區域。商代祖先即興起於平原地帶。傳說湯從商丘徙居亳，是平原地帶，因為容易受水患，所以只能是點片發展。在大平原中，比較安全的是高阜之地，它與第一個經濟區域比又有一定的局限性。由於生產不穩定，經濟發展就較為緩慢。湯以前的祖先就遷居八次。湯滅夏以後，又遷都五次。後來遷到殷（今安陽小屯），才有了比較安定的城址。此後，周興起於關中平原，並向東發展，與殷爭奪此地域。周滅殷後，經濟中心就在關中平原和殷商舊地。

到春秋戰國時期，由於人口的增殖和工具的進步，大平原的經濟區域有較大的發展，這一帶已出現了像宋、衛、陳、蔡等較大的諸侯國。這些較大的國與經濟發展較早的區域內的秦、晉、楚等大國相比，則國勢尚弱。春秋戰國以前已經成為地域經濟中心的高地如帝丘（今濮陽附近）、老丘、商丘等處，此時已發展為衛、宋等國的都城。傳說伏羲都宛丘，此時宛丘已成為陳國都城（今淮陽）。一些新高地有發展，或為國都，或為經濟都會，或為采邑、食邑。河南境內楚丘（衛文公遷址）、雍丘（杞國都）、葵丘（今蘭考）、平丘（今陳留）、頓丘（今內黃東）、谷丘（今虞城南）、長丘（今封丘南）、廩丘（今范縣南）等。為了防止洪水的侵犯，地域經濟中心還以高地為主，以保安全。《爾雅》對丘有專門的說明。如宛丘即丘上有丘，均是易水地帶的高地，並非指古代丘甲制度中的村社組織。

自秦漢一直延續到唐代。第一經濟區域由於地理條件較為優越，依山傍水，排水也較易，能保證生產安全，已成為全國政治、經濟的中心。如東漢都洛陽，曹魏在許昌、潁川（今禹縣）一帶屯田，西晉、北魏又建都洛陽，東魏建都於鄴（今安陽一帶），都是依靠這一帶較好的經濟條件。這一帶堪稱經濟繁榮之區，人口也比較多。《史記》上已提到這一區域內是「土地小狹，民人眾」了。隋朝在洛陽附近大量屯糧，像發掘出的「含嘉倉」儲糧數量就很大。向西域開通了「絲綢之路」時，此地已是蠶桑絲織手工業基地，到南北朝時還很興盛。顏之推在《顏氏家訓》中提到這一帶「婦人織紝組訓之事，

黼黻錦繡羅綺之工，大優於江東也」。唐代絲織業中心依然在這一區域，只是到金、元以後才衰落下來，讓位於江東。北宋時期的陶瓷業很發達，號稱官、哥、定、汝、鈞等五大名窯，其中有三個就在這一帶。登封告城是南北朝時期的鐵業中心，洛陽附近的澠池、新安也有大規模的官辦冶煉場所。食品工業也很發達，在南北朝時洛陽的釀酒業就遠近馳名，所產佳釀以「白鶴觴」為最著名。據《洛陽伽藍記》載，此酒「飲之香美，醉而經月不醒，京師朝貴，多出郡登藩，遠相餉饋，逾於千里。」

　　唐以後五代的梁、晉、漢、周及北宋均建都在開封，政治中心深入到大平原區域內，對發展這一地區的經濟起了良好的作用。經過北宋的經營，這一帶經濟又得到了發展。如《東京夢華錄》提到：「大抵都城左近，皆是田圃，百里之地，並無閒地」。北宋等朝對此地域重點經營，使這一地區在經濟上有了不少成就。但是受自然地理條件的影響，經濟上始終沒有趕上其周圍地域。尤其是江南經過六朝開發，經濟上比這一地域發展得快。唐代韓愈就有「當今賦出天下，江南居十九」的說法。〔註 1〕北宋建都開封告城是南北朝其真意還是利用開發的人工河道吸取江南資財，以充京師。因為當地經濟條件較差，生產不穩定，又是兵家必爭之地，一旦失去政治中心的優勢，在經濟上的發展也就緩慢起來。金元以後，由於政治中心的變化，開封也趨於衰落。到明代時開封建藩王──周王，明代中葉，其宗室已「不得不雜為賤役，或作為非僻」，〔註 2〕遠不如黃河北岸的潞王等三藩和洛陽福王。古稱四大鎮中拱衛宋代京師的朱仙鎮，因河運的停頓而不景氣。遠不如漢口、景德和佛山三鎮的經濟發達。

　　河南省第三經濟區域為西部的山地區域。在此地域又較大平原開發為晚，古代居民大都以狩獵為生，地下寶藏未得開發。直到唐代時山區的農業才有所發展，「雖高山絕壑，耒耜亦滿」〔註 3〕。安史之亂以後，人煙稀少，唐玄宗時曾將河曲六州殘胡遷來。一些地方被稱為「逃亡之藪，宿寇之宅」。又據明代《廣志繹》載：「中州山皆土壟，不生草木，亦不結鉗」。實際上是中州連年戰亂，林業資源被嚴重破壞所致。山區礦業雖有所開發，但很困難，該書記載：「南召、盧氏之間多有礦徒，……專業鑿山為業……號毛葫蘆。」煤礦開採為數很少，該書提到「朗陵有煤山，然土嫩未成」。直到晚近，煤礦

〔註 1〕韓愈：《昌黎文集》卷四。
〔註 2〕見《廣志繹》。
〔註 3〕見《元次山集》卷七。

才大量開發。

　　河南省境，南北相距 530 公里，東西相距 580 公里。南北的差異主要表現在氣候上，東西的差異主要表現在地勢上。東西地勢差異較大，在考慮經濟區域的劃分時，應著眼東西結合，以利取長補短，相互支持，相互補充。但南北也有明顯的經濟區域差異，像南陽一帶在戰國時分屬楚、韓，處於南北之間。淅川出土的以稻爲主的新石器時代文化遺址，說明這一帶農業起源也比較早。南陽是荊襄和關洛地區的交通孔道。漢代時南陽稱爲宛，已是重要都會。《史記》稱：「西通武關、鄖關，東南受漢、江、淮。」是水旱交通咽喉。淮河流域古重鎮汝寧（今汝南），《廣志澤》稱其「近楚俗」，有南方風氣。農業生產以水稻爲主，「其南部光、固、商、息等縣通淮，稍集商旅，聚南貨」，所以這一帶也曾是一個小經濟區域。清代曾設立光州爲直隸州。

　　自 1840 年鴉片戰爭以來，中國淪爲了半殖民地、半封建社會，外國資本亦侵入河南。1902～1905 年比、法合資辦了京漢鐵路，貫穿河南省境南北（也正是屬於第一經濟區內），對河南經濟，特別是這一地區內的經濟發生了較大影響。1908～1913 年又修建了隴海鐵路，與京漢鐵路交會於鄭州。帝國主義者還開發了焦作煤田，修築道清鐵路，掠奪中國資源，促使這一區域半殖民地、半封建化。由於這些條件的改變，各區域的經濟活動中心城鎮也有所變化。特別是解放以來隨著交通的改善和工業的發展。明清時代的政治經濟區域宛（方城山、伏牛山以南；午陽、桐柏以西），洛（黃河以南、鞏縣、登封以西及伊水以北），汝（汝河以南到大別山），陳（太康、西華、項城、商水、沈丘等縣，其中心爲淮寧，（今淮陽），睢（今商丘附近），汴（開封周圍）以及黃河南的許、鄭、陝、光等州，黃河以北的彰（安陽、林縣、湯陰、涉縣、武安等地），衛（汲縣、新鄉周圍），懷（修武、武陟以西，黃河以北）三府，有的隨形勢變化，區域範圍有所變動，其經濟區域內的重要中心市鎮，有的得到繼續發展（如安陽、洛陽、南陽、鄭州、開封等），有的則有所轉移。（如沁陽移到焦作，汲縣移到新鄉，商丘移到朱集，汝南移到駐馬店，光山轉到信陽，淮陽轉到周口等）。又有的形成一些新的中心城鎮（如平頂山市，鶴壁市）。一縣範圍內的經濟中心隨著條件的改變也有變動，它們多趨向於交通方便的地方。

　　經濟區域的結合，是發展現代經濟所必需的，我們需要特別注意農、輕、重的結合，以有利於經濟區域化的綜合發展。因爲這樣可以充分利用資源、

勞力和資金。各區域中心市鎮做到政治、經濟、文化相結合，不可偏廢。根據歷史發展，區域中心市鎮注意安全，不易遭受自然災害，並要注意交通和資源基礎等條件，這樣才能保證順利發展。具體到河南省的區域結合，我們認爲東西區域結合有利條件比較多，西部工礦能源條件比較好，中間地帶（即京廣路沿線）是自古以來的經濟穩定區，依山傍水，大部旱澇保收田分佈在此，東部平原有較大的經濟發展潛力。目前安陽、新鄉、許昌等地區都以這一方式來進行經濟區域的結合與劃分。

以上僅就河南農業經濟區域的歷史發展作一粗淺介紹，以期作爲今後制定河南省經濟區劃的參考。

見 1984 年 1 月《河南財經學院學報》。

河南省黃河故道和灘地開發研究

提　要

　　黃河流域是我國歷史文化的發源地，是中華文明的搖籃。但同時黃河也給中華民族帶來深重的災難，黃河的多次改道、決口在黃河兩岸造成了大片的沙化、鹽鹼化土地，嚴重制約著區域經濟和社會的可持續發展。在黃河故道地區大力推行土地開發整理，建設節水型生態農業，對改善生態防護效能，提升農業綜合生產能力，加快中部崛起，促進社會主義新農村建設，保障國家糧食安全都具有十分重要的意義。在實地調研的基礎上，梳理河南省黃河灘區土地開發整理，以期科學合理地編製土地開發整理規劃方案、因地制宜地選擇土地開發整理措施；創建適應市場經濟需求的農業經營模式。

　　河南省人口在國內居第二位，是人口較多的省份。耕地雖然開發量較大，但由於人口增長過快，人均不足 1.4 畝。且由於城市、交通非農用地日益增長，耕地銳減形勢嚴峻。目前全省耕地較解放初期已減少 1,600 餘萬畝，這種趨勢還在發展中。為了緩解這個矛盾，據全省國土開發整治規劃的後期工作安排，我們研究了黃河故道灘地開發的必要性和可能性。

　　按照地租理論，人們首先開發易於開發的地塊，當土地不敷應用時再開發次等地。由河南土地開發史看，首先開發地帶是在山崗與平原交接地帶，像新鄭裴李崗文化就有七千餘年歷史。戰國時期才開始向易澇的平原地區開發，並斥鹵種田。目前可開發地的數量已經不多了。但在黃河沿岸還有一部分未開發利用的土地：一是黃河故道區。河南處於黃河中、下游之交，歷代

黃河改道多由此開始，境內的故道遺留下來的沙丘荒地有 68 萬畝，還可以做為土地後備資源來考慮，二是河南境內的黃河兩岸，由於水緩河寬，河道變遷不定，還有總面積 168.8 萬畝的黃河灘地，一部分可用為後備土地資源。可利用面積計 161.4 萬畝。現雖有 108.6 萬畝已經利用，但收益低而不穩。這兩類地區受自身障礙因素和社會經濟技術等條件制約，大量自然資源長期沒有充分利用，還有一定的開發潛力。因此，分析黃河故道和灘區土地資源開發潛力，以提高全省農業綜合生產能力，制定開發治理方案，是緩解耕地不足的途徑之一。黃河經過解放以來研究和治理，經遙感技術查明，現經河南的河道，過境距離最短，坡降較大，淤積和沖刷、沈降可以相抵。加上今後小浪底水庫的建成，河道可保無虞，開發利用的可能性很大。沙荒地從自然條件分析，也有有利的一面。全年有 600 多毫米的降水，這比西北、內蒙地區的沙地治理條件要優越得多。

本項研究採取重點開發的辦法，以摸索經驗。黃河故道區以新鄉縣古固寨鄉為重點區；灘區以原陽陡門等鄉為開發區。經過三年多的開發研究，明確了黃河故道和灘地開發的優勢和存在的問題，提出了開發治理的指導思想、原則和具體實施方案。研究成果在實踐中取得明顯的社會、經濟和生態效益，為黃河故道和灘區的全面開發利用探索了一條成功之路。

我省山崗地區的開發已經到了山窮水盡的地步。除了礦產開發外，土地開發可能性很小，而且相當多的地方要「退耕還林」或「退耕還牧」，以防止水土流失，保持生態平衡。黃河灘區和故道都處在平原地帶，開發以後反而有利於生態平衡和改善環境，這是與開發山區的重大不同點。而這個不同點正是改善生態環境的重要環節，對投資開發平原荒地更為有利。

一、開發重點區的自然和經濟環境概況

古固寨鄉位於新鄉縣東南的黃河故道地帶，全鄉總面積 44.1 平方公里，均屬黃河沖積物。在 3.6 萬畝耕地中多為中低產田，開發前尚有 2 萬餘畝沙荒閒置未墾，長期以來，該鄉生產結構單一，農業基礎薄弱，生產水平低，以糧食生產為主；森林覆蓋率為 8%，屬低水平，且多幼林，防護功能低，畜牧、工副業雖有發展，但遠未形成結構合理協調運轉的農村經濟發展格局。主產物糧食單產只有 311 公斤。

原陽位於河北岸，灘地分佈在大堤以南，西起花園口，東到封邱，長 60

公里，占全縣境的 35.8。其中：高灘面積 376.67 平方公里，占 78.38%，低灘
（灘塗）103.9 平方公里，占 21.62。灘區涉及到 9 個鄉，167 個行政村。耕地
31.66 萬畝，沿黃灘塗不在冊耕地 15 萬畝。

1990 年人均產值 508 元，糧食人均 426 公斤，但產量不穩定，屬於貧困
地區。

黃河灘地以生產堤為界分高灘和低灘兩部分。高灘地屬於黃河溯源沖刷
而成，特點地勢高，沙丘多，縱向西高東低，橫向南高北低，受黃河水威脅
相對較少。但土地利用率不高，墾殖係數為 0.44，林業比重小，僅占總面積
3%。低灘地 15.58 萬畝，為黃河水抽竭對閃出的灘塗。固定灘塗已在開發達
7.26 萬畝，占總數的 82%。非固定灘塗 6.8 萬畝，只利用 43%多。總計有 5.34
萬畝固定和非固定灘塗還未利用。已開發的土地種植結構不合理，產量低，
又受黃河水漲落影響，保夏不保秋。

二、故道和灘地開發的前景和問題

經全面系統的診斷分析表明，開發黃河故道和灘地具有多方面的優勢，
前景廣闊。

第一，黃河故道和灘地都擁有較多的後備土地資源，開發潛力大。例如
古同寨鄉有沙荒 2 萬多畝，原陽高灘地墾殖係數為 0.44，低灘也有 5 萬畝未
開發。並有大量中低產田，增產潛力大。

第二，該地區均屬典型暖溫帶大陸性氣候，可滿足農作物二年三熟或一
年兩熟的光熱要求，適宜於多種作物、林果生長。同時，有豐富的地上和地
下水資源，只要充分開發利用，加強基礎設施建設，就可以滿足開發用水。
這比開發西北、內蒙等地的缺水沙荒要優越得多。

第三，生物資源豐富，開發範圍廣泛。農作物除糧食外，還適宜種植花
生、棉花、大豆、油菜等經濟作物。還可利用荒地開發藥用作物。沙地可以
種植紅花，是醫家常用良藥，種子又是油料。灘地也適合種植麻黃，其性喜
潮濕，是治傷寒的主藥。香附子、菖蒲、車前子、桑白皮等都可以發展。林
木在發展防護林、速生林的同時，還適宜栽植蘋果、桃、杏、李、葡萄等經
濟林木。低灘地種植牧草具有得天獨厚的優勢。

第四，勞動力資源豐富。農業生產條件完善，集體經濟實力和農民經濟
收入不斷提高，已具備開發所需的基本社會經濟條件。

　　第五，在長期生產實踐中，當地已摸索出一些成功的開發經驗，如翻淤壓沙治沙丘，植樹造林防風沙，引黃淤灌治城等。為大面積綜合開發治理奠定了生產技術基礎。

　　綜上所述，黃河故道和灘區開發潛力很大，河南不能麗對這麼多的土地而妄談土地不足。但是也要看到開發治理中還存在一些問題，需要充分重視故道開發歷史較長，通過治水改土、植樹造林等措施，生產環境有所改善，農業也取得一定進展。但是，影響農業發展的若干因素尚未解決。一是土壤貧瘠，故道在河流湍急下沉積的為風沙土，土質鬆散，熟化程度差，不能保水保肥，易風蝕、多乾旱；二是水利設施不足，乾旱威脅大，春旱十年九遇，夏旱十年六遇，並往往伴隨風沙災害；三是生產結構不合理，農、林、牧發展不協調。受歷史原因的影響，農民生活水平低，不得不以糧食生產為主，林牧業發展緩慢，難以形成良性循環的農業生產佈局；四是工副業基礎薄弱，經濟收入水平偏低，資金不足是發展農業的主要限制因素。

　　黃河灘區開發比故道更差些，除存在著與故道的共同問題外，黃河水淹的威脅長期存在，開發難度更大些。尤其是低灘區域，每到汛期，遍地汪洋，黃河防汛要求又不允許在灘區修築防洪設施，增加開發難度。灘區耕作粗放，廣種薄收，生產短期行為嚴重，往往只看到種糧一時之需，而看不到長遠利益。必須從整體出發進行規劃，調整農業生產結構，實行綜合治理。

三、開發的指導思想、原則和整體規劃

　　黃河故道開發的指導思想是以墾殖沙荒為突破口，以改造中低產田為基礎，以調整生產結構為手段，田、林、路、渠綜合治理，形成以糧食、花生、棉花、牧業、柞果生產為主的新型生產結構，全面提高農業綜合生產能力，實現五業協調發展。近期規劃（1993 年）：開墾全部沙荒，使中低產田得到不同程度的改造，使開發區田成方，樹成行，路相通，渠成網，井配套，旱澇保收，生態環境逐步趨向良性循環，糧食產量不斷提高，為農業全面發展打下個良好基礎；中期規劃（1995 年）：加強基礎設施建設，疏通流通渠道，實現各種生長要素的合理組合，使該鄉成為一個農林牧副協調發展、以糧油棉為主的商品生產基地，生態農業見成效；長期規劃（2000 年）：在農業生產全面發展的基礎上，利用豐富的勞動力和資源優勢，積極發展橫向經濟聯合，發展適合本地特點的農產品加工工業，以開放促開發，使該鄉發展成為

開發性農業高度發展、商品經濟高度發達、生態農業初具規模的外向型經濟區。

黃灘區開發的指導思想與目標是：從發揮灘區整體效益出發，因地制宜，統籌安排，綜合治理，提高土地利用率，改善生產條件，調整生產結構，全面提高灘區農業經濟效益。到 2000 年社會總產值達 8800 萬元，比 90 年翻 1.17 番。高灘區在佈局上以種植爲主，推廣農、林間作。發展農田林網，非耕地重點發展林果業。到 2000 年農林間作面積達到 24 萬畝，林園開發 4 萬畝。比例由現在的 1.1%提高到 12.6%。低灘區在佈局上由目前的以糧食生產爲主改爲大力發展牧草種植，發揮畜牧業能進能退的靈活優勢，避免黃河汛期低灘被淹而造成的巨大損失。同時應兼顧發展林木果業。2000 年，治理開發面積由現在的 10.3 萬畝發展到 14 萬畝，其中牧地由 0.21 萬畝發展到 3.12 萬畝，林地面積由 0.53 萬畝發展到 1.25 萬畝。

在實際開發工作中需遵循以下原則：

第一，以發掘資源潛力，開發資源優勢爲基礎。開發黃河故道和灘區的優勢所在是擁有大量的荒地資源，因此，必須把開發土地資源，提高土地利用率和生產能力放在首位。第二，以科技開發爲支柱。開發這類地區的難度較大，需要以先進技術爲依託，只有實現技術上的先進可行性，才能保證開發工作的順利進行。

第三，以保護生態環境，促進生態良性循環爲前提。以往黃河故道和灘區開發，由於片面強調糧食生產，生產結構單一，導致風沙災害加劇，影響了生產。因此，在發展種植監的同時，應改土培肥提高地力，植樹造林防風沙，興修水利，平整土地改善耕作條件，這樣才能從根本上改善開發地區的生態環境。第四，以智力開發爲保證。科學文化水平低，勞動力素質差是開發當地資源提高經濟效益的一個限制因素，要使農業開發立足於比較高的層次，需要採取多種措施，培養多種農村有用人才，這樣才能通過人的作用將資源優勢化爲經濟優勢。第五，以區域開發爲基本形式。採取區域開發的形式，便於發揮地區優勢，能使資源技術、經濟條件有機地結合爲一體，形成商品生產優勢，從而逐步成爲各具特色的商品生產基地。

四、具體開發方案和治理措施

古固寨鄉黃河故道開發方案和治理措施包括四方面內容：

（一）開墾沙荒，提高土地利用率，形成新的生產能力。開墾沙荒的基本方法是平沙造田，翻淤肥田，植樹保田，灌溉增產，實行田、林、路、渠綜合治理，使全鄉 2 萬多畝沙荒在 1993 年以前成為「田成方，路相通，溝相連，樹成林」的旱澇保收田。在作物佈局上，以花生和果樹為生，實行糧果間作和小麥、花生套種的耕作制度。

（二）完善排灌設施，改土培肥，狠抓中低產田改造。古固寨鄉 80 的耕地屬於有待改造的中低產田，其主要問題是乾旱和缺肥。因此，應積極利用該地便於引黃灌溉和地下水豐富的有利條件，繼續進行支渠改造，擴大引黃灌溉面積，建設井渠雙配套的旱澇保收田。同時，採取多種措施，增施有機肥；實行配方施肥，改善土壤結構，經過三到五年的努力，全鄉小麥、玉米、花生和棉花的畝產分別達到 400、500、400 和 100 公斤。

（三）因地制宜，調整產業結構；形成以糧食、果樹、棉花為主導產業的新型農業生產結構。近期以調整種植業結構為重點，由原來以糧食為主的結構向糧食——經濟作物——果木三位一體的新結構發展。糧食作物內部要充分發揮小麥生產優勢，積極挖掘秋糧增產措力；經濟作物在發展棉花生產的同時，花生、瓜類面積要逐步擴大，提高單產，增加總產，在此基礎上，調整農、林、牧、副結構，大力發展果品生產和農產品加工兩大行業，同時積極開拓新的生產領域，促進農村產業結構協調發展。

（四）加強防護林體系建設，擴大經濟林比重，實現生態效益和經濟效益的有機統一。風沙災害是威脅黃河故道地區農業生產的主要因素，該區應在現有基礎上林，以農田林網和農桐間作為主體，喬、灌、草相結合，帶、網，片相結合的主體綜合防護林體系，不斷提高森林覆蓋率。同時，要抓好經濟林建設，大力發展蘋果、桃、葡萄等果樹生產，逐步形成用材林、防護林、經濟林三位一體的新型林業生產結構。黃河灘區開發方案的基本內容是：以改善高灘區生產條件為基礎，提高現有耕地生產水平，以開發低灘區土地資源為重點，擴大灘區生產能力，綜合治理，全面發展。具體開發治理措施包括：

（一）平整土地，搞好農田水利建設。黃河灘區由於河水衝擊和泥沙淤積，局部起伏不平，因此首先要平整土地，為排灌和耕作奠定良好的基礎。旱災目前是灘區農業的主要威脅。為此，要在積極利用現有水利灌溉設施的基礎上，利用地下水資源豐富的優勢，大力發展井灌，建設旱澇保收田。

（二）改良土壤，培肥地力。高灘地產量不高的另一主要因素是土壤貧瘠，有機質含量低。在發展引黃灌淤的同時，要推行稭杆還田、種植保肥、配方施肥，養育肥田等措施，不斷提高土壤肥力。

（三）大力發展灘區畜牧業。灘區面積廣大，適宜各類牧草生長，種草養畜，具有投入少，見效快，受河水變化影響等特點，前景十分廣闊。因此，要改變過去單打一的局面，大力發展人工種草；實行糧草間作或開闢專用草場，促進食草牲畜的發展。

（四）發展灘區林業。在繼續完善農用防護林體系的基礎上，高灘區地勢高，適宜泡桐及各種果樹生長，為此應大力發展農桐間作和糧果間作，擴大經濟林比重。

（五）適當發展灘區漁業。灘區緊臨黃河，適宜發展水產業的水而很大，分段攔網養魚和網箱養魚效益可觀。

（六）積極發展其它產業。在農、林、牧全面發展的基礎上，應積極利用豐富的農產品資源，發展農副產品加工業和造紙業。另外，有條件的地方還可利用黃河豐富的泥沙資源發展磚瓦建材業。

五、開發經濟效益評價

1、基地開發實際效益

故道開發實驗基地的新鄉古固寨鄉 1989～1991 年三年共墾殖荒地 1.4 萬畝，改造中低產田 1.3 萬畝，營造和新栽農田林網 0.7 萬畝，經濟林 0.64 萬畝，植樹 5.27 萬株，實行配方設施 6.57 萬畝。共增產花生 680 萬公斤，小麥 144 萬公斤（林果目前尚未見效益）。總計創經濟效益 1120.8 萬元。

灘區開發實驗基地原陽縣開發牧場 1.9 萬畝，產草 120 萬公斤，養牛 1700 頭，羊 6000，植樹 1050 畝（其中用材林 3 萬株），開墾低灘種花生 3.47Y 畝，大豆 1 萬畝。總收益 144.9 萬元。

2、直接投資效益評價

上述實驗基地的實踐證明，黃河故道與灘區開發，直接投資少，見效快，收入大，可謂一勞永逸，適合當地經濟條件。據測算，沙荒地按照糧果間作的方式開發利用，移沙造田和加配套設施每畝平均需投 A，550 元，在目前果樹枝葉尚未鬱閉掛果的前三年，種植小麥畝產 250 公斤，種植花生鴦產 200 公斤，全部投資第二年即可收回。前四年的投入產出比為 1：1.74。收益隨果

樹進入錯果期而會逐年增加，到盛果期收入將成倍增加。改造中低產田投入更少，而收益每年每畝可增產小麥 75 公斤，當年即可收回投資。黃河低灘區開墾牧場，在保證灌溉施肥的情下，可畝產乾草 1,000 公斤，年割四荏，基本可供一頭牛的飼養量，比以往種植小麥提高效益數倍。可以避河水侵淹，一年種牧草，多年得效益。

3、社會成本和社會效益，生態效益評價

對黃河故道和灘區的開發與合理利用，不僅可以為當地農民帶來可觀的經濟效益，更重要的通過開發，可以創造良好的社會和生態效益。不像平原地區發展稻田有鹽鹼化之慮，也不像開發山區可能破壞山林，造成水土流失。從生態角度分析，我省其它地區開發利用資源過程，一般會引起生態環境的某種不良變化，基至是惡化。像六十年代初的鹽鹼化，開發山區對林木的破壞，均有深刻的教訓。而對黃河故道和灘區的合理開發利用過程，只會引起生態環境向好的方向改進而不會引起任何不良後果。從成本方面分析，得到的是正效益，並可改善周圍生產條件，提高社會效益。

4、替代成本和時間成本評價

資源開發往往要計入替代成本。從兩區開發實踐證明，荒地原來都是無產值的土地。改造中低產田原都是在現有基礎上提高的，不需要計入替代成本。資金投入很少，只要利用其自身條件，發揮故道和灘區現有勞動力資源豐富的優勢，即可產生較好的效益。既利用現有

資源，又緩解了耕地緊張的矛盾。同時這種開發的時間成本也低，一般是當年見效，二年即可收回成本。

我國耕地資源與巨大的人口壓力相比，土地是貧乏的。可供利用的後備土地資源都分佈在邊遠地區，開發利用需要大量的人力、物力、財力。而且都是人口稀少，勞動力資源不足地區。開發邊地還有移民等社會問題。河南是勞動力充足省份，利用就近開發是很有利的，望各種社會力量鼎力支持開發。

黃河灘地旅遊業開發頗有成效，請見 371 頁。

（參與者尚有孫陶生、趙潔川、張丹翎以及新鄉縣黃淮海開發辦，原陽縣計委等九個單位及河南財經學院農經系 86 一～87 級實習同學。本項研究獲省社科院優秀論文獎，省教委科研成果一等獎。）

魏晉南北朝農業資源開發利用

提　要

　　魏晉南北朝雖然處於分裂狀態，但它繼承漢代農業技術進步的基礎，農業資源利用也有較大進步。氣候資源利用知識進一步深化，瞭解到作物光照差別引起的生理變化，並可利用栽培技術來避免自然災害，用調節播期避免霜凍。土地資源數量較多，南方大量開發丘陵水田，北方民族也由游牧逐漸轉變爲農耕。重視提高單產，南方種雙季稻，充分利用土地資源。水資源開發，促進農業的發展，特別是江南、西北地區都有較大的水利工程。生物資源利用是一個高潮時期，南北方的開發擴大了生物資源利用範圍。

　　魏晉南北朝時期，雖然國家政權長期處於大分裂、大動亂，經濟上處於大破壞、大迴旋狀態。但是從歷史發展角度來看：它繼承了漢代農業技術進步基礎，生產力又在不斷的發展中。「永嘉南渡」後，經濟重心逐漸南移，中國整個社會經濟有所發展。北方先進技術傳到南方，農墾事業得到擴展。北魏統一北方後，生產力也得到恢復。特別是均田制的施行，使十六國時期 130 多年的巨大戰亂，帶來的土地無人耕、財賦無所出的局面得以解決。把已荒蕪土地利用起來，安置了流散的勞動力。在農業的擴展和農業的恢復當中，農業資源的利用也有較大的進步。歷史總是不斷地在曲折的道路上前進著。

一、氣候資源利用知識的發展

　　隨著我國農業地域的擴展，利用氣候的知識更加廣泛和深入了。不但有

黃河流域的經驗也有長江流域利用卑濕氣候和河西走廊在乾旱氣候條件下進行生產的經驗，注意時令是我國農業的傳統。《齊民要術》承繼漢代以來「趣時」的經驗，提出「順天時，量地力則用力少而成功多，任情返道，勞而無獲」。時令正是氣候諸因素——光、水、氣等的綜合反映。

在南北朝時期二十四節和七十二候，已是普遍應用的國家曆法。雖然南朝建都於健康（今南京），北魏初期建都平城（今大同），對於源起於河南下游的物候，並不適用於南北二地。但南朝各代，傳統的月令，均予以沿用。只是北魏所頒佈的七十二候，略有改動。據《魏書》載與《逸周書》比較，在立春之初，加入「雞始乳」一候，而把「東風解凍」「蟄蟲始振」等候，統推遲五天。此時期農業氣象知識，還是以物候為主的，不過更加細緻了。《齊民要術》總結勞動人民關於物候的知識比漢代《氾勝之書》更勝一籌，而且系統地把物候和農業生產相結合。如《種穀篇》中，不但指出適合播種的時間，也指出最早最晚的播種期限。提出：二月上旬，楊樹出葉生花的時候下種，是最好的時令；三月上旬到清明節，桃花剛開，是中等時令；四時上旬趕上棗樹出葉、桑樹落花，是最遲的時令了。

《齊民要術》還記載了氣候的變化對農作物發育、生長的影響。此地作物引種到彼地，成熟早晚不同，根實大小發生變化。如《蕪菁》《種蒜》條：在并州沒有大蒜種，要向河南的朝歌取種，種一年後，又成了百子蒜。在河南種蕪菁，從七月處暑到八月霜節都可以種，但并州八月才能長成。蕪菁有碗口大。從別的州引來的種到這裏種也會長的很大。又說并州碗豆，種到井徑以東；山東的穀子，種到山西壺關上黨苗而不秀。這是因為南北緯度不同，海拔高度不同，形成光照差別，引起生理變化。這也是植物發育階段學說最早的描述。《齊民要術》對於月令中的「令」有迷信色彩的忌日，採取不可相信的態度，強調人在農業生產中的作用。

從氣候條件方面看，雖然有許多因素有利農業開發生產，例如山林在戰亂時期因人力開發量不足，得到保存，有利小氣候及水土保持；但戰亂中，因戰爭引起森林破壞也相當嚴重。尤其是常用火攻或水圍都造成對農業生產的危害。東晉以來引水灌城就有 18 次。旱澇也經常發生。從《晉書》所載：由西晉武帝開始，東晉安帝止 150 餘年中，發生乾旱 67 次，發生水災 53 次。自東晉以來主要記載了南方的災害。北方正處於十六國混戰時期，史料很少。但從有關十六國時期的文獻中，如《十六國春秋輯補》多少還是可以看到一

些水旱災害情況的記載。後魏以來，已有文獻可以查考。由後魏天賜三年到北齊武平七年，170 年共發生水災 30 次。北方旱災更是連連發生。元恪時源懷巡行北邊六鎮上表說：「北藩連年災旱，高原陸野，不任營殖。唯有水田，少可淄苗」。

此時期常常發生霜凍災害，有早霜凍爲害作物，正常的霜凍期內一般不種植作物或作物處於越多期，不存在凍害問題。早霜過早或晚霜過遲來臨，會造成作物的然害。《晉書》載「咸寧三年八月，平原、安平、上黨、泰山四郡霜害三豆。是月河間暴風寒晚霜過遲造成凍害。並記載有穆帝永和二年八月冀方大雪，人馬多凍死。此時期在氣候變遷中有趨於寒冷的形勢。徐中舒認爲：當時年平均溫度大約比現在低 1 至 2℃。〔註1〕竺可楨在《中國近五千年來氣候變遷的初步研究》一文同意此說，並列舉幾個實例。一是南朝在南京覆舟山建立了冰房，從當時南北分裂的政治形勢和運輸條件看，冰應取自南京不遠地帶，再由賈思勰所著的《齊民要術》上的物候現象如陽曆三月杏花盛開，陽曆四月上旬，棗樹開始生葉，桑花凋謝，比現在黃河流域的物候推遲 2 至 4 周。而石榴樹要在十月中以蒲席裹起以防凍。現在石榴則可以在室外越冬。

二、土地資源的開發利用

西晉統一中國時，轄區約計有 468 萬平方公里。南北朝時，南朝加上北魏轄區，比西晉時略有增減，北境有所擴展，而西陲有失控制。但這時所控制的國土是主要的農業生產區，土地資源條件好。當時開發應用於農業生產的土地有餘，而勞力不足。晉武帝時齊王司馬攸說：「現在土地有餘，務農的人卻嫌少，附業多有虛假」，讓政府督促農戶開墾開地。晉開始滅吳的一年，統計全國人口爲 16,160,863 人。如按正常情況下有 40% 勞動力，全國應有勞動力 640 餘萬。按晉代施行的課田，正丁男納課田租 50 畝，正丁女 20 畝，次丁男 25 畝，平均爲 28 畝餘，比解放前中農戶（包括休閒地）勞動擔負畝數高些。這與當時可墾地量多是有關的，和當時的農業技術水平大體相符合。按此計算，全國已耕地大致有 1 億 8,000 萬畝。不足現在耕地的 1/10，說明潛力還是很大的。按北魏的均田制，男勞力授田 40 畝，女勞力授田 20 畝，平均爲 30 畝，另外有桑田或麻田，以及種樹田等，大體與西晉時勞動負擔相近

〔註 1〕見《四川古代之文化史學季刊》1 期，1940 年。

似。南朝宋武帝大明八年（464年）戶有990餘萬，人口468萬餘口。陳朝時戰爭失利「西亡蜀漢，北喪淮肥」，戶口只有 60 萬。這裏雖然戶口不實，有大量的隱瞞戶口，南朝遠不如北朝人口多。北魏末年已有 500 多萬戶，大大超過南朝。所以土地資源的利用量還是以北方爲大。隋統一中國時開皇九年滅陳，只得戶爲 50 萬。煬帝時又平定林邑，吐谷渾戶口增到 8,907,546 戶，人口達到 4,600 多萬口。《隋書‧地理志》載，田 4,585,401 頃，每口平均土地一頃多，顯然過多。與地理面積和勞動力負擔都不相稱。按當時勞力負擔看，全國只能種 4 億多畝，除掉不從事農業人口數，種田畝數應低於此數。在兩晉南北朝時期，因人力的限制，農田主要是用的比較好的平原地帶。直到隋統一南北朝時「山河溝洫、沙磧鹹鹵、丘陵阡陌」還不計算爲農田。

歷代相傳的因地制宜、順天時、量地利的思想，在晉代也得到重視。西晉，杜預在釋《左傳》的「書土田、度山林、鳩藪澤、辨京陵、表淳鹵，數疆潦、規偃堵、町原防、牧隰皐、井衍沃」時，針對實際懷脫做了精闢的解釋。即「書土地之所宜，地盡其利；度量山林之材，以供國用；聚成藪澤，使民不得焚燎；以備田獵之處」。辨清「絕高之京，大阜之陵。角薄之地，疆界有流潦者，下濕之地受水多少。據此以「堤防平原，下濕地作爲芻牧地，肥沃地爲井田」。在一些地方，特別是南朝人口比較集中的荊揚二州存在著開發山林水澤的矛盾。山林川澤作爲國家掌握的一部分，當時時有開發，也有限制。主要用來發展林木、水產，劉宋大明初年法令規定「凡是山澤，先常氣慮，種養竹木雜果爲林。即陂湖江海魚梁魚此場，常加功修作者，聽不追奪」。即能夠管理好的山澤，政府不追回。又會稽東郭有回鍾湖，富豪謝靈運請求決湖種田。當時孟顗爲內史，曰：「此湖去郭近，水物所出，百姓惜之」。即百姓依靠水產爲生，不同意開田。對山澤也是時禁時開，此禁彼開。當時利用山地主要是進行了多種經營。如在豪門孔靈符在永興的莊園，就有水田、陸田、山頭、果園。謝靈運在《山居賦》中說：「南山側夾渠二田，周嶺三苑，九泉別間，五穀異獻。……北山二園，南山三苑，百果備列，乍近乍遠，蜀行布株，迎早候晚」。山地種植五穀、桑麻、百果藥材多種作物。

北朝土地資源的開發利用也有了新的變化，因爲北方游牧民族的進入中原，出現了畜牧業的南侵，使一部分農田退耕還牧。北魏時直到臨近黃河的歷來是農業區的河陽（今孟縣）也出現了南北千里的大型牧場。當然，因爲人口的遷移也會引起技術交流，農業生產技術同樣傳授到傳統的牧區。拓跋

氏初都平城時，就大量移民「計口授田」，發展種植業。爲了擴大耕地，拓跋弘時，也曾經「詔弛山澤之禁」開發禁地，發展農業。

除了墾殖田畝，擴大種植面積外，並重視了提高單位面積產量。從土地資源利用方面來看，就是提高土地的利用率。晉傅玄上疏論事提到：「耕夫務多種而耕不熟徒喪功而無收」。即種者只注意多種，而種不好，是白費勞力。並總結歷史經驗。要「不務多其頃田，但務修其功力」。種田不能保證收成，正由於「務多頃畝，而功不修耳」。《齊民要術》也提到「凡人家營田須量己力，寧可少好，不可多惡」。主張要重視提高土地效率。這說明兩晉南北朝時期農業技術水平，能夠足以保證提高面積產量，不單依靠擴大面積。也說明耕作的田地，在改進耕作技術後，還有很大的增產潛力和經濟效益。

兩晉南北朝的土地生產力水平究竟怎樣，文獻所載材料不足的。加上當時度量衡制度的差異，難以確切地說明生產力的水平。土地生產力即土地的農產品生產能力，是土地和農業技術的綜合反映，也是土地質量評價的依據。此時期已經出現一些高產地區和高產地塊。江南已經有一年兩熟的稻田，如《吳都賦》就提到「國稅再熟之稻」。湘江流域的便縣（今湖南永興縣）有溫泉水，一年可以三熟。稻田臘月下種，三月收穫。〔註2〕淮河流域出現稻麥兩熟。代表北方的農業書籍《齊民要術》土地能達到二年三熟甚至一年兩熟，穀子、綠豆都有夏播者。城郊附近有土地利用率更高的菜園。《齊民要術·雜說》上說「如去城廓近，務須多種瓜、菜、茄子等，且得供家，有餘出賣，……蔥，四月種，蘿蔔及葵，六月種，蔓菁，七月種。瓜二月種……白豆、小豆，一時種，齊熟」。也有不少土地肥力不高，還要休閒。北魏所施行的「均田制」就有「二易之田」施行休閒才能繼續種植。現將當時文獻中有關農作物產量的記述錄之於下，做爲衡量土地質量的參考。

1、《三國志·鍾離收傳》載：「少爰居永興、躬自墾田，種稻二十餘畝。……稻得六十斛米」（每畝平均爲3斛米）。

2、《晉書·傅玄傳》載：「古以來步百爲畝，今以二百四十步爲一畝。……故白田收至十餘斛，水田收數斛」（每畝收10斛或數十斛）。

3、《梁書·夏侯檀傳》載：「漑田千餘頃，多收穀百餘萬石」（每頃平均收千石，每畝十石）。

4、《晉書·食貨志》載：「咸和五年，成帝始完百姓田，取十分之一，率

_____

〔註2〕見《水經注》。

畝稅米三升」（每畝當爲 30 升）。

5、《晉書・朱序傳》載：「表求故荊州刺史恒石生府田百頃，並穀八萬」斛（每畝 8 斛）。

6、《魏志・鄧艾傳》載：「令淮北屯兩萬人、淮南三萬人，十二分休，常有四萬人，……歲完五百萬斛」（按四萬人勞動，每人平均產穀 125 斛）。

7、《齊民要術》所載，除抄錄前人的材料（如《氾勝之書》）外，有關產量記載如下：

　　(1)《種穀篇》諺云：「回車倒馬，擲衣不下，皆十石而收。（畝收 10 石穀）」。

　　(2) 種瞿麥法以伏爲時，畝收十石。（每畝 10 石）。

　　按：根據《晉書・傅玄傳》載「古以步百爲畝，今以二百四十步爲一畝」，所多過倍。又《齊民要求・種穀篇》提到劉仁之區田種穀，「昔日在洛陽於宅田，以七十步之地，試爲區田收粟三十六石，然則一畝之收，有過百石矣」，先不論其產量是否實在，以 70 步收 36 石，1 畝當亦是 240 步才能折合到百石。說明在晉以後每畝爲 240 步，與現在畝的面積相等，即每畝 6000 平方尺。

　　關於量具折合現在的斤數，較難以確定。根據《齊民要術・種葵篇》提水工具轆轤用的柳罐，「令受一石」，根據人力所及和現今有柳罐的考查，能盛水百斤左右。水與穀子的容重比爲 1：0.65，每石穀子當爲 65 斤左右。另據《種穀篇》夾註所說：「大豆一斗一萬五千餘粒」，其千粒重爲 200 克左右，每斗應爲 3,000 克，折合每石爲 600 斤與前述相近似，而記載穀子 1 斗爲 51,000 餘粒，穀子千粒重 2.6～3 克左右，每斗只能折爲 150 克以下，顯然記載有誤，穀子與大豆千粒重比例亦非常不恰當。

　　又據《齊民要術・苯麴並酒篇》九醞酒造法的比例是「九醞用米九斛，……俱用麴三十斤」。因爲用的是春酒麴，按其米和麴的比例「大率一斗麴殺米七斗」，則九斛當爲 30×7＝210 斤（東魏斤），每斛則爲 23.3 斤，按照《中國通史簡編》所載，東晉、北齊每斤爲 445.46 克，折算每斛當爲：23.3×445.46/500＝20.95 斤。東魏以前則爲：23.3×222.73/500＝10.34 斤。

三、水利資源的開發

　　水利資源開發利用，對農業生產的發展、技術水平的提高，有直接關係。

在兩晉南北朝，爲了發展生產，注意了發展水利，發揮其提高產量的作用。晉朝傅玄上疏就提到，旱田每畝只收十餘斛，而水田可以收數十斛。由於灌溉事業的發展，可以使受益地區經濟發達。漳河兩岸十二堰灌區（在今河南安陽境內）就出現農業興旺、經濟繁榮景象。西晉人左思的《魏都賦》敘述該地：「嶂流十二（即指十二堰）同源異口，蓄爲屯雲，泄爲行雨。水澍粳餘，陸蒔稷黍，黝黝桑柘，油油麻苧。均爲畫疇。藩廬錯列，薑芋充茂，桃李陰翳。」

根據當時文獻記載所知，兩晉南北朝時期，興修了不少的灌溉設施，有的規模很大。水利工程投入了大量勞力。晉代修整芍陂，每年動用數萬人。北魏時修鄴郡（今安陽）萬金渠「發夫五萬人」，灌區內的灌溉面積有的可達到幾千頃到萬餘頃。前秦在水利建設方面也有不少成就，如開發涇水灌區動員人力三萬人「及春而成，百姓賴其利」。

此時期新開灌區，在南朝主要在長江下游和錢塘江一帶發展，北方前秦新開灌區在今涇渭流域，北魏在黃河中游的河套亦有工程，這些都在南朝和北朝的心臟地帶，目的是鞏固發展根據地經濟。淮河流域正是南北逐鹿之地，經常發生戰爭。水利設施主要還是以修復曹魏伐吳前和西晉所做的水利工程（如芍陂等），很少新建者，甚至在西晉根據杜預的建議還廢除了一些陂塘。南朝另一個重鎮襄陽附近水利工程也有發展，如襄陽堰「開田數千頃」。鄴郡一帶治太行山麓引漳河、淇水等水，灌溉事業也比較發達，後來成爲北齊的都城所在。這一時期修建的大水利工程錄之如下：

廣陵（今揚州）陳公塘，盡盬灌之利。

枝江（今枝江）獲湖，通引江水，田多收穫。

壽春（今壽縣）芍陂，舊修芍陂，年用數萬人。

烏程（今吳興）荻塘、謝塘，溉田千頃。

皖縣（今潛山）吳陂，大開稻田四千餘頃。

廬江（今固始）茹陂，以溉稻田，公私有蓄，歷代有利。

舒縣（今舒城）七門堰，以溉稻田，公私有蓄，歷代有利。

曲阿（今丹陽）新豐塘，溉田八百餘頃。即用 21 萬 1420 工。

富春（今富陽）新渠、富壽、遊陂三渠，凡溉田千五百頃。

句章（今慈谿）句章陂，修復舊堰，溉田二百餘頃，皆成良業。

東陽（今寶應）白水塘，修復石鼈屯，多收數十萬石。

襄陽（今襄陽）襄陽堰長圍，修立堤堰，開田數千頃。

襄陽（今鄧縣境）六門堰，良田數千頃。

南陽（今南陽）馬人陂，民獲其利。

興縣（今儀徵境）沈湖，決沈湖灌溉。

襄邑（今睢縣）太壽水，斷太壽水……種稻。

蕭縣（今蕭縣）鄭陂，興陂遏，開稻田。

蒼陵（今壽縣西）蒼陵堰，溉田千餘頃。

汝南（今汝南）新陂，遏鄢、汝，造新陂。

會稽（今紹興）鑒湖，下溉田萬頃，北泄長江。

中廬（今南漳）租中，土地平，故宜桑麻。

涼州（河西走廊）涼州灌區，廣開水田。

臨沃（今五原）五原灌區，東流三十里，寬二十里。

薄骨律（今吳忠）艾山渠，溉官私田四萬餘頃。

范陽（今涿州）督亢陂，溉田萬餘頃。

燕（今北京南）導高梁水，北合易京，東會於潞。因此溉田，邊儲歲積。

燕郡（今北京附近）戾陂，溉田百萬餘頃。

蒲州（今永濟）河渠，以廣灌溉。

同州（今大荔）龍首渠，以廣灌溉。

雍州（今關中地區）涇水灌區，發……三萬人，開涇水上源，以溉岡鹵之田。及春而成，百姓賴其利。

富平（今富平）富平渠，公用既畢，民獲其利。

野王（今濟源）枋口，大興水田。

共縣（今輝縣）百門陂，引以溉稻田。此米明白香潔，異於他稻。魏齊以米，常以薦御。

黎陽（今濬縣）同山陂等，溉田七十餘頃。

鄴（今安陽）萬金渠、十二堰等，發夫五萬人。

　　從水利灌溉工程和建設渠道方面看，技術都有提高。特別的是設置吐納水流的斗門，有相當高水平，能夠控制水量，揚利抑害。南朝雨水較多，會發生江水溢塘而過水患。如豫章郡坡塘就起堤設水門，旱則閉之，水多則泄之，來控制水量。浙江長湖灌區，沿湖開水門 69 所。此時期重要成就還是在南方，主要以小型塘堰為主。海塘及鑒湖類型水利，後來多推源於這個時期。

東魏興和三年改建的百金渠，至解放初期仍發揮作用。但是技術水平和曹魏
時興建的十二堰（在今安陽，一原分爲十二流，皆有引水閘門，構成十二條
渠道，進行多渠道引水）相比併沒有新的發展。後魏在薄骨律鎮所建造的艾
山渠，在選址、設水門等方面，均有獨到之處。水利效益也很好，一旬之間，
水則一遍，水凡四漑，穀得成實。後魏爲了發展生產，重視了水利技術的推
廣。太和十三年（公元 489 年）下詔：「詔諸州鎮有水田之處，各通灌漑遣匠
者在指授」。〔註3〕灌漑渠道也有發展，所以灌區才出現「阡陌相屬」的局面。

此時水利資源的開發，還是以地面爲主。地下水的開發利用也有進展。
井出現比較早，傳說爲黃帝或伯益所做。最近衡陽出土的南朝呈圓形土坑豎
穴或水井，主要是飲水用井，井壁無磚石痕跡。直徑 1.6 米，深約 12 米，出
土有陶罐片，可以認爲是提水工具。〔註4〕提水工具在漢代已有一定的基礎，
通用桔橰。靈帝時「畢嵐……作翻車渴鳥，施於橋西，以灑南北郊路」。翻車
應是機械引水工具，渴鳥爲曲筒以氣引上，當是眞空泵或虹吸一類工具。三
國魏明帝時，馬鈞發明了翻車以澆菜園，「居京都城內有地可爲園，患無水以
灌之。乃作翻車，令兒童轉之，而灌水自露，更入更出，其巧百倍於常」。漢
代把骨車應用到生產上。如洛陽漢墓出土的陶井，井上有架吸水工具就是用
滑車用繩繫兩個水桶一下一上不停汲水，這些提水工具對南北朝必有影響。
當時南北方均有菜園，南方利用小型陂塘比較方便。而北方菜園澆水次數也
很多，又要及時，必須利用小溪、溝渠和井水進行灌漑。《齊民要術》在《種
葵篇》中提到種葵「春必畦種、水澆，……深掘，以熟糞對半和土復其上，
令厚一寸。鐵齒杷樓之。令熟，足踏使堅平，下水，令徹澤。水盡，下葵子，
又以熟糞和土覆其上，令厚一寸餘。葵生三葉，然後澆之，每一掐，輒杷樓
地令起，下水加糞」。在種菜過程實際澆了三次水，就是用的井灌。井水在城
鎮近郊園田，必很發達。井的佈局，已經注意「井必相當，邪角則妨地，地
形狹長者，井必作一行，地形正方者，作二三行，亦不嫌也」。這樣佈局既有
利於「農田耕作，節省土地，又利於井的合理佈局，保證出水量。提水工具
是桔橰和轆轤，「井深用轆轤，井淺用桔橰」。盛水工具是柳罐，應是柳條編
成的盛具。「大小以受一石爲宜，罐小則用功費」。泉水開發也見到一些記載。
便縣（今湖南永興縣境）溫泉水可以灌田數千畝，因爲水泉溫度高，臘月下

〔註3〕見《魏書·高帝記》。
〔註4〕見《湖南衡陽南朝至元明水井的調查與清理》《考古》1980 年 1 期。

種三月就可以收一次，一年可以三熟。共縣（今河南輝縣）有百泉。種的稻米質優良常為貢米，供應皇宮。

在開發利用水利資源上比較順利的是江南和西北地區。矛盾比較突出的是黃、淮海流域。西晉以來，黃河以北有大量的沼澤做為牧地。因為人口的增殖，束晳提出要進行排水種田，建議把吳澤陂開墾種田。北魏中期冀、定幾州常鬧水災，崔楷根據實際情況曾上疏建議排水「水種杭稻，旱藝桑麻」。有人：「惜其魚蒲之饒」不主張排水墾田，表現排水有利發展農業而侵犯牧業和漁業。淮河流域突出表現排水和蓄水的矛盾，以鄧艾為代表主張以蓄為主，在大搞陂塘堰壩發展稻作。而以杜預為代表的主張以排為主，曾上疏例舉濫建陂塘的害處，發生潰澇，佔用耕地。坡塘質量不好易發生潰決引起水害。

四、生物資源的利用

利用生物資源進行生產，是農業生產的基本特徵。兩晉南北朝是歷史上利用生物資源的一個高潮時期。南方的開發和北方的擴展，都能擴大生物資源的利用範圍。農作物在漢代《氾勝之書》上記載有 14 種。而《齊民要術》記載有 26 種。糧食作物有：粟、秫、黍、稷、粱、大豆、小豆、綠豆、大麥、小麥、水稻、旱稻等。經濟作物有：大麻、胡麻、紅花、藍、紫草、梔子、地黃、荏、椒、茱萸等。

果樹方面《齊民要術》記述北方重要的有柿、梨、桃、杏、李等 13 種。南方已經出現大面積的桔園，左思的《吳都賦》描寫南方果實是「其果則丹橘餘甘，荔枝之林，檳榔無柯，椰葉無陰，龍眼橄欖，榴御霜」。這都是南方的固有的果樹。兩晉以來北方果樹也擴種到南方，謝靈運《山居賦》中所說到的果實是「杏壇柰園，橘林栗圃，桃李多品，梨栗殊所，枇杷林檎，帶谷映渚，椹梅流芬於回巒，褌柿被實於長浦」，除上述主要部作物外，在菜方面，東漢《四民月令》記載蔬菜 20 種，《齊民要術》則為 35 種。林木藥材及其它特產等更是豐富。

茶在此時達到興盛時期，南朝時飲茶逐漸流行起來。如《晉書·桓溫傳》每筵惟下七奠拌茶果而已。茶樹種植業必然興盛。《齊民要術》引《荊州地記》說：「浮梁茶最好」。浮梁以外自然還有許多產茶的地方。另外甘蔗在此時期也得到擴展，水生植物根據《齊民要術》所載種植者有蕈蓮藕、芡實芰（即菱）等。

　　動物資源方面，畜禽種類與前朝無多大變化，六畜依然是主要的畜產。魚類在發展水利中有發展，特別是南方漁業生產非常重要，成爲魚米之鄉。北方陂澤地也有漁業生產，但常與墾殖發生矛盾。《齊民要術》有《養魚》一篇，除了記錄了前代《養魚經》的養魚經驗外，並提出作魚池的辦法。「三尺大鯉，非近江湖，倉卒難求。若養小魚，積年不大。欲令生大魚法：要須載取藪澤陂湖饒大魚之處，近水際土十數載，以布池底，二年之內，即生大魚。蓋由土中先有大魚子，得水即生也」。

　　晉代郭義恭所著的《廣志》及嵇含所編的《南方草木狀》都反映了生物資源利用方面，所取得的一些突出成果。《南方草木狀》記載了南方 73 種植物的特點利用情況。特別應提到的是《廣志》記載了柞蠶的利用情況，「有野蠶、有柞蠶、食柞葉，可以作絲」。這是目前見到的關於柞蠶及其利用的最早文字記載。《南方草木狀》記載用蟻防治柑蠹的事實。「交趾人以席囊貯蟻，鬻於市者，其巢如薄絮，巢皆連枝葉，蟻在其中。並巢而賣，蟻赤黃色，大於常蟻。南方柑樹，若無此蟻，則其實皆爲郡蠹折傷，無復一完者矣」。這是國內外以蟲治蟲生物防治法的最早記錄。

見 1990 年 3 月《中國農史》。

農業經濟史篇

西漢文景時期的糧食生產水平芻議

提　要

漢代文景之治時期，農業有所發展，社會進步。漢文帝聽從晁錯的建議，「除民田之租稅」13 年，爲免除農業稅開了先河。爲了吸取歷史經驗對該時期的糧食生產水平進行了研究。初步澄清當時的每畝單產、勞動力生產水平、人均糧食佔有量、全國糧食總產量等問題。還對漢代與現代的面積、計量作了比對。證明晁錯所說的：「其能耕者不過百畝，百畝之收，不過百石」比較切合漢代實際情況。

秦末漢初，經陳涉吳廣揭竿反秦，楚漢之爭，至劉邦平定黥布、彭越，經過了十四年的戰亂，造成人口大量的走死逃亡，土地權屬造成混亂，農業生產水平下降。漢朝初建時，遺留下很多問題。《漢書・食貨志》載：「漢興，接秦之敝，諸侯並起，民失作業，而大饑謹。凡米石五千，人相食，死者過半。高祖乃令民得賣子，就食蜀、漢。天下既定，民亡蓋藏，自天子不能具醇駟，而將相或乘牛車」。高帝死後，惠帝承繼大統，他實施仁政，減輕賦稅，政治清明，與民生息的政策，推動了經濟的繁榮。在思想和文化方面，他廢除了秦時禁錮，使黃老哲學代替了法家學說，但大權實際上

掌握在強勢的母親呂后之手。惠帝早亡，呂后稱制八年期間，繼續執行與民生息的政策，獎勵農耕。其死後雖有「平定諸呂」宮廷之變，但並木發生大的戰亂，對社會經濟發展影響不大。此時期是農業經濟恢復時期。文景時期是農業經濟發展時期，官府政治廉明，社會安定，重視農桑，輕繇薄賦，

漢文帝還取消了農業稅，經濟出現繁榮局面，史稱「文景之治」。

　　本文僅就文景時期的農業生產水平進行探討。主要是側重糧食作物方面的研究，以期爲現代農業發展提供歷史借鑒。農業的糧食生產水平研究，包括：勞動力的墾田畝數；糧食單位面積產量；農業人口平均口糧數；農業勞動生產率和農業所能提供的剩餘產品數量及其分配狀況。農戶家庭成員的正常消費，並有結餘以保證完成官府的的稅收和供應市場等問題。

一、農田墾殖的成就數量探討

　　漢朝實行「名田制」，按照爵位確定各戶田宅數量，所以，官府必須掌握詳細的土地數量。漢代建立了從下到上的戶口和田地的定期報告制度和全國統一的調查制度。規定每年八月由各縣調查戶口和各戶所有財物，編製成戶籍，稱爲「案比」。《續漢書·禮儀志》說：「仲秋之月，縣、道皆案戶比民。」縣、道制定戶籍以後，便制定計簿，「上計」到郡、國。而郡、國便於年終遣吏「上計」於中央。朝廷對於「田宅逾制」、「專地盜土」、「度田不實」違反田制的行爲，都會嚴加處置，甚至處以極刑。漢代的田宅數量一般是比較清楚。漢朝建立以來，人口的增長很快。漢初承戰亂之後，全國人口約 600 萬或稍多一些。到約二百年後的平帝元始二年（公元 2 年），即猛增到 1,200 餘萬戶，5,959 萬餘口。共有田地 82,700 多萬畝，平均每戶佔有田地 67 畝多，平均每口人佔有田地約 14 畝。雖然沒有達到「名田制」庶民每戶百畝的標準，但也相差不多。每戶約爲五口之家。這只是平均數，並不足以說明漢代就是小農經營。

　　除了民眾的土地開發外，官府利用兵卒墾田，興修水利，而使國家掌握大量的公田。如漢武帝元光六年「發卒數萬人，作河東渠田」，「可得五千頃」。苑囿是漢代皇家直接經營的佔有土地規模最大者。上林苑的規模，以現在的區域度量，應是地跨藍田、長安、戶縣、周至、興平五個縣（市）和西安、咸陽的兩個市區。王有封戶，侯亦有封戶。郡一級政府亦有公田存在。在執行名田制的政策，縣、鄉有授受田畝的任務，必然會掌握一部分公田。莊園式的專業經營同時存在，《史記·貨殖列傳》稱：「帶郭千畝，畝鍾之田，若千畝巵茜，千畦薑韭：此其人皆與千戶侯等」。

　　沒有農業生產力的發展，維持這樣高的人口增長速度是不可能的，而人口的增長在當時則又加速了農業的進一步發展，漢代農業生產循著量的增長

和質的提高這兩個途徑發展。廣度靠開發擴大耕地面面積，深度則靠提高耕作技術，精耕細作，提高單位面積產量。漢代的農業有較大的發展，於土地大量開發，精耕細作已經達到較較高水平分不開的。

二、文景時期的每畝糧食單產問題

瞭解漢代文景時期的農業生產水平，首要是糧食單位生產水平。是研究全國人口平均口糧數；農業勞動生產率和農業所能提供的剩餘產品數量及其分配狀況等方面問題的基礎。糧食單位生產水平，在史書上資料比較缺乏，遠遠不如土地開發面積研究簡單。糧食的種類在漢代以粟（穀子）、麥、稻、大豆為主，應為研究對象。當時有研究價值的糧食單產文獻，經過選擇有以下幾條：

（一）可供研究的單產基本資料

1、《漢書・食貨志》：晁錯復說上曰：「今農夫五口之家，其服役者不下二人，其能耕者不過百畝，百畝之收，不過百石。」

2、荀悅《前漢紀・文帝二年》：太子家令晁錯復說上曰：「今農夫五口之家。其服作者不過二人。其能耕者不過百畝。百畝之收不過三百石。」

（二）可供參照的單產資料

3、《漢書・食貨志》；李悝為魏文侯作盡地力之教，「今一夫挾五口，治田百畝，歲收畝一石半，為粟百五十石。除什一之稅十五石，餘百三十五石。食，人月一石半，五人終歲為粟九十石，餘有四十五石。石三十，為錢千三百五十，除社閭嘗新春秋之祠，用錢三百，餘千五十。衣，人率用錢三百，五人終歲用千五百，不足四百五十。不幸疾病死喪之費，及上賦斂，又未與此。此農夫所以常困，有不勸耕之心」。

4、《管子・治國》說：「常山之東，河汝之間，蚤生而晚殺，五穀之所蓄熟也，四種而五獲。中年畝二石，一夫為粟二百石。」「常山」，即「恒山」，係避漢文帝劉恒之諱而改用的。因此，可視此材料為漢代的畝產資料。

5、《淮南子・主術訓》說：「一人跖耒而耕，不過十畝。中田之獲，卒歲之收，不過四十石。」一夫只能種植十畝，單位面積產量較高。

6、仲長統在《昌言・損益》中說：「今通肥磽之率，十稼穡之人，令畝收三斛，斛取一斗，未為甚多。」東漢時期，也是畝產 3 石粟，同西漢的產量水平相近。這個產量水平是「通肥磽之率」，也就是肥瘠平均計算的結果。

（三）局部地域的單產參考資料

7、《史記‧河渠書》載河東守番系之言：「穿渠引汾，溉皮氏、汾陰下，引河溉汾陰、蒲坂下，度可得五千頃。五千頃故盡河需棄地，民茭牧其中耳。今溉田之，度可得穀二百萬石以上。」這就是說，灌溉田的平均畝產是 4 石。

8、史記‧河渠書》中還載有莊熊羆之言：「臨晉民願穿洛，以溉重泉以東萬餘頃故鹵地，可令畝十石。」

9、《史記‧溝洫志》中載賈讓之言：「若有渠溉，則鹽鹵下濕，填淤加肥，故種禾麥，更為秔稻。高田五倍，下田十倍。」

10、《史記‧貨殖列傳》云「帶郭千畝，畝鍾之田」。

11、《漢書‧食貨志》載：「率十二夫為田一井一屋，故畮五頃。用耦犁，二牛三人，一歲之收常過縵田畮一斛以上，善者倍之。過使教田太常、三輔、大捉置工，苆奴與從事，為作田器。二千石遣令長、三老、力田及里父老善田者受田器，學耕種養苗狀。民或苦少牛，亡以趨澤，故平都令光教過以人挽犁。過奏光以為丞，教民相與庸挽犁。率多人者田日三十畮，少者十三畮，以故田多墾闢。過試以離宮卒田其宮蠕地，課得穀皆多其旁田畮一斛以上」。

12、《氾勝之書》曰：「上農區田法，區方深各六寸，開相去七寸，一畝三千七百區，丁男女種十畝，至秋收區三升粟，畝得百斛。中農區田法，方七寸，深六寸，開相去二尺，一畝千二十七區，丁男女種十畝，秋收粟畝得五十一石。下農區田法，方九寸，深六寸，開相去三尺，秋收畝得二十八石。旱即以水沃之。

憑以上資料的單產分析：

第 1 和第 2 兩項《漢書‧食貨志》和《前漢紀‧文帝二年》資料，屬於反映文景時期的正式文獻。同是記載晁錯給漢文帝的建議。前者說：「百畝之收，不過百石」，即每畝收一石。而後者說：「百畝之收不過三百石」，即每畝收三石。相差較大。

第 3 至第 6 四項是屬於早於或晚於文景時期的可供參考資料。《漢書‧食貨志》說戰國魏文侯時期「歲收畝一石半」。《管子‧治國》是漢代人的著述，說：「中年畝二石」。

《淮南子‧主術訓》是漢文帝同時期的作品，其說：古代「一人跖耒而耕，不過十畝。中田之獲，卒歲之收，不過四十石。」即每畝收四石。《昌言‧損益》是東漢作品。說：「今通肥磽之率，十稼穡之人，令畝收三斛」。即每

畝收三石。

我國傳統農業基本是靠天吃飯，依靠自然。生產條件改善和農業技術進步也起到一定的作用。在漢代已經廣泛使用牛耕、實行輪作制，使用農家肥等，基本達到近代甚至解放前後的水平。以上資料可供參考。農業自然資源條件，古今各有優劣。漢代土地資源優越，農田選擇寬，很少用貧瘠土地。水資源、氣候資源、生物資源，則古今差異不大。因此，單產變動緩慢。只有近年由於生產條件的大幅度的改善和農業技術的進步，糧食作物單產才大幅度的提高。

第 7 至第 12 六項資料屬於局部地域資料。有一定的參考價值，但不確切。兩條《河渠書》和一條《溝洫志》「今溉田之，度可得穀二百萬石以上。」「可令畝十石。」「若有渠溉」，說的都是預想的單產。《史記‧貨殖列傳》所說「畝鍾之田」，只是個概數。帶郭之田是指城市附近的高產田。古以六斛四斗爲一鍾，一說八斛爲一鍾，又謂十斛爲一鍾。一畝單產可達 6～10 石。第 11 項說「代田法」每畝可增產一斛。第 12 項說：「區田法」畝收可達 100 石到 28 石。產量超出正常點的幾十倍。近年作者及各地農業工作者按照原法進行試種，每市畝產量只收 536 斤，相差甚遠，不足引用。

三、漢代畝計量的換算

澄清漢代的糧食生產情況，在歷史文獻中是有記載的，能說明問題。度量衡在漢代和現今差異很大，但對現代人說其產量，總是模糊不清，看不清真相。須要用現代計量瀝青，才能直觀。這就需要弄清楚，漢代與現今計量的換算關係。

歷史上實行井田制以來是「百步爲畝」。《春秋‧穀梁傳》載：宣公十五年（前 594 年）「古者，三百步一里，名曰井田。井田者，九百畝，公田居一。」《漢書‧食貨志上》亦說：井田制時期「理民之道，地著爲本。故必建步立畝，正其經界。六尺爲步，步百爲畝，畝百爲夫，夫三爲屋，屋三爲井，井方一里，是爲九夫。」都是以百步爲畝。戰國時期各諸侯國的畝制不同。銀雀山漢墓《孫子兵法》殘簡《吳問》載；晉末六卿統治區畝制不一，范、中行氏以 160 步爲畝，韓、魏以 200 步爲畝，趙以 240 步爲畝。秦則行 240 步爲一畝的大畝。漢初，二者並行，山東諸國故地，行小畝，秦故地行大畝。官家則推行人畝。《鹽鐵論‧未通》載：「古者，制田百步爲畝，民井田而耕，

什而籍一。義先公而後己，民臣之職也。先帝哀憐百姓之愁苦，衣食不足，制田二百四十步而一畝，率三十而稅一。堕民不務田作，飢寒及己，固其理也。其不耕而欲播，不種而欲獲，鹽、鐵又何過乎？」《鹽鐵論》是發生漢昭帝時期的事情。「先帝」可視指爲昭帝以前各帝。漢代實行名田制，擴大畝面積，有發展「廣種」的目的。證明漢初即推行 240 方步爲畝的畝制。湖北江陵張家山漢墓出土的《二年律令》殘簡見有：「田廣一步，袤二百卌（（即四十）步爲畛，畝二畛，一佰（陌）道。百畝爲頃，十頃一千（阡）道，道廣二丈」的簡文，與，同墓出土的《算數書》也明確採用 240 方步爲一畝。該墓的年代，是呂后至文帝初年，都證明漢初實行的「名田制」的個爵位田宅數量，同樣是按照 240 步爲一畝計。特別是文帝以後，已通行 240 方步爲畝的制度。

以此看來，240 步爲畝，是官方的通行的畝計量。上面列舉的 12 份單產資料，是以「大畝」爲準無疑。晁錯所說的「今農夫五口之家……其能耕者不過百畝」，亦應爲 240 步爲畝的畝制。漢平帝時，戶均墾田約 67 畝，漢永始四年（公元前 13 年）前後，東海郡戶均墾田 77 畝上下，東漢和帝年間戶均墾田 80 畝上下，皆以 240 方步爲畝的畝制，與晁錯所說的「今農夫五口之家，其服役者不下二，其能耕者不過百畝」，也非常吻合。漢制每畝定爲二百四十步，與現今市畝基本是一致的。步量方法即寬 1 複步，長 240 複步，爲240 平方步。每複步爲 5 尺，和人體一致。百畝爲頃。古今畝基本相通，沒有必要多費周折。

四、漢代的度量衡換算

漢畝與今畝關係清楚後，計算每畝單產還要澄清古今度量衡的計量差異。得到正確的計量換算，必須以實物爲依據，相互對照。涉及計量的實物有：黍粒、五銖錢、計量器具及文獻記載等方面。漢代度量衡計量從以下幾方面進行探索：

（一）《漢書·律曆志》記載的度量衡

1、衡爲「十黍爲絫，十絫爲一銖。」二十四銖爲兩。十六兩爲斤。三十斤爲鈞。四鈞爲石」。

2、度爲：「一黍爲一分，十分爲寸，十寸爲尺，十尺爲丈，十丈爲引」

3、量爲：「而以子穀秬黍中者千有二百實其龠，以井水准其概。合龠爲

合（二龠爲一合），十合爲升，十升爲斗，十斗爲斛，而五量嘉矣」。

即重量 10×10×24×16＝38,400 黍＝1（漢）斤。黍是實物，至現今仍然可以實測。在糧食作物測產的三要素中千粒重是最穩定的，按照黍的千粒重計算爲 6 克。一（漢）斤約爲 250 克。

容量 1 升 1,200×2×10＝24,000 黍，而重量 10 兩爲 10×10×24×10＝24,000 黍。兩者正好相等。就是說：漢代爲 1 升=10 兩，1 升約爲 0.63（漢）斤，（漢代一斤爲 16 兩）。1 石爲 63（漢）斤。

又稱：100 黍爲銖，千黍爲 6 克。五銖錢重爲 3 克。一銖重即爲 0.6 克×24×16＝230 克（不足現今的半斤）

（二）據《後漢書・禮儀志》記載：「權水輕重，水一升多重十三兩」。漢代度量衡制度，重一斤爲十六兩。十三兩爲 0.8125 斤。考定東漢一斤重在 250 克左右是有據可證的。「多重」，就是現代的說法 1 公升水爲，「1 立方分米在 4°C，一個大氣壓」條件是相近的。

（三）實測保存的文物五銖錢重量折算；現今遺存的五銖錢大都是鏽跡斑斑，金屬有損耗。選其較規整的稱重，各爲 2.71 克、2.89 克和 3.04 克。五銖平均按 3 克計是合理的，一銖爲 0.6 克。同樣換算 1（漢）斤爲 250 克，相當市斤爲半斤。

（四）又據洛陽市第二文物工作隊趙曉軍，發文介紹了新出土了兩件刻有自身容量的銅鍪。一件發現於宜陽縣，年代約爲秦武王和秦昭王之際。上腹部刻有「府，二斤十一兩，（半）斗」的銘文，標明了自身的重量和容量的關係。即當時 2.6875 斤容物爲半斗。即一斗容 5.4 斤弱。其容器實測容水爲 1,000 毫升，恰合當時的半斗（五升），可容小米 920 毫升，米重 750 克。每斤約合今 250 克，所容的小米正好折合當時的三斤。另一件發現於山西解州，年代約爲秦昭王晚期，器型與前相似，有銘文「一升大半升」，應約爲 1.67 升，相當於 333 毫升。實測容量 339 毫升，與所刻容量基本符合。

（五）糧食比水比重大些，可是糧食在容器中有空隙。在同一容器中比重是接近的。在測產中沒必要細追究。從以上考察漢代與現今計量關係的結論爲：

漢制一畝 　爲市制一畝

漢制一斤 　爲 250 克，市制半斤

漢制一石 　爲 63（漢）斤，約爲 32 市斤

漢制一升　　爲漢制 10 兩（0.625 斤）

秦制一石　　爲 15000 克，約爲 30 市斤

秦制一斤　　爲 250 克，半市斤。

五、漢代糧食生產水平評估

關於每畝單產，根據前述 12 項資料分析，選有代表性者，按當時的計量漢畝、漢石，及與現代計量的換算糧食產量，見下所列：

（一）按照《管子・治國》篇說

每畝糧食單產 2 石，即 128（漢斤），折合現制每畝產量爲 64 市斤。

每戶每年產糧 200 石，即 12,800（漢斤），折合現制爲 6,400 市斤。

農戶五口每人佔有 2,500 漢斤強。折合現制爲 1,250 市斤。

（二）按照《漢書・食貨志》李悝時產量

每畝糧食單產 1.5 石，即 96（漢斤）。折合現今每畝產量爲 48 斤。

每戶每年產糧 150 石，即 9,600（漢斤），折合現制爲 4,800 市斤。

農戶五口每人佔有 1,950 漢斤強。折合現制爲 980 弱市斤。

（三）按照《漢書・食貨志》文帝時晁錯的說法

每畝糧食單產 1.石，即 64（漢斤）。折合現今每畝產量爲 32 斤。

每戶每年產糧 100 石，即 6,400（漢斤），折合現制爲 3,200 市斤。

農戶五口每人佔有 1,500 漢斤弱。折合現制爲 750 市斤弱。

比較寬裕說法爲第一種。每畝糧食單產 2 石，即 128（漢斤）。再按照古今計量換算，折合現今每畝產量爲 64 斤。漢代廣泛實行土地輪休，每年有大量農田拋荒、種綠肥、輪休，所以種植指數不高。因之每畝單產，實際是偏低的數據。按照上述每戶五口之家，兩個勞力，種田百畝的情況下，計算勞動力糧食生產率爲：一個農業勞動力年產糧 100 石，一家產糧 200 石。當時最普遍的糧食作物是粟和小麥，折合重量，一個農業勞動力年產糧 6,400（漢）斤，一家產糧約 12,800（漢）斤。《管子・治國》篇說的也是西漢初年的情況：「常山之東，河汝之間，……中年畝二石，一夫爲粟二百石。」這裏「一夫」也應是指的一家。則當時黃河下游沖積平原一個農業勞動力年產粟 100 漢石，這是屬於比較高的勞動生產率。漢制其衡器比現在低，一斤只相當現在的半斤。一石只相當現在 32 斤弱。大致可知，正常年份一般田地每個農業勞動力年產糧數，折合現制減半，一家每年產糧 6,400 市斤。屬於「高標準」。

　　第二種說法：《漢書·食貨志》載戰國李悝言：「今一夫挾五口，治田百畝，（平年）歲收一石半，爲粟百五十石。」戰國、秦漢的「一夫」不一定指從事農業生產的個別男丁，常指一個耕作單位——即一家，因此應和晁錯說的一樣，是一家兩個勞動力種田百畝。一個農業勞動力年產粟 75 石。一戶產粟 150 石。由此可以看出當時農業勞動能提供多少剩餘產品，即爲國家能得到的稅收，這是社會存在和發展的基礎。可以拿每個農業人口一年的口糧數作爲主要標誌。漢代一家平均五口。《漢書·食貨志》記李悝言，大小口平均每人月食粟一石半。居延漢簡記西漢屯田卒及家屬每月領取口糧數，戍卒本人每月合大石二石，大男一石八斗，大女、使男一石三斗，使女、未使男一石，未使女七斗。則每家五口每月口糧約在 6 石至 7.7 石之間，每人每月口糧在 1.2 石到 1.54 石之間。西漢末《氾勝之書》云：丁男長女年食 36 石，一月三石，平均每人一石半。都與李悝所說相近。秦漢記載中涉及當時人食量的有幾十條材料，其中成年人每月食量從一石到三石不等，一般是二石。則大小口通計，每個農業人口口糧平均每月一石五斗左右應是通常情況，即每年約食粟 18 石，折合漢斤約爲 1,200 斤強，每月爲 100（漢）斤，折現在 50 市斤。現在民間的說法，「大口小口一人一斗」。

　　漢代全國每人每年平均佔有糧食數問題。據《漢書·地理志》和《後漢書·郡國志》等所列舉的戶口數字，從西漢末到東漢後期，全國人口大致保持在五千萬人上下，1,200 餘萬戶，其中農業人口約占四千萬，一家五口，兩個勞動力，按照中等所估產量計算，每戶年產糧按照平均 10,000（漢）斤，則全國每年糧食總產量約爲 1,200 億（漢）斤上下，全國每人平均佔有糧食 2,400（漢）斤。折合現今市制爲 1,200 斤，亦屬於高標準。

　　第三種說法；按照《漢書·食貨志》文帝時晁錯所言：「百畝之收，不過百石」，按照每個農戶年產糧一石計算，約爲 6,300（漢）斤左右。每戶按照「五口之家」計算，需要消耗糧食 6,000（漢）斤，其中包括人吃、馬餵、飼料、種子。可供官府稅收及社會商品糧 300 斤左右，即約二十分之一，幾乎完不成「什一而稅」的任務。全國每人平均佔有糧食 1,600（漢）斤。折合現今市制爲 800 斤。只能達到糧食溫飽線的基本標準，並不富裕。

　　反之，「以今鑒古」今古相比，河南有地域的可比性，在漢代中原、關中都是主要產糧區。抗戰前夕 1936 年，河南全省糧食單產每畝 156 市斤。1949 年解放時，糧食單產每畝 92 市斤。1957 年是農業恢復時期，糧食單產

每畝131市斤。在這個時期，農業生產仍然是依靠自然為主。增收還要靠擴大耕地，農諺說：「沒有百畝地，難打百石糧」。1957年當年小麥單產為111斤，粟單產132斤。當時中等農戶只有30畝地。常言說：「三十畝地一頭牛，老婆孩子熱炕頭。」而且復種指數一般高於1。每畝市制百斤產量，相當漢制每畝收成1石，每戶總產約為漢制100石。與漢代「百畝之收，不過百石「之說，基本相符合，略高一些。現代中農戶一般都是在復種指數較高條件下，使用田地較少。而漢代名田制庶民田為每戶百畝，勞力二人，負擔較大，廣種薄收。不是粗放種植，就是少種、休閒、撂荒，其單產低，往往是種植高產田與休閒田的平均值，把單產拉了下來。一些灌溉、施肥、精耕細作的田地，每畝達到4石，以致到6石10石，應該是較為普遍的事，當時亦有記載。

全國平均單產不會太高，《前漢紀》荀悅所說，全國平均能達到「畝收3石」則是不實際的，或是筆誤。還是《漢書·食貨志》的說法，「百畝之收，不過百石」，比較符合實際，我贊成此說。

六、文帝為免除農業稅開先河

「百畝之收，不過百石」的單產之說，用晁錯對當時的社會描述，也可作為佐證，漢文帝即位之初，百姓生活還很困苦的。《漢書·食貨志》記載：「春耕夏耘，秋獲冬藏，伐薪樵，治官府，給徭役。春不得避風塵，夏不得避暑熱，秋不得避陰雨，冬不得避寒凍。四時之間，亡日休息。又私自送往迎來，弔死問疾，養孤長幼在其中。勤苦如此，尚復被水旱之災，急政暴虐，賦斂不時，朝令而暮改。當具有者半賈而賣，亡者取倍稱之息。於是有賣田宅，鬻子孫，以償責者矣。」所以說，當時單產不高，糧食不會富裕，才會出現如此現象。農業本來就是用勞力多，低效益的產業，提高產量很困難。

為了擺脫農民的困境，漢文帝根據晁錯的建議，實行減、免租稅。據《漢書·食貨志》載：「上復從其言，乃下詔賜民十二年（前元12年，即公元前168年）租稅之半。明年（前167年），遂除民田之租稅。後十三年歲，孝景二年（公元前155年）令民半出田租，三十而稅一也」。就是說，孝文帝前元12年那年，減一半租稅，次年全免。十三年後漢景帝時，改為三十稅一的低稅制。漢文帝免除民田租稅十三年，開了取消農業稅之先河。2006年我國全面取消農業稅，並非首次之舉，只是歷史的重演。文帝時，算賦也由每人每

年 120 錢減至每人每年 40 錢。同時還減輕繇役。文帝偃武興文,「丁男三年
而一事」,即成年男子的徭役減爲每三年服役一次。這樣的減免,在中國社會
發展史上是首創。糧食單產也會隨之提高,如在水利開發區、技術改進試點、
城郊肥沃田出現「可令畝十石」、「畝鍾之田」等說法。「輕繇薄賦」政策執行,
一直到武帝初年,七十年間,國家富足。《漢書·食貨志》稱:「至武帝之初
七十年間,國家亡事,非遇水旱,則民人給家足,都鄙廩庾盡滿,而府庫餘
財。京師之錢累百鉅萬,貫朽而不可校。太倉之粟陳陳相因,充溢露積於外,
腐敗不可食。眾庶街巷有馬,阡陌之間成群,乘牸牝者擯而不得會聚。守閭
閻者食梁肉;爲吏者長子孫;居官者以爲姓號。人人自愛而重犯法,先行誼
而黜愧辱焉」。

七、免收農業稅後彌補官府虧空的措施

(一)實行粟買爵制和徙邊賜爵制大量賣爵

晁錯同時建議:「方今之務,莫若使民務農而已矣。欲民務農,在於貴
粟;貴粟之道,在於使民以粟爲賞罰。今募天下入粟縣官,得以拜爵,得以
除罪。如此,富人有爵,農民有錢,粟有所渫。夫能入粟以受爵,皆有餘者
也。取於有餘,以供上用,則貧民之賦可損,所謂損有餘、補不足,令出而
民利者也。順於民心,所補者三:一曰主用足,二曰民賦少,三曰勸農功」。

賣爵是無本生意,官府就是「批發商」。「爵者,上之所擅,出於口而亡
窮粟者,民之所種,生於地而不乏。夫得高爵也免罪,人之所甚欲也。使天
下人入粟於邊,以受爵免罪,不過三歲,塞下之粟必多矣。」因此入粟拜爵
在政治上、經濟上都有很高的實效。保證邊塞軍事用糧,使國家安寧。「邊食
足以支五歲」。「六百石爵上造,稍增至四千石爲五大夫,萬二千石爲大庶長,
各以多少級數爲差」。這是利用富人錢,支持官府的財政。負面影響,使富家
豪強,因爲爵位的提高,促進土地兼併的發展,引起不良後果。

(二)弛山澤之禁發展工商業

文帝六年(前 158 年)下令,開放原來歸屬國家的所有山林川澤,准許
私人開採礦產,利用和開發漁鹽資源,從而促進了農民的副業生產和與國計
民生有重大關係的鹽鐵生產事業發展。弛禁的結果,「富商人賈周流天下,
交易之物莫不通」。廢除過關用「傳」制度。漢代在軍事重鎮或邊地要塞,
都設關卡以控制人口流動,檢查行旅往來。出入關隘時,要持有「傳」,即

通過關卡的符信（即憑證），方可放行。文帝十二年（前 168 年）三月，取消出入關的「傳」，從而有利用於商品的流通和各地區間的經濟聯繫，通過工商業稅收，增加國家財政收入。對於農業生產的發展也有一定的促進作用。

（三）崇尚節儉減少開支

漢文帝為了減少開支，自己節儉，「履不藉以視朝」。穿用草和麻製作草鞋上朝辦公。同時穿「綈衣」，是一種很粗糙的色彩暗淡的絲綢。破了，打個補丁再穿。後宮嬪妃不准長的下擺拖地，以節省衣料。帳子、帷子全沒刺繡、不帶花邊。「即位期間，宮室苑囿狗馬服御無所增益」。這些都是皇帝們講排場、顯威嚴、享樂遊玩必不可少的，皇帝們大都十分重視。然而漢文帝居然沒有蓋宮殿，沒有修園林，沒有增添車輛儀仗，甚至連狗馬都沒增添。他關心百姓的疾苦，剛當皇帝不久，就下令：由國家供養八十歲以上老人，每月發給他們米、肉和酒；對九十歲以上的老人，再增發一些麻布、綢緞和絲棉，給他們做衣服。他死前，最後安排了一次節儉活動是喪事。在遺詔中痛斥了厚葬的陋俗，要求為自己簡辦喪事。「皆以瓦器，不得以金銀銅錫為飾，不治墳，欲為省，毋煩民。」霸陵山川因其故勿有所改，即按新照山川原來的樣子因地制宜，建一座簡陋的陵墓。後赤眉軍攻進長安，挖掘皇陵，唯獨文帝陵保存，知無好物。

「秦皇漢武，略輸文采」，輸給的正是漢文帝。武帝雄才大略，執政時，常年對外用兵，財政空虛，又增設武功爵，繼續賣爵。打擊工商業，實行鹽鐵官營。豪強勢力不斷發展。當時董仲舒說；「漢興，循而未改。古井田法雖難卒（猝）行，宜少近古，限民名田，以澹（贍）不足，塞併兼之路。鹽鐵皆歸於民。去奴婢，除專殺之威。薄賦斂，省繇（徭）役，以寬民力。然後可善治也。」董仲舒死後，「功費愈甚，天下虛耗，人復相食」，情況逆轉。西漢末年社會矛盾突出，漢哀帝綏和二年下詔：「制節謹度，以防奢淫，為政所先」。限制諸侯王、公主、官吏、豪民多蓄的奴婢田宅。田地不得超過三十頃，奴婢，諸侯王限二百人，列侯公主百人，關內侯、吏、民三十人。但「時田宅奴婢賈（價）為減賤，丁、傅用事，（丁明是哀帝的舅父，傅晏是哀帝的岳父）董賢隆貴，皆不便也。詔書且須後，遂寢不行。不久即發生西漢被篡。莽始建國初即「更名天下田曰王田，奴婢為私屬，皆不得買賣」，恢復井田制。其結果造成社會加倍的混亂，四年又恢復了田地的買賣。土地高度集中問題始終沒有解決，以致又釀成赤眉、銅馬、新市、平林的大動亂。此乃文景之

後的事了。

參考文獻

〔1〕司馬遷《史記》，北京：中華書局，1982。

〔2〕班固，《漢書》，北京：中華書局，1962。

〔3〕范曄，《後漢書》，北京：中華書局，1965。

〔4〕張家山二四七號漢墓竹簡整理小組，張家山漢墓竹簡（二四七號墓），北京：文物出版社，2001。

〔5〕楊際平：《從東海郡（集簿）看漢代的畝制、畝產與漢魏田租額》，《中國經濟史研究》，1998，2 期。

〔6〕吳慧：《中國歷代糧食畝產研究》，農業出版社，1985 年。

〔7〕余也非：《中國歷代糧食平均畝産量考略》，《重慶師範大學學報》，1980，3 期。

〔8〕甘肅省文物考古研究所：《居延新簡釋粹》74，E.P.F22：17，蘭州大學出版社，1988。

見 2015 年 2 期《古今農業》，參加者尚有張翔迅、鄒蘭新

我國農田耕作制度的發展史

提　要

　　迄今爲止，在人類農業史上，有兩種耕作制度，即淺耕粗作、廣種薄收和深耕細作、少種多收。一定的耕作制度，是一定的生產方式在農業生產中的具體體現；不同的耕作制度，反映著不同的生產社會性質和技術狀況。淺耕粗作、廣種薄收，是人類知識簡單，生產工具落後，科學技術不發達和社會環境動盪不安時代的產物；而深耕細作。

　　農田耕作制在農業生產中占重要地位。耕作制完善程度，標誌著農業發展的水平。我國農作制是由簡到繁逐步發展起來的，它的發展過程和發展階段大致如下：

一、農業開始的生、熟荒耕作制

　　農業起始所施行的耕作制度叫做「生荒制」。當時陸地上分佈著廣大的森林和草原，人們借自然之力——火和簡陋的石器、骨器等，開闢耕地，種植作物，也就是常說的「砍倒燒光」農業。從我國的交獻記載上，可以顯明地看出這種耕作制的存在。傳說中的我國農業創始者——神農，別號烈山氏。烈山就是燒山闢地的意思。「管子」記載：「黃帝之王……不利其器，焚山林，破增藪」，也正是這種農作制。由於當時耕作簡陋，播種的作物單純，耕地很快由肥變瘠，產量下降，人們只得放棄原來開墾的耕地而另開闢新耕地，這就是原始的「生荒制」。以後，由於生產的發展，新開闢耕地不敷應用，就再

度開墾耕種過而一度廢棄的土地，這就是「熟荒制」。當時由於農業生產很落後，當土地肥力減退以後就再度開生荒；等地力自然恢復後，再重種作物。現在地廣人稀的部分山區和邊遠地區，還應用這種農作制。

二、休閒耕作制

　　農業生產使用鐵器是一個很大進步，在耕作制上也起了變化，即由生、熟荒制過渡到休閒耕作制。我國在西周時代開始使用鐵質農具耒耜。除主耕農具耒耜外，在《詩經》上還提到其它農俱如、錢、等，同時，開始採用了中耕除草等農業技術措施。如《詩經》上記載的「千耦其耘」、「以薅荼蓼」等。農業技術措施能夠保證土壤肥力更快地得到恢復，這樣，就能在一些固定的田地上進行耕作，不再亂伐森林和亂墾草原。《呂氏春秋》就提出了：「山不敢伐材下木，澤人不敢灰燮」。《管子》提出「毋斬大山毋戮大衍」，來限制盲目砍伐森林和開墾草原。由生、熟荒制進入休閒制是農業生產上一個大進步。從歷史資料上考察，我國在周代就開始施行休閒耕作制，即相近於歐洲中世紀的「三田制」（「三圃制」）。據史料載有「菑」、「新」、「畬」等，按「爾雅」釋為：「田一歲曰菑，二歲曰新，三歲曰畬」，就是不同的休閒地的名稱。「周禮」鄭注引鄭司農說：「不易之地歲種之，地美，故家百畝；一易之地，休一歲乃復種，地薄，故家二百畝；再易之地休二歲乃復種，故家三百畝」，再如周官遂人說：「耕野之土，上地、中地、下地以頒田里。上地夫一，田百畝，萊五十畝，中地夫一，田百畝，萊百畝；下地夫一，田百畝，萊二百畝，餘夫亦如之」。看來在當時休閒制已經廣泛應用，並且要把它當做農業生產的制度。還有了不易之地，說明當時已經有了施肥技術和良好的耕作方法，能夠維持地力。休閒地生長著萊（雜草或牧草），供畜類食用和恢復地力，土壤越差的休閒時間越長，而且每個勞力分配的田畝也多些，草田的比例也大。這就是一種「萊田休耕」的休閒耕作制，或名撩荒耕作制。

三、輪作制度的演進

　　經過戰國到了秦、漢，我國的農業生產技術水平有了很大的發展，農作物栽培水平達到相當高的程度。由於生產的要求，耕作水平特別是施肥、除草等技術的提高，復種增加了，即開始施行輪作。《呂氏春秋》有「今茲美禾，來茲美麥」的記載，並有「孟秋登穀孟夏升麥」的記載，說明當時已有穀麥輪作的習慣，而且為穀、麥一年兩作。《管子》治國篇記載有：「嵩山

之東、河汝之間四種而五獲。」也說明有了復種。耕作制由休閒制發展到輪作制又是一個大進步。漢武帝時代搜粟都尉趙過曾提倡圳畝代處的代田法，來代替「萊田休耕，重要內容就是改地塊間的輪流休閒，爲本塊地休閒的圳畝代處方法，以擴大播種面積。當時能夠進行耕作制度的改革至少具備三個條件：第一是施肥及耕作水平大大提高，能夠迅速恢復地力。據文獻載，漢代時雜革、糞便以及副產品殘渣都已做爲肥料利用；第二是作物種類的增加。《漢書。食貨志》曾提到：「種穀必雜五種，以備災害。」說明漢代作物已經很多，可以進行不同作物的輪栽；第三是豆科作物的種植。據史料研究，西周時代以種植技術要求不高的黍稷爲主，到戰國時代菽（豆類）、粟（小米）占主要地位了。由於肥田的豆科作物的擴大，爲輪作創造了條件。漢代農書《氾勝之書》對耕作制提出：「田二歲不起稼，一歲休之」。看來當時土地還是有休閒的，另一方面說明作物生長良好就不休閒了。其在耕作方面談到麥田耕作時，五月和六月都耕地，說明有許多麥田不再復種，當時一年一作是主要形式，復種指數還很低。書中還提及作物間作的方法。輪作制隨著生產發展而逐漸完善起來，據我國有名的後魏時農書《齊民要術》記載，當時已有九種輪作方式，其中有六種都是加入豆科作物。書中並注意了前後作的關係，提出了「凡田之法，綠豆爲上，小豆、胡麻次之」；穀子和稻子都必須歲易，提倡穀類作物和豆科作物輪作，以及穀子、大麻等都不宜連作等。說明輪作技術在我國南北朝前後已經具備有相當高的水平。當然各地發展是不平衡的，黃河流域進步的比較快些。

四、精耕制的發展

我國農民在長時期的農業生產過程中，使耕作制不斷革新和發展，在輪作制的基礎上發展了精耕制（集約耕作制、深耕制）。由於我國人口眾多，開闢耕地有限，所以利用加施細肥，精耕細作，來提高土壤肥力，增加單位面積產量，是非常重要的。精耕細作是我國農業生產的特色。在很早以前，由於副業生產的發展，產生的糟粕等做爲細肥施用，而使一部分土壤肥力大大提高，可以施行一年多作，依靠豆科作物及施粗肥等自然肥田辦法效果相對減低。漢代《氾勝之書》上就提出用蠶矢、獸骨做細肥；從《齊民要術》上看，當時已經有酒、醬、酢、鼓、菹等許多種副業產品了，細肥種類無疑也會增加。元代的《農桑輯要》及明代的《天工開物》等書均記載有稻田施用

豆餅、棉餅等細肥。明代耿蔭樓所主張的「親田制」，就是選一些保收田，重點施肥和加強管理，保證高產多收。這種耕作制由於及時向土壤補償肥料，能達到既高產而又提高土壤肥力。但以往肥料來源主要還是依靠農業副產品，有一定限度。以後，由於工業的發展產生了化學肥料，更大大促進精耕細作的發展。

我國大約在 1920 年以後硫酸銨進口逐漸增多，特別是解放後，我國的化學肥料產量有很大提高，各地農田施用化學肥料顯著增加。據在輝縣調查，一畝地單施一百斤以上的硫酸銨再加上一些有機肥料，實行糧菜一年三作或稻麥兩熟，獲得畝產千斤（糧）以上的高產，這些耕地的土壤肥力也很高，有機質和含氮量接近於圈肥，高於堆肥。精耕制由於有細肥的補充，相對減低了輪作換茬，以及豆科作物肥田作用，如年年稻、麥兩熟也能高產。但是，適當換茬還是很重要的，可以減少病害及雜草，特別是對忌重茬的作物來說更為重要。如有些經濟作物區，單一的集中種植棉花等作物，就容易使土壤肥力減退，今後應注意適當輪作，提高施淝水平以維持地力。

見 1962 年 4 月 20 日《河南日報》。

我國歷代作物佈局的演變

提　要

　　民以食爲天，食以糧爲源。對於世界上人口最多而人均耕地面積相對較少的中國來說，穩定和增加糧食生產必須作爲一項基礎性、長期性和戰略性目標。近年來，國內外糧食供應和價格的不穩定形勢，增加了提高糧食生產的緊迫性和保障糧食安全的重要性。值得注意的是，糧食生產所依賴的耕地資源逐年減少明顯，並且絕大多數減少的是糧食播種面積。尤其是東南沿海地區，隨著工業化和城市化發展，非農建設佔用農業耕地現象突出。在糧食安全任務緊迫、現有耕地資源逐年減少及後備耕地資源有限的情況下，進行科學的糧食作物生產佈局，明確各區域糧食生產發展取向是解決上述問題的關鍵。

　　歷代農田耕作制的形成和發展是與生產力和生產關係的發展，和人民生活要求的變化以及新作物的引入相聯繫的。其完善程度標誌著農業發展的水平。歷史上作物佈局的變化、對農田耕作制的發展有著重要的影響。本文僅就歷代主要作物佈局的變化，進行初步分析，以供研究當前種植制度的改革、品種資源的整理等方面參考。

一、農墾之初的作物佈局

　　農業起始，陸地上分佈著廣大的森林、草原和水澤。人們憑藉自然之力一火和簡陋木、石工具進行闢地，也就是「砍倒燒光」。傳說中的農業創始

人神農，別號烈山氏，就是燒山闢地的意思。《管子》記載有：「黃帝之王……不利其器、焚山林、破增藪」也反映了當時農作情況，即所謂生、熟荒制的農田耕作階段。由於當時農作條件很差，雜草容易滋生，作物佈局中黍類占首要地位，因爲黍稷分蘗力強，生長旺盛、生長期短，而且只需較少的水分，很適合與雜草競長。即使在北部寒冷地區亦能生長，所以《孟子·告子上》有「夫貉、五穀不生，惟黍生之」的說法。甲骨文學者孫海波教授認爲：商代甲骨文中最常見的是黍。黍有兩種寫法即「⿰」和「⿰」。卜辭中黍出現約有三、四百次如「眞受黍年」、「甲申卜貞黍年」等。麥、禾（穀子）、稻等在卜辭中雖不常見，但已經有了記載。說明我墾荒之初，不但向山林，同時也向大澤進軍。除上述《管子》記載的「焚山林、破增藪」以外，其它史籍也往往是山林和水澤並提。如《呂氏春秋》上的「山不敢伐材下木，澤人不敢灰㷶」，《管子》上提出的「毋斬大山，毋㷶大衍」等。卜辭中沒有菽字，看來當時至少豆類不是主要作物。在衣著方面多季以穿獸皮爲主，夏季則以野生纖維麻、葛爲主。商代的蠶絲業也很發達，成爲一種重要的服飾原料。卜辭中就有桑字，而且還有系、絲、伊、約等，可見當時還有紡織品。絲織業的發達情況，還可從「殷墟」的發掘中看出來。後來《史記·李斯傳》上反映古代服飾時提到：「堯之有天下也……多日鹿裘，夏日葛衣，粢糲之食；藜藿之羹」。也說明獸皮、麻葛是衣料的主要來源。

二、施行休閒制時期的作物佈局

由於鐵器的開始應用，農業技術有了很大的進步。農作制而進入到休閒制時期。爲了提高土地利用率，出現專門種植作物的農田。西周時期就有專門管農業的農官和專門管採集業的虞官。用農虞分工來平衡農田和山澤的關係，限制盲目開荒。農田出現了「菑」、「新」、「畬」等名稱。《爾雅》釋爲：「田一歲曰菑，二歲曰新田，三歲曰畬」。《周禮》鄭注引鄭司農說：「不易之地乃復種，故家三百畝」。再如《周禮·地官·遂人》記載：「辨其野之土，夫一廛，田百畝，萊百畝，餘夫亦如之；下地，夫一廛，田百畝，萊二百畝，餘夫亦如之。」看來當時休閒制已經廣泛應用，成爲農業生產製度的「萊田休耕」。周代的作物佈局在糧食作物中黍類繼續占首要地位。《詩經》提到作物次數最多的仍是黍，共出現二十八次。由於生產條件的改變，粟的種植面

積有所擴大。《詩經》上出現十次（包括禾等，如果加上「稷」就是二十次）。粟在當時估計已是第二位了。稻也占一定面積，如《小雅・甫田篇》有「黍稷稻粱，農夫之慶」的記載，看來有些作物已和主產作物黍相提並論。

黃河流域的農業，由於受降水量的影響，水田發展受一定限制。《戰國策》曾有「東周欲爲稻，西周不下水」的記載，所以水稻栽培並不很多。但是分佈還是比較廣的，相當於現今陝西關中地區，以及山東、河南都有水稻種植。水田開發比例還是不少的。所以有原、隰和平地三農的說法，足以說明水田在當時還是很重要的。近來考古方面也有不少發現，浙江「河姆渡」遺地出現有稻穀，足證在南方水稻種植已經很廣泛了。

當時粱已作爲一種作物而且成爲最好的糧食出現。粱首先是品質優良，常與美好的食物衣著連用，如「被綺穀，餘粱肉」（《史記平原君傳》）。粱和粟在植物學特徵方面的區別，明代李時珍所著《本草綱目》記載最詳。即「自漢以後，始以大而毛長者爲粱、細而毛短者爲粟。」根據現在整理穀子品種資源時，也有不少稱爲粱的品種，如「毛粱穀」、「大毛粱」、「赤巴粱」、「毛黏穀」等。生態上看都符合《本草綱目》的說法，穗毛很長而植株高大；生長期長。也符合「損地力而收穫少」、「不耐水旱」的生物學特徵說法（詳見《圖經本草》、《本草蒙荃》）。所以說粱是粟的一種類型而在歷史上種植面積較多，後來爲粟的其它類型所代替。粱作爲好粟，主要好在米質方面。粱的米質，根據現在流傳下來的品種，其典型仍應是黏性，如河南的「毛黏穀」等。因其與普通粟類屬於同一種，很易雜交，也會出現中間類型，但一般都黏性較大，或叫做「軟穀」。據古籍所載：「粱常稱爲膏粱、如《孟子・告子篇》有：「所以不願人之膏粱之味也」的記述。趙岐注：「膏粱、細粱如膏者也」。漢代《氾勝之書》說：「粱是秫粟」（秫是黏性的）。南北朝《名醫別錄》也有此說。唐代詩人杜甫在《贈衛八處士》詩中，形容粱的食味是「白露黃粱熟……味豈同金菊，香宜配綠葵。老人他日受，正想滑流匙。」正是對「膏粱」具體形容，可見粱米飯是黏軟光滑可口的。但也有粱米飯相近於秔（粳）米的描述，東漢的《桓影七設》所說「新城之秔，雍丘之粱，重繆代熟，既滑且香」，就是把粳和粱並提的。南宋陸游在《即事》詩中也有「稷飯流匙滑，葵羹出融香」之句。歷來用粱做酒的記載也不少，更說明粱是黏性的。《詩經》提到麥的次數比稻多。麥類發展在黃河流域理應快。《詩經》提到種麥地區很廣泛，按其篇名有《庸風》、《王風》、《魏風》、《豳風》、《周頌》、

《魯頌》等。庸、王、魏、鄶、周、魯等地相當於現今黃河中下游各省。

大豆在《詩經》上已經開始有了記載，而成為主要作物之一。如《大雅‧生民》篇提到「荏之荏菽、荏菽旆旆」，就是形容種植的大豆生長很旺盛，枝权都揚起來了。《詩經》還提到麻（指大麻）在當時比現在更重要地位，不僅纖維是紡織的重要原料，尤其是廣大人民需要的紡織原料（因為當時還沒有種植棉花），而且還是重要的食用作物，所以古代把麻列入五穀之一，直到南北朝時代，還有吃麻粥的記載。這個時期「五穀」的名稱已見於《論語》。但對五穀有不同的解釋。《周禮》鄭注為稻、黍、稷、麥、菽；《禮記‧月令》釋為麻、黍、稷、麥、豆；《管子》釋為黍、秫、菽、麥、豆。其它尚有各種釋法。看來當時黍、稷（即粟）、稻、麥、菽（即豆）、麻（指大麻）是當時的主要作物，則是確定無疑。

三、輪作制盛行時期的作物佈局

經過戰國，到秦漢時期，我國農業生產技術水平有很大的提高，耕作制人到輪作制盛行階段。漢武帝時趙過所提倡的「圳畝代處」即一塊田分成壟背和壟溝進行輪種的代田法來代替老的萊田休耕的辦法。菽（大豆）、粟（小米）逐漸在耕作制中占主產作物地位。當時文獻中，菽粟連稱已很常見。如「菽粟深藏」（《晏子春秋》）；「耕種樹藝，聚菽粟」（《墨子‧尚賢》）；「無不被繡衣而食菽粟者」（《戰國策》）等。豆科作物的擴大也促進了輪作制的發展。據漢代《氾勝之書》說：「大豆保歲易為，宜古之所以備凶年也。謹計家口數，種大豆率人五畝。」因為大豆保收備荒，在漢以前每人大概種五畝。到漢以後由於耕作的改進，增加了穀子、小麥等高產作物的播種面積，大豆比以前可能要少些。氾勝之提倡「丁夫一人可治五畝（大豆）」。過去是一人五畝，漢代只提倡一個勞動力種五畝了。穀子（粟）在漢代已經代替了黍做為作物佈局中的主產作物。

小麥在秦漢也大面積增長，《漢書‧食貨志》載：「春秋他穀不書、至於麥禾（穀子）不成則書之，以此見聖人於五穀最重麥禾也」。《呂氏春秋‧任地篇》也提到「今茲美禾、來茲美麥」。當時穀子在國計民生中占的位置比小麥重要，把穀子當成最美好的糧食來描述，如「粱肉」、「膏粱」等等。而麥子則當做粗糧，如《急就篇》說「麥飯豆羹皆野人農夫之食耳」。《後漢書》的《馮異傳》提到光武帝戰爭年代，馮異在農村進飯之事「倉卒無蔞亭豆粥，

滹沱河麥飯，厚意久不報。」麥飯也做爲農村粗食。西漢董仲舒曾上書皇帝提倡種麥，提出「今關中俗不好種麥，是歲失春秋所重，而損生民之興也。願陛下幸詔大司農，使關中民益種宿麥（冬麥）」（《漢書·食貨志》）。當時麥子被當成粗糧，影響面積的擴大，分析原因主要是加工問題，食用法也簡單。《急就篇》提到：「麥飯，磨麥合皮而炊之也」，現在我國南方一些少種麥的地區，仍採用煮麥粒而食的辦法。所以《後漢書·井丹傳》認爲用麥飯蔥食招待客人是非常不尊敬的，當時的石磨盤；只宜磨穀子而不宜磨麥，後來的杵臼、踐碓也只宜去穀皮，而不能磨麥粉。目前發現的秦代大型磨盤使用情況，由於資料不足還不清楚。對磨細麵去麩皮等一套加工都是麻煩的，因爲麥粉加工的困難，其食用優越性顯示不出來的。所以它在糧食中地位不如小米。由漢延到南北朝時代，才是小麥由粗食到細食的過渡時期。一方面平民百姓還是以麥做粗食。如《南齊·劉懷慰傳》記載，劉懷慰作齊郡太守，有人送來新米一斛。懷慰拿出所吃麥飯示之，拒收新米，表示廉潔。《陳書·徐克孝傳》載，徐克孝家中元米。老母生病想吃米而未能如願。其母亡後，念及此事，遂終身吃麥不食米。直到宋朝蘇軾所寫的《白帝廟》詩亦有：「破甌蒸山麥，長城唱新枝」爲句。至今海南島新種麥地區還有煮麥粒的吃法。另一方面，特別是上層人物，已經把麥食當成細糧了，食法逐步精細而多樣化。齊太祖就喜好吃水引餅，也叫湯餅。齊，永明年間，皇帝用起麵餅祭社。西晉束皙所寫的《餅賦》就有饅頭、麵條等食用法。當時所說的麵餅，並非專指現在的「燒餅」、「烙餅」成餅形的東西，而是泛指麵粉加工食物。水引餅相當於現在的麵片、麵條。起麵餅就是經過發酵加工的饅頭。湯餅相當於現在的餛飩（雲吞）。麵食的逐漸精細和多樣化，在當時的詩詞中也時有反映，如形容麵條：「剛柔適中，然後水引，細如委延，白如秋練。」：（庾闌）；饅頭是「散流一啜雲子白，炊裂十字瓊肌香。（蘇軾詩引自《廣東新語》）；麵片昌？麵游水而清引，迸飛羽之薄衍」（傅玄詩引自《廣東新語》）。麵粉加工工具也逐步講究，九華山的石磨頗享盛名，盤不發熱而細元沙滓。湖州的羅可以千石不損，能出很好的精粉。隨著加工和烹調技術的提高，小麥一躍而成爲北方的主食。

漢代前後，由於紡織原料的需要，桑麻也大大發展。《漢書》提到「還盧樹桑」，看來桑樹是以種植宅院周圍爲宜。《氾勝之書》記載當時蠶矢、蠶蛹都是重要的肥料，足證養蠶之盛。麻的種植仍佔有重要地位，所以歷代多以

桑麻並提。「五穀」、「桑麻」和「六畜」是漢代農業生產的重要內容。

四、西亞通道打通後的作物佈局變化

自漢以來，由於內陸交通不斷發展，來自西方的新作物不斷引入，以適應農業生產的需要。胡麻相傳是張騫使西域由大宛帶來的。「胡」是表引入的地域，麻是形態像原產內地的大麻。豌豆原產地中海也在漢代傳入中原。其它蔬菜、果品引入更多。東漢時的《通俗文》開始有油菜的記載，當時叫「芸苔」，或「胡菜」。據明代《農政全書》解釋：羌、隴、氐、胡多種此菜，塞外的芸苔盛產油菜，所以以地為名。以後油菜由西北擴展到華北、江南，成為重要的油料作物。（注：因油菜型很多不是源於一處。）雖然新作物不斷引入，原產的粟、小麥！黍稷、桑麻等依然在黃河流域佔據主產作物的位置。到魏晉南北朝時，除了粟谷外，重要作物還有黍稷、大小豆、大小麥、水旱稻、麻、胡麻等。另外綠豆也占重要地位，不但在輪作制中都安排綠豆，而且還用做綠肥。

五、南方開發後的作物佈局

考古材料證明長江流域種稻，已有六千多年歷史，到漢末以後，中原人大量南遷，南方卑濕之地以水稻為主的農業生產更加繁榮起來。低地農業依然以火為開路先鋒，「火耕水耨」，種植水稻。但當時水利條件還很差，不少山區仍以種粟谷為主。如漢代《鹽鐵論‧通有》提到江南、蜀漢之間「伐木面樹穀、燔菜而播粟」，晉代《廣志》提到「江東人種粟」；唐代白居易提到九江「灰種佘田粟」（《孟夏思渭村舊居寄舍弟》）。直到宋代還曾兩度提倡在江浙、福建、嶺南「種粟」，「與稻參植，以防水旱」。自隋唐以來，南方較為安定，農業生產大大發展，水利的建設逐漸完善，山區平整田面，修建梯田，水稻才大幅度的擴展，逐漸取代旱田作物粟的位置，使水稻在全國糧食生產中躍居首位。明代宋應星所著《天工開物》估計「今天下育民者，稻居什七，而來牟黍稷居什三」。水稻占百分之七十，而旱田作物小麥、大麥、黍、粟等加在一起才占百分之三十。大麥、小麥在南方也得到發展。根據《宋史》記載，宋代曾數次在兩浙、江淮、湖南、福建、嶺南等地提倡種麥。到明清之際稻麥兩熟在淮南、江南已形成以水稻為主產的耕作制。由於加工食用方法的改進，小麥的在北方也逐漸發展，在華北、陝西等地取代黍粟而居於主產作物地位。《天工開物》稱在這一帶，是小麥為主的兩年三作或一年

兩作耕作制。高粱是我國主要作物之一，從文獻方面看這種作物在黃河流域種植年代不長，唐以後才有記述。高粱似由南方開始種植，如《格物粗談》等都提到：「蘆粟地種年久多蛇」。白《本草綱目》以後都說高粱「種始自蜀」。高粱的名稱有蜀秫、蘆稷、蘆粟、木稷、荻梁、蜀黍等叫法，都是原產內地的舊有作物冠以其它詞語，以區別原來作物。例如高粱就是形容比粱高的意思，一般的說法高粱來自蜀地，蜀地是高粱的初生起源中心，或是做為跳板的次生起源中心。近年考古方面，亦有高粱的實物出土，年代也很久遠。但也出現些疑點，今後應加以研究。到宋、元時代，高粱才在北方逐漸發展起來，其為春種秋收旱地作物，並抗澇抗鹼，在一定地區取代了粟谷的播種面積。在南方水田發展的同時，北方、西北的邊遠地區農業生產也得到了發展。據《魏書》、《宋史》等史書所載，相當於現今東北地區，種植的作物以粟谷、麥、黍稷為主；西北則以粟谷、麥、黍稷、麻、蕎麥、豆等為主。蕎麥從南北朝代就有栽培的記載，分佈也很廣泛，但多半是當做備荒作物和飼料，屬搭配作物。燕麥是中國原產，因其和黍稷一樣，到處生長，適應性強，以採集為主，所直到清代還有叫野麥的。清代《瑟榭叢談》才開始記載了在長城附近宣化、大同等地栽培燕麥。

六、纖維作物佈局的改變

我國紡織原料一直是以桑麻為主，現在桑麻種植面積已經很少的華北和陝西，過去種桑、養蠶業是很發達的。但宋、金、元以後，卻很快的衰落下來。衰落的原因需要進一步的探討，一是由於北方的戰亂影響，桑林破壞比較嚴重。桑樹生產恢復很慢，所以有「十年樹桑」的說法。另一方面棉花卻及時地趁「虛」而人，取代了桑麻的地位，而成為重要的纖維作物。還有，作為商品生產的絲綢業，由於水運的發展，水運「絲綢之路」代替陸地「絲綢之路」江浙一帶的絲綢產區取代了中原絲綢產區的地位。這樣便促成了中原桑蠶業的衰落和棉花種植業的興起。棉花並非我國原產，雖然種植史也有一千三百餘年，南北朝時代的《南越志》、唐代的《高昌國傳》都有記載，但還只限於邊遠地區。如新疆於田，廣西桂林，雲南大理一帶種植。宋末元初才傳播到長江以南各省，但只是零星種植。開始種植的亞洲棉，是從印度傳人的。由西南各省擴展到北方，因為栽培歷史較長，所以叫做「中棉」。這種棉花一直到解放後才大大縮減而為陸地棉所代替。大量發展棉花是由元代開

始的。元世祖至元二十六年（1289）設立木棉提舉司向人民抽棉布實物稅。元代官撰的《農桑輯要》也論述了棉花栽培技術：明代發展也很快，明太祖立國以後即下令「凡民田五畝至十畝者，栽培麻、木棉各半畝，十畝以上者倍」。如按其種植比例，纖維作物佈局占農田的百分之十五到三十。明代棉花大大擴展。明萬曆六年（1578）全國徵實布爲 176 萬匹，（《明史‧食貨志》），而元代至元 26 年（1289 年）只能貢 10 萬匹，足見這三百年間發展是很快的。棉花分佈地區以河南、河北、山東、山西爲最多。萬曆六年，四省所徵棉布量，占全國 65.9%。華北地區發展棉花很快，一方面是由於棉花適合華北的氣候，少有陰雨，有利開絮；另一方面是華北地區桑樹在金、元以後破壞嚴重。棉花的種植技術簡單，收成穩定，而且用途較廣。不但可以夏作單衣，又能冬作絮棉。在衣著方面代替了桑麻，而成爲人民生活的最需品之一？

七、世界海運發展對作物佈局的影響

　　海運交通發展以後，原產美洲的一些重要作物輾轉而輸入我國，重要者有玉米、紅薯、花生、馬鈴薯等。這些新作物的擴展主要是明代以後的事。花生是由海外傳入。明代開始有花生的種植記載，因其在地內結果實當時叫做「香芋」。花生是由南方逐漸擴展到北方。玉米原產美洲，明代傳入我國。明代《本草綱目》（1578 年）和《留青日禮》（1573 年）都有關於玉米的記載。清初玉米種植還在擴大，浙江衢縣一帶玉米逐漸擴大和穀子逐漸減少還是近幾十年的事。玉米因其適應性強，南北各地均有種植，截至 1718 年南至廣東、雲南，北至河北，西至甘肅，東到臺灣都有玉米種植的記載，後來又成爲東北地區主要作物之一。玉米在短短的不足四百年時間裏，已經由零星種植發展爲居於糧食生產第三位，僅次於水稻和小麥，代替很大一部分穀子和高粱的種植面積。另一種發展面積大而快的作物就是甘薯。甘薯傳入略晚於玉米，是經由呂宋和越南等地輸入的，因其適應性強，高產抗災等，引入後就得到國內各界的重視。由福建傳到廣東、江浙等地，以後北方的山東、河北、山西等地也先後種値。馬鈴薯傳入比較晚，至今不過一百餘年，但發是很快的。大約是由南北兩路傳入我國。《植物名實圖考》說「洋芋今滇有之」，原開始在雲南、貴州種植；《致富紀實》說「說洋芋出俄羅斯」是自蘇聯傳入到我國北方各省的。目前主要分佈在黑龍江、內蒙、山西、甘肅等冷涼地帶。溫度高的華北平原和江南各地，則春秋兩季栽培，當做園藝作物，少量種植。我

國在數千年漫長的農業生產發展過程中，作物佈局發生了系列的變化。原來占第一位的先鋒作物黍稷逐漸減少；現在只在西北地區占一定位置，華北平原只零星種植。粟谷在戰國以後，升爲第一位，現在只在華北、東北地區種值較廣，南方零星種植，爲水稻、玉米所代替。水稻由於高產耐濕，我國自南方開發以後，種植面積、產量一直占第一位。小麥、大麥在發展過程中得到擴展，成爲北方主要糧食作物。我國勞動人民一向重視新作物的引入，胡麻、高粱等引入後得到擴展，特別是玉米、紅薯在引入後短短幾百年間使民爲主要作物之一。野生作物如燕麥等也成爲栽培作物。原來衣著原料以桑麻爲主，元明以後，爲棉花所代替。可見作物佈局是由生產的需要和生產條件的發展而不斷變化的。我國歷代農作物佈局的豐富經驗，很值得今後研究作物佈局時參考和借鑒。

見 1982 年 2 月《農史研究》。

魏晉南北朝區域農業生產概況

提　要

　　魏晉南北朝時期，江南一帶自三國的吳國以來，即處於較穩定的局面，農業生產逐步發展，已在當地形成適合水田的農業技術系統，特別是廣東連縣出土的晉代陶質農耕器，說明在「永嘉南渡」以前當地已有一套先進的技術，黃河中下游地區的氣候處於異常期，冷暖與乾濕環境均出現了不同程度的波動與變化，導致各種自然災害頻繁發生，對當時的農業生產造成很大的影響。爲了應對氣候變化及農業自然災害，黃河中下游地區的旱作農業技術得到了進一步的發展，形成了耕－耙－糖爲中心的抗旱保墒技術。總之，魏晉南北朝時期是中國北方旱作農業技術體系的形成期，與當時氣候的異常變化有著密切地關係。北方的少數族爲主的區域內，農業生產則是以牧業爲主，并州（今太原）以北長城沿線河西地區都有水草肥美、畜牧豐盛的大型牧場，巴蜀一帶爲蜀漢的根據地，農業有所發展。

　　自司馬氏繼魏以後，中國曾經出現了短暫的統一局面。但西晉王朝只存在短短的二十年，就出現「八王之亂」而逐漸瓦解，以後我國經歷了長達二百八十餘年的分裂局面，直到隋朝才得統一。在此期間存在著民族矛盾和階段矛盾之間的尖銳複雜鬥爭。鬥爭的結局，導致豪強地主經濟瓦解，出現了「均田制」實施，民族矛盾由大分裂到大融合。經過十六國的混亂時期到南北朝對峙形成，分裂的政權都建設成各自的經濟中心。漢代以來所形成的經濟中心黃河流域，卻成爲割據朝廷的爭奪戰場。在這種政治經濟條件的支配

下，結合自然條件特點，此時期形成與其它各朝代不同的區域農業生產特點，從農業生產來說，形成以下幾個農業區域。

一、江南農業區

江南一帶自三國的吳國以來，即處於較穩定的局面，農業生產逐步發展，已在當地形成適合水田的農業技術系統，特別是廣東連縣出土的晉代陶質農耕器，說明在「永嘉南渡」以前當地已有一套先進的技術，北方人的南遷爲南方增加了勞動力，也帶來了北方的農業技術。原爲北方的一些作物、果樹亦在南方種植，加上水利設施興建，土地肥力提高，農業生產出現高於全國的水平。梁朝沈鈞曾提到：從東晉義熙到劉宋元嘉末年（419～453 年）揚、荊二州「氓庶繁息，至餘糧棲畝，戶不夜扃。」他還提到東晉末年到宋大明時「年逾六紀，民戶繁育，將襄時一矣，地廣野豐，民勤本業，一歲或稔，則數郡充饑。會（指會稽郡）土帶海傍湖。民疇亦數十萬頃，膏腴上地，畝直一金。戶杜之間不能比也。荊城跨南楚之富，揚部有全吳之沃。魚鹽杞梓之利，充仞八方，絲棉布帛之饒，覆衣天下」。〔註 1〕足見荊揚一帶農業生產發達。特別是帶海傍湖的會稽郡農業生產水平更高。長江中游一帶農業生產也有較大發展。《南齊書·州郡志》提到：「湘州治長沙，湘川之奧，民豐士閒」。襄陽一帶因土地肥沃提高，「桑梓野澤，處處而有」，成爲魚米之鄉。

農作物種植業是以水稻爲主，旱田也種豆、麥、麻、粟等作物，《宋書·周朗傳》載：「田作膠水，皆播麥菽；地堪滋養，悉藝苧麻；蔭巷綠藩，必樹桑柘；列庭接宇，唯植竹粟」。謝靈運所寫的《山居賦》中，提到種植的作物有：香黏（香黏稻）麻、麥、粟、菽。適於中原的作物在江南有所發展。但作物種類還趕不上中原那麼豐富。

桑蠶業在農業生產中有逐步發展的趨勢，養蠶技術有很大的提高。晉左思的《吳都賦》提到「鄉貢八蠶之綿。」江南已經研究成蠶卵低溫催青方法，增加養育次數。但桑蠶業尚未發展到足以和中原老蠶區平分秋色的地步。南朝麻織業則比較發達，麻布是民間主要的衣著材料。

林業經營方面，竹林已被重視。另從有關文獻看，已經有大規模的的桔園、果園。劉宋時會稽大族孔靈符就有果園九處。

畜牧業以養牛爲主，黃牛在當時占比較重要的地位。自吳以來，南方士

〔註 1〕《宋書·傳論》。

族包括皇帝在內，都乘牛車。如吳黃武五年，軍中少軍糧，陸遜上表令各將增加田畝，孫權表示支持「今孤父子親自受田，車中八牛以爲四耦」。東晉王導爲了趕路。「以所執麈尾柄，驅牛前進」。又如《南史・徐湛之傳》載「湛之與弟淳之，共車壞」。此類例子很多，而駕牛車的是黃牛。南京出土晉代王墓俑牛車，即是黃牛。江南當地原產應爲水牛，《世說新語》記載滿奮答覆晉武帝說：「臣猶吳牛見月而喘。」梁劉孝標的注解：吳牛今之水牛，吳牛及吳地產的牛。又《抱朴子》也提到：「南方水牛，無冬夏，常臥水中」。

除以上大家畜外，畜牧業養豬、羊、雞、鴨也很普遍。江南農業區與其它農業區不同的另一特點是漁業發達，利用江南水塘多的特點發展漁業。因此在食用方面形成與北方不同的習慣。《洛陽伽藍記》載，王肅由齊奔魏，不吃羊肉及酪漿，常飲鯽魚羹，渴飲茗汁。」後來魏高祖殿會彭城王問王肅，對曰：「鄉曲所美，不得不好。」各塘、堰、壩都是發展漁業的場所。

二、淮河農業區

本農業區，大致在長江以北，黃河以南的淮南流域，是南北相爭之地。自然條件雖好，但受戰爭影響，遭受的破壞最大，此地區多屬豫州，其政治中心在壽春（今壽縣）。三國時代，是魏吳兩國的戰場。西晉初年是晉代伐吳的前哨，爲軍屯重點地區。東晉以來常以爲戰場，東晉末年劉毅曾上書說：「捺任此州（指豫州）地不爲曠，西界荒餘，密邇寇慮，北垂蕭條，士氣彊獷。」南兗州亦在此區域內，寄治廣陵（今淮陽）。東晉時已「城池崩毀荒舊，散伏邊疆諸戍，不聞雞犬。」流寓此州者「十家九落，各自星處，一縣之民，散在州境。」南豫州亦是「潁川汝陽荒殘來久，流民分散」。〔註2〕但此農業區域自然條件好，一旦有安定局而，也會出現農業恢復的景象，如劉宋時「永明之世，十許年中百姓無雞犬吠之警，都邑之盛，士女富逸。」〔註3〕在農作物生產方面，此地區以稻、粟爲主，麥豆亦很普遍。牧業主要是耕牛，但十分奇缺。

此地區農業生產矛盾突出的是治水問題。西晉滅吳以前，在治理水方面基本上是以蓄爲主，各地修造陂、塘、堰、堤水利工程用來灌溉屯田。魏鄧艾屯田以蓄水爲主。晉武帝廢魏稱帝以後，杜預則主張在廢除不必要的陂塘後發展陸作。杜預的意見得到朝延批准並付諸實施。杜預的建議主要是蓄山

〔註2〕見《南齊書・州郡志》。
〔註3〕見《南齊書・良政傳》。

谷小陂，大陂以排爲主，並提出陂塘就蓄可供三年需要的水量，改進工程技術，推廣牛耕。這就是著名排、蓄之爭的結局。

三、黃河北部農牧區

本區域在黃河下游兩岸，以北岸爲主，直至長城，還包括長安、洛陽等地。即晉代的雍、司、冀、兗、幽等州及遼東一帶，是老農業區，在十六國紛爭時，除遼東比較穩定外，受到過嚴重破壞，荒涼湖澤比較多，發展畜牧業就有了基礎。晉代以來人口增加，農田不敷應用，束晳給晉武帝上疏提出「州司十郡（指京都附近的司州，所屬平陽，河東，弘農，上洛、河南、滎陽，汲郡、河內，頓丘）土狹人繁，三魏尤甚，而豬羊馬牧，布其境內，宜悉破廢以供無業，」即提出用牧場改造農田。但是後來還是發展了牧業。

以牧業爲主的少數族南下以後，更促進了牧業的發展。曾被稱爲畜牧業南侵。到後魏時牛也得到重視，在「計口授田」和施行均田制中都注意耕牛的分配。後魏有「殺牛之禁」由於重視耕牛，種植業也到發展。作物種植是以旱作物爲主。此地區農作物種類很多，主產作物是穀子（粟），其它還有麥、稻、黍及各種豆類。《晉書·五行志》曾提到平原，安平，上黨、泰山、濟南、雁門、東平、平陽等地有霜雹傷「禾麥三豆」，禾是穀子，三豆應是春播的大豆、小豆、豇豆等。有些地區種植業產量很高，特別是以鄴爲中心的漳、淇河流域農業區和以長安爲中心的涇渭河流域的農業區，水利條件好，排水流暢，作物產量高，常年豐收，是在北方的高產區，可與南朝的會稽郡相媲美。左思的《魏都賦》逼眞地敘述了魏都農產富饒景象。

蠶桑業也很發達，後魏的均田制規定丁男有桑田二十畝，適於種麻的給麻田，無論從數量和質量上，江東蠶區還是趕不上的。林業方面。十六國混戰時，開始破壞自然林。石趙時破壞比較嚴重。後魏時已重視了林業的營造，在「均田制」分配農田桑田時，還要種棗五株、榆三株。不適合種桑的地方，一夫給一畝地種榆、棗。

四、北部牧業區

西晉南北朝，北方的少數族爲主的區域內，農業生產則是以牧業爲主，并州（今太原）以北長城沿線河西地區都有水草肥美、畜牧豐盛的大型牧場，可稱得起「天蒼蒼，野茫茫，風吹草低見牛羊」。代國燕鳳見符堅提到「有馬百萬匹，雲中川（在雁門關一帶）自東山至西河二百里，北山至南山百有餘

里，每歲孟秋，馬常大集，略爲滿川。」後魏世祖「平統萬（今陝西橫山縣西）定秦隴以河西水草善，乃以爲牧地，畜產滋息，馬至二百餘萬匹，橐駝將半之，牛羊則無數。」拓跋圭時越豆眷因功給善無（今山西左玉縣境）之西臘汀山爲牧地。後魏末年尒朱榮父子爲南秀容（今山西嵐縣內）酋長，畜牧多得不計其數，「牛羊駝馬，色別爲群，谷量而已」。除拓跋魏所直接控制的公私牧場外，在征伐北方各族中，如高車、衛辰（南匈奴別部）、蠕蠕（東至瀚海，西接張掖，北度燕然山）焉耆關東，均掠獲大量畜牧，說明在大漠南北亦是廣大的牧業區。當時不但利用天然草場，而且已經有了人工草場，《北史斛律金傳》載：「齊後主高偉賜給穆提婆晉陽的田地是：神武（指高歡）以來常種禾，飼馬，以擬寇難。」。

在北部牧區內，由於生產的需要和受漢族人的影響，農作物逐漸發展起來。晉武帝即位以後，爲了增加人口，允許塞外少數民族內附，散居於平陽（今山西臨汾）、西河（今山西離石一帶）、太原（今太原一帶）及雍州從事農業生產。後魏以來爲了鞏固其政權，提倡發展農業，拓跋燾自己也利用奴婢從事農業生產，經營土地。由於當時統治者的提倡，遷徙掠奪勞力，注意了發展生產，施行「均田制」，作物種植業在此地區發展起來。「後魏天興年間，將山東六州吏民及徒何，高麗，雜夷等三十六萬人遷徙到京師，下詔給內徙新民種牛，計口授田」，以農業生產爲主。本區域內的後套的五原、寧夏及平城（今大同附近）都是重要的糧產區。北魏高平、安定、統萬及薄骨律四鎮、寧夏及平城（今大同附近）都是重要的糧產區。北魏以高平、安定、統萬及薄骨律四鎮，建成糧食基地，供應軍用。曾「出車牛五千乘，運屯穀五十萬斛，付沃野，以供軍糧。」甚至高車的游牧族被徒數年以後，漸知粒食。需要消費糧食，就要從事種植業生產。因爲此區域內氣候寒冷乾旱，以種粟及黍稷爲主。所徵收的糧食爲粟。軍糧亦多爲粟。拓跋圭曾說：「六軍乏糧，民多匱穀，問群臣取粟方略」。從《魏書》所載：五原、盛樂種有大片的稷田。367 年前，燕兵經過盛樂附近損毀稷田，迫使什翼犍出兵擊燕，燕軍還五原，收稷四百餘斛。

五、巴蜀農業區

三國時期，巴蜀一帶爲蜀漢的根據地，農業有所發展。晉時，李雄攻取成都，建立成國，刑政寬和，戰世稀少，農業生產得繼續。桓溫平蜀後歸於晉，符堅曾一度入侵，後又爲晉所收復。此後多屬南朝。梁末被西魏佔領。

蜀地是重要的農業區，以致到唐代成為「揚一益二」，農業經濟發展只次於長江下游的揚州。左思的《蜀都賦》形容蜀地農業生產是「黍稷油油，秔稻莫莫。」蜀地也盛產小麥大豆。《南齊書‧州郡志》稱益州是：「州土壤富，西方之一都焉。」益州境內的漢安縣「土地特美，蠶桑魚場、家家有焉」。水利事業相當發達，除原有都江堰等工程外，孝文帝末年又開郫江口、綿竹、湔江等工程。使「蜀沃野千里……不知飢饉，時無荒年，天下謂之天府之國」。〔註4〕

巴蜀蠶桑業相當發達，成為當時三大蠶桑業區之一，蜀錦馳名遠近。「江東歷代尚末有錦，成都獨稱妙，故三國時，魏則市於蜀，而吳亦資西道。」〔註5〕《水經注》也說：「錦工織錦，則濯之江流，而錦至鮮明，濯以他江，則錦色弱矣，遂命之為錦里也。」

巴蜀地區地勢差別較大，氣候複雜，適合於多種農業生產，在南方較少的馬，但川馬成為馬匹重要的基地。劉宋時「遠方畜人多至蜀土，資貨或有值數百萬者。（費）謙等限布絲棉各等肉食畜牧不得過五十斤，馬無善惡，限蜀錢兩萬。」川馬蜀錦是這裏的主要商品。除馬匹外，牛羊等牧業和漁業是農業生產的主要內容。《隋書‧地理志》稱：漢中一帶「性嗜口腹，多事田漁，雖蓬室柴門，食必兼肉」。

六、西北旱農區

自曹魏以來，為了安撫西部邊境，在此屯田，以供應軍隊用。晉代因之，最近在甘肅嘉峪關出土的魏晉墓中的壁畫是反映當時農業生產形象的珍貴資料。三號墓所見兵屯經營生產項目有種植、牧畜、蠶桑、釀造、果木種植等，兵屯以農業為主。徐邈、倉慈、皇甫隆等都針對「河左少雨，常苦乏穀」特點，發展水利「廣開水田，募貧民佃之，」並推廣樓播的牛耕。但這一帶自古是，水草宜畜牧地區，畜牧業也居重要地位，從壁畫中，可見當時飼養的有馬、牛、羊、豬、雞、犬等。

西晉之後，成為諸涼國。自前涼以來是戰爭最少的地區，漢族文化都保持舊狀，農業生產得以發展。後統一於北魏、北周。河西走廊歷來是通西域的要道，除吐谷渾貿易往來最多外，近者如高昌、鄯善、焉耆、龜茲、于闐，遠者如粟特，安息，波斯等都要經過此地。北周涼州刺史史寧，襲擊北齊歸

〔註 4〕見《華陽國志》。
〔註 5〕見《太平御覽》。

來的吐谷渾使團：「獲其……駝騾六百頭，雜綵絲絹以萬計。」北周西涼刺史
韓褒說：「每西域商貨至，又盡貧者市之」。說明涼州對東西交通貿易的重要
地位。

見 1988 年 1 月《古今農業》

民國以降天津濱海農村的社會經濟轉換
——以寧河蘆臺鎮蘇莊爲例

提 要

在宋代開始，農業一直實行佃耕制，工商業、城鎮有較大發展。天津沿海地區鹽業使蘆臺成爲商業城鎮。周邊農村以服務市民，以種菜爲主業。隨著現代的城鎮發展，正按照「孤立國」學說，經濟圈以漣漪式狀態變化著。

我國自宋代以來，農業已經普遍實行佃耕制，地主和佃農是組但關係，自耕農是自由身，自給自足小農經濟仍然是汪洋大海。但農業生產商品化有所發展。天津濱海地區最早的居民，是爲了煮鹽遷徙而來的。古鎮蘆臺地界過去是臨海鹽竈之地。西漢時，蘆臺已經成爲一個濱海重鎮。蘆臺鎮出土的銘文磚曰：「竟寧元年，太歲在戊子，蘆鄉劉吉造。」竟寧元年是公元前 33 年，距今已 2000 多年，從寧河和寶坻縣出土的製鹽「牢盆」看，自西漢以來，就有竈鹽生產是無疑的。

製鹽業的發展，需要農業的支持，以提供鹽民足夠的糧食需求。鹽業的興盛促進了蘆臺的繁榮，更爲歷代統治者提供了滾滾財源。清人有詩盛讚蘆臺鹽之利：「美利行知有自然，海濱斥鹵勝桑田。蘆臺一片豐年玉，貪得天功日萬錢」。《日下舊聞考》載，蘆臺場「每歲所出利，源源不竭，以補國用」，「歲入課利，通計一百三十餘萬貫」，故有民謠說：「金寶坻、銀武清，不如寧河一五更」。民國初，鹽田南移，蘆臺鹽場衙署於 1930 年遷至漢沽，蘆臺

產鹽的歷史終結。

寧河區域地處九河下稍，境內有 5 條一級河道，10 條二級河道，總長 576.2 公里，蓄水量達 1.7 億立方米。水資源非常豐富。地勢低平開闊，水系發達，河渠密佈，河、溝、港、汊遍佈全縣，縣境瀕臨渤海。因之，地下水位淺，鹽鹼地多。明代萬曆年間，任寶坻（河北寶坻縣轄今寧河部）知縣袁黃在其所著《寶坻勸農書》中記錄造臺田來改良利用濱海鹽鹼地，沿用至今。農業以臺田為主，以排澇、排堿。是華北平原的魚米之鄉，渤海之濱的璀璨明珠。農業方面糧食作物主要盛產水稻。野生動植物資源有 30 多科類 600 多個品種。其中銀魚、紫蟹、蘆葦稱為寧河「三寶」，聞名遐邇。國家確定當地生產的為優質小站稻，糧食還有小麥、玉米等。蔬菜有 90 類 33 個品種，果樹資源有 13 類 38 個品種。

雍正九年（1731 年）析寶坻置寧河縣，據《河北省縣名考原》稱；「薊運河縱貫縣境，時多水患，故縣以寧河名。」民國三年（1914 年）屬直隸省津海道，民國十七年（1928 年）屬河北省，民國二十七年（1938 年）縣治改為蘆臺鎮。1949 年 9 月劃歸天津專區。

2015 年 8 月，國務院批覆同意撤銷天津市寧河縣，設立天津市寧河區，相關的行政區域界線、政府駐地均未做調整。寧河區商業比較發達，但是，缺少工業，手工業亦不發達。縣城蘆臺歷史上就是商埠重鎮，以「商賈輻輳，蘆井繁多」聞名，是國家批准的沿海開放縣之一。

千年古鎮——蘆臺鎮，位於天津市東北部，號稱「京東巨鎮，寧邑首鎮」，扼水陸要衝，交通便利，歷來為軍事重地，尤其是京奉鐵路建成以後，北京奉天兩京直通，蘆臺成了通衢大道。清代名將直隸提督聶士成（1836—1900），一直在蘆臺練軍駐防，1900 年，八國聯軍侵犯天津，聶士成奉命率軍抵抗，在八里臺與敵激戰，身負重傷殉國。且商賈雲集」雍正時，鎮內已建有三閣八廟，其中以寶塔寺最為著名。寶塔寺背靠薊運河，原址為後唐盧龍軍留守劉守光駐軍地。寺廟規模宏大，與杭州的靈隱寺、北京的碧雲寺、臥佛寺等不相上下。明清以至民國，該寺香火鼎盛，名聲遠播，堪稱京東盛剎。蘆臺文化發達，西大橋旁建立一座魁星樓，說明素來重視教育明、清兩代有 425 人考取進士和舉人，至清末「業儒者近萬人」，具有良好學術氛圍，造就了一批學術大家。僅京津兩地有副教授以上職稱的寧河人就有 300 餘位，學術人才占比可見一斑。蘆臺位於海口城市天津與冀東名城唐山之

間，深受影響。天津早期的居民是軍人及其家屬、還有周面的各省的農民、南方的商人，其成分複雜，習慣各異，形成了具有天津特色的風俗習慣。近代天津開埠通商，又爲西方異質文化與中國傳統文化在天津都市中的碰撞創核心特點就是一個「雜」字。唐山則歷史悠久，固有文化底蘊深厚。創造了絢麗多彩的文化。唐山的評劇、皮影、樂亭大鼓有「冀東三枝花」美譽。

蘇莊與蘆臺積只有一河之隔，有大石橋想通。蘇莊在淪陷時期稱爲永興莊，包括蘇莊、小南莊、楊花莊三個自然村，解放後繼續沿用此名。蘆臺鎮是鹽務管理、商貿、交通、軍事中心。按照屠能的「農業經濟學中的《孤立國》學說，《區位論》蘇莊是處於其經濟圈的最內層，農業是一種菜爲主，以供應蘆臺市民需要。此一圈還有皇姑莊、趙家園、北陳莊、北田莊、小楊莊、國家園、董莊、建國村、靳莊子等。再向外一經濟圈，北部則爲糧食經濟帶，而南部爲鹽鹼荒地，生長著抗城植物和蘆葦，成爲燒柴的供應地帶。

全村人口以蘇姓爲主，其它張姓、楊姓、常姓、唐姓等也多爲親戚相居，保留出入相友的古風。本村耕地不多在抗日戰爭初期，全村只有 90 畝，全部都是菜園，爲臺田形式，以排澇、排城。受中心城鎮蘆臺的經濟影響，幾乎都是兼業戶，農商結合。蘇靜山有地 18 畝，蘇鴻恩有地 16 畝。爲主要農戶，雇工或自種蔬菜。其餘 66 畝菜地分散各戶，經營方式不同，有的自種，有的出租，不論雇工經營或租佃都在親戚、本家範圍內運作。村中各戶職業分工各異，有「八股繩」、「一支筆」、「一杆槍」的說法。「八股繩」即一付擔子兩個筐，係用八股繩而名。指從事以賣菜爲主小商小販生意。唐家弟兄在西大橋賣粽子、元宵、糖堆，很有名。一家賣婦女頭上用的絨花，名氣也很大，雖然離開了土地，這兩家生活基本達到飽暖。「一支筆」指從事文墨有關的職業，本村緊倚蘆臺鎮文化發達，民國時期村內始終有私塾，先生設館教學。後來蘆臺鎮有小學五處，就學方便，所以，男子大多識字，在天津、唐山、本鎮一帶從事商業活動當賬房者居多。個別文人的在蘆臺街上擺攤代寫書信，間批「八字」。「一杆槍」係指當軍人，蘆臺是軍事重鎮，從軍比較方便。另外就是從事服務業。爲本村服務業有經營「燒鍋」賣開水，有的賣飲用水，一般還能維持生活。另一戶經營馬拉轎車，服務交通。本村手工業並不發達，只有兩戶壓掛麵的。最爲困難的是一、二戶病殘失業者，國軍家屬，在抗戰期間，軍人遠走，家屬無人照應，亦甚困難。總的來說，本村是屬於貧困村，但沒有達到賣兒賣女、逃荒要飯的地步，種菜不會有絕收的狀況，能灌能排。

市民俗鄉俗和鄉情隨同農商結合經濟結構，具有城鄉接合特點。

1940 年本村生產形式發生較大的變化。敵僞執政期間，引薊運河水，「斥鹵種稻」。頻臨蘇莊南面的鹽鹼荒地開發成「八號稻田」。蘇莊開發了 400 畝，比原來的農田增加了四倍多。村民的生產方向有了很大變化，投向種植業。隨之外來戶大量遷入，許多是外姓人，如鄭姓、劉姓等。全村農業生產結構發生很大變化，五業中以種植業的糧食生產爲主，經濟騷有好轉。但是日僞時期大米是軍糧，除自食一部分外，大部分賣出當軍糧，還需要買高粱、小米、玉米爲主糧。

1948 年平津戰役後，蘆臺蘇莊解放，仍然用日僞時期的「永興莊」村名，訴狀仍然是主體，包括蘇莊、小南莊、楊花莊三個自然村。原來只有一、二十畝菜地的人家，由於稻田的發展，在土改時，蘇莊劃分地主兩戶，小南莊劃分地主也是兩戶。楊花莊沒有劃地主。此後，隨著集體化農業道路的發展，蘇莊本來菜園子地不多，「八號稻田」有比較集中，很容易由互助組、合作社到人民公社。大躍進時，因爲高徵購，徵收過頭糧，村民吃了很多苦。好在本村菜地多，「瓜菜代」勉強度過，沒有發生餓死人事件。改革開放後，因爲引灤入津等海河治理工程，灌溉系統變化，不能種植水稻，而改種旱地作物，以玉米爲主糧。

到上世紀九十年代，在城市化過程中，蘇莊已經淹沒在高樓大廈、橋梁街道之中。蘇莊已經成爲歷史地名，存在於人們記憶中。

農業技術史篇

古代相傳的區田栽培法

提　要

　　區田法是古代勞動人民對自然災害鬥爭的創舉之一，是抗旱栽培有的效耕做法，現在旱區在抗旱播種時還可根據這樣道理創造性的應用。

　　在農業耕作上的「區田法」，曾散見於許多古農書中，一直爲關心農業的人們所重視。後魏賈思勰的《齊民要術》上曾有記載，內容多引自漢代《氾勝之書》）。相傳湯代發生連年大旱災，區田法是伊尹領導農民抗旱創造的辦法，對抗旱救災起了很大的作用。以後元代的《王氏農書》、《農桑輯要》等也都有摘錄。在明清兩代，許多人根據以往書籍所載及自己的經驗見解，寫成專書。王毓瑚先生曾輯明代陸世儀等所撰《區種十種》，它們都是專門談區田的。此外，各地區流散在民間材料還不在少數，如河南流傳的清代的《區田解說》及河南淇縣馮繡所寫的《區田試種實驗圖說》等

　　根據這些書籍所載，區田能豐產。《氾勝之書》上載：用區田法上農區畝得粟百斛，中農區畝收粟得五十一石，下農區也秋收畝得二十八石。《齊民要術》加注載：洛陽劉仁之用區田法種粟每畝可收百石。在距今七十年前河南濟源張姓種過「區田，相傳每畝收粟二十四石。淇縣馮繡所寫「區田試種實驗圓說」載：在清光緒年間種粟用區田法，每畝最高收十三、四石。

　　區田的栽培方法各書記載不很一致，主要是田地按棋盤式分成若干小區，小區面積約一尺半見方左右（也有劃成長方形的），隔區種植，今年種植，次年休閒，再種去年未種過的另外各小區。這樣輪換種植。小區如種粟，冬

季深挖一尺，甚至一尺多，肥料集中施於區內。所種小區比一般稍低些。春季種粟，每一尺半平方小區內，播種後等距留苗，留苗前後左右都是等距，株距約一寸半左右。生長期間要分期培土，最後小區又高於一般地，以促進根系發育，防止倒伏。

種植區田的，歷來不乏其人。上面所說的《區田試種實驗圓說》作者馮繡是推行區田最力的一人。他是河南淇縣西崗鄉人，清代稟生，候進州判。在光緒年間，分別在淇縣、汲縣（原衛輝府）等地，用「區田法」種粟多年，直到他亡故後無人照管才停止。他用「區田法」種植的結果，除所著的書可做參考外，當時親自參加種植的傭工在訪問時，有些人尚健在。曾訪問到淇縣西崗鄉馮陽之馮雲常等人，他們都是當時的實際操作者，知道甚詳。據他們說：種植小區為一尺半見方，每小區施大糞一鐵鍬，深挖一尺多，與肥料充分混合。播種是用與小區同大小的一個木盤，木盤鑽有一定株距的孔，播種時把種子撒在盤上，這樣播種，正合留苗的距離。播種後上面蓋好一層土。這個播種盤保存西崗鄉，也可算是區田播種法的一項改進措施。優點是，播種留苗均勻省工。由這個盤也可看出當時播種的方式和留苗數。

每小區共留苗 41 株，周圍密而中間稀，這樣可以避免中間的苗生長不良。因為小區中間留苗密，株距小，中耕是用小鏟進行的，較費工，一個勞力只能管理一畝多地。其收穫產量，根據馮繡的著作上說，最高每畝收到十三、四石，一般收五石上下。按馮陽之等談，每畝實收最多是七石，一般四、五石，合計每畝收成約在一千斤左右。粟生長良好，粗壯、穗大，但按當地反映所說最高收成十三、四石是小區推算的，中間空間地未計算在內，因此，推算出來的數字較實除產最為高。但區田每畝收成為一千斤左右還是可靠的。馮繡在當時知府華輝的贊助下推廣過這種方法種植的有三十多戶。馮繡亡故後，此法終未被繼續採用，主要的原因是費工多、成本大。在河南地區，除了馮繡以外，還有很多在以往與農村接近的知識分子重視此法。安陽、長垣等地有些「讀書人」，也曾寫書和推行過它。解放後由於農民生產情緒高漲，都想摸索豐產經驗。

1952 年在安陽勞模會上，有人提出此法。安陽晁村和平農業社在當地用區田法種粟共一畝，為水澆地，按一尺半見方劃區；每畝共種 490 小區。深挖一尺半，每畝施棉餅 150 斤，集中施於小區中。每區共種七行，合計 49 株。結果畝產 636 斤，其對照畝產 500 斤。區田表現增產，但不似書中所說那樣

產量特高。區田法的優點是能集中施肥和進行深耕；同時由於種植小區的深耕及未種植小區的休閒，下茬小麥生長好，每畝小麥產量爲 250 斤，一般地只收 200 斤，缺點是費工多，苗分佈不均，澆水、耕作都不方便。

1955 年在河南省農業勞模會上，又有濟源城關明星社的勞模劉士讓同志在會上提出當時張天作在七十年前種區田達到豐產的經驗。1956 年他們在社內做粟區田豐產五畝，打算創造高產記錄，計劃產量每畝三千斤以上。小區爲三尺見方，比其它區都大三倍，各小區相隔一尺，每畝共 363 個小區。冬季深挖七寸，春季又深挖一尺一寸。春季每區施底肥 50 斤，豆餅 1 斤，每畝合計施豆餅 400 斤，底肥 1 萬 8 千斤，以後又追施豆餅每畝 100 斤及屋土一株距左右前後均爲一寸，三尺見方的小區內留有 900 株，每畝共 324,000 株。中耕用小鋤進行。由於留苗過密，幼苗生長不良，每區又拔掉幼苗 400 株。以後並發生倒伏現象，曾用棍子架起。到成熟調查，每區中只有 80～130 株。平均 110 株抽穗結實，其餘成爲不實棵株。區田四周的植株生長尚好，中間的就差。結果每計產量 374 斤，僅達到了當地中等的產量。這次種植爲了追求高產，區大而密，留苗太多，以致植株生長不良，反而影響了產量

1956 年我在河南輝縣曾試用「區田」辦法種粟一畝，是夏播，前茬爲小麥。每區一尺半見方，區間也相距一尺半，每畝共 1300 區。按區集中施肥，每畝施用底肥 6,000 斤、豆餅 120 斤，追施硫酸銨 60 斤。播種是用一個播種器，此器爲鉛鐵皮所做，中間裝種子，鐵筒有相當株距的孔，種子由孔中漏出，播種比較均勻而省工。株距各爲一寸半，每區留苗 81 株，每畝 105,300 株，後因部分缺苗，成熟時每區平均尚有 65.1 株，折合每畝株數爲 84,630 株，比一般耕做法留苗尚多一、二倍。生長的結果，穗長平均爲 10.02 釐米，株高平均爲 77.1 釐米，沒有倒伏現象。每畝平均產量爲 314.6 斤。在該年雨水成災的情況下，比一般耕做法產量爲高。區田法在雨水過多的情況下，由於深耕，土壤疏鬆，蓄水量大，耕後土壤下陷，加上排水不良，以致部分禾苗潦死，或因胡麻葉斑病嚴重，根系發育不良，生長很差。由此看來，區田對旱年有利，但在雨水大的年頭是不適宜合的。

1956 年輝縣井峪農業生產合作社也用區田法試種粟 0.8 畝。田地爲山區旱地。耕種方法是每區爲一尺半見方，每畝合計 650 方。冬季普犁一次，春季播種前各方又深掘一尺，並集中施人基肥。基肥折合每畝施底肥 4,800 斤、人糞尿 8,400 斤，每方留苗 90 株。到苗高一尺左右時，又追施硝酸銨每畝 32

斤。植株生長高大，一般在五尺左右。到後期發生倒伏，因此，穗不緊密，影響產量。結果每畝產量爲 536 斤，是當地比較高的產量。但投資很大，成本不合算。這又是區田栽培法的一例。

由以上實例來看，區田栽培的產量是與古代書中所載有出入。但各書所載的度量衡情況及自然條件不甚瞭解。書中常有「區收一斗，畝六十六石」這樣的折算。馮繡書中所載也有部分與實際操作人的說法不一致，往往推算的產量高。帥念祖所撰的《區田篇》，附記河南許州陳子勤試種區只桌面大兩方，推算每畝十六石二斗。河南溫縣原氏昆仲試種區田粟一分地，推算每畝十六石。

區田法據瞭解除淇縣以外，並未被一般農民所採用。在《區種十種》的「論區田」篇內，附錄張伯行本思辨錄輯要，卷十五涉及到區田法的記述。也談到：「元時最重區田法，詔書數下；令民間學種區田，民卒不應。豈區田不便，反不如縵團歟？抑小民難於慮始也？予嘗妨其意一爲之，未盡其妙。然大約亦可倍收。一畝六十六斛穀，則未必也。」以上的說法是比較客觀，與上面調查的實際情況相符。

區田法究竟在生產上起到什麼作用呢？根據書中所載及當前生產實例來分析，區田法應當認爲是乾旱地區對乾旱鬥爭的好辦法。從記載區田最早的《氾勝之書》上就有「湯有旱災，伊尹做爲區田教民糞種，負水澆稼」之說，其它有關區田法書也是以「抗旱救災」爲前提。我國北方自古以來旱災是「史不絕書」的，當時較適合點種的秋糧高稈作物較少，玉米我國是栽培才四百年歷史的新作物，古代旱田最主要的作物就是粟了，粟又是耐旱作物，適於乾旱地區種植。但是植株比較小，每畝株數多，如行條播，抗旱點種和澆水保苗都困難，採用區田法就能解決這個問題。在旱區可把粟集中種在小區內，能便利負水點種和澆水保苗。小區株數比較多，也不減少每畝總株數。同時，由區內，能便利負水點種和澆水保苗。小區株數比較多，也不減少每畝總株數。同時，由於土地分區深耕和休閒，對提高土壤肥力也有很大作用，深耕對抗旱保墒也有利。至今在太行山區的濟源一帶旱區，抗旱點種粟和玉米等還採取與區田同樣道理的種「窩穀」辦法。這種辦法流傳很久，每遇旱年就有應用的。即乾旱時期爲了便於擔水而行的點播辦法，每窩直徑一尺，每窩點種穀子十多株，玉米一到三株。爲了保持一定株數，窩內留苗較密，集中施肥，因而有利於保墒，抗旱時間長，得以提高產量。1955 年濟源茶房鄉農

業合作社抗旱種「窩玉米」六畝，由於保墒好，集中施肥，每畝平均收到1106斤。當地「窩種穀子」產量也很高。這些抗旱辦法的事實，也能幫助理解區田法在生產中的抗旱作用。在畜力缺少的地區，種區田也很合宜，所以在漢明帝時各郡遭牛疫、水旱災時，曾下令推行區田法。

見《農業學報》。1957 年 8 月 1 日

漢代推行代田法在農業技術改革中的作用

提　要

　　西漢趙過推行的一種適應北方旱作地區的耕作方法。由於在同一地塊上作物種植的田壟隔年代換，所以稱作代田法。是西漢武帝時期的農業技術改革家趙過發明的新耕做法，它在用地養地、合理施肥、抗旱、保墒、防倒伏、光能利用、改善田間小氣候諸方面多建樹，是後世進行耕作制度改革的先驅和祖師。在代田法耕作下，產量「超出常田一斛以上，善者倍之」。

　　我國漢代所推行的「代田法」是爲歷代農學家所注意的一種農做法，如《齊民要術》、《王禎農書》、《國脈民天》、《農政全書》等都摘錄和議論「代田法」在農業技術改革中的作用。「代田法」首見於《漢書食貨志》，東漢崔寔《政論》也談論過。但所載文字是很少的，只有一小段文字。由於記載的簡略，引起後代對「代田法」有不同的推測。有的認爲是由「區田法」發展成的一種高產辦法，有的則認爲是「畦種法」。據《漢書》所載「代田法」是漢武帝時搜粟都尉趙過根據前人經驗進一步創造發展而推廣的。由《漢書·食貨志》和《政論》只能瞭解一部分科學技術活動和內容，其中具體技術操作方法是不清的。《漢書藝文志》農家類著作中曾提到有《趙氏》五篇，有人以爲是趙過的農書，惜已失傳。現值我國實現農業現代化時期，瞭解「代田」發展情況對現在農業技術改革有一定的作用，能瞭解技術發展的規律。

　　為了便於瞭解，將《漢書食貨志》所載原文記述如下：「過能為代田，一晦三𤰈。歲代處，故曰代田，古法也。后稷始𤰈田，以二耜為耦，廣尺深尺曰𤰈，長終晦。一晦三𤰈，一夫三百𤰈，而播種於𤰈中。苗生葉以上，稍耨壟草，因隤其土以附苗根。故其《詩》曰：「或芸或芓，黍稷儗儗」。芸，除草也。芓，附根也。言苗稍壯，每耨輒附根。比盛暑，壟盡而根深，能風與旱，故儗儗而盛也。其耕耘下種田器，皆有便巧。率十二夫為田一井一屋，故晦五頃。用耦犁，二牛三人，一歲之收常過縵田晦一斛以上，善者倍之。過使教田太常、三輔、大農置工巧奴與從事，為作田器。二千石遣令長、三老、力田及里父老善田者受田器，學耕種養苗狀。民或苦少牛，亡以趨澤，故平都令光教過以人挽犁。過奏光以為丞，教民相與庸挽犁。率多人者田日三十晦，少者十三晦，以故田多墾闢。過試以離宮卒田其宮壖地，課得穀皆多其旁田晦一斛以上。令命家田三輔公田，又教邊郡及居延城。是後邊城、河東、弘農、三輔，太常民皆便代田，用力少而得穀多。」

　　東漢崔寔《政論》也提到趙過技術改革的事情，現也摘錄於下一併參照：「武帝以趙過為搜粟都尉，教民耕殖。其法三犁共一牛，一人將之，下種，挽耬，皆取備焉。日種一頃。至今三輔猶賴其利。今遼東耕犁，轅長四尺，迴轉相妨，即用兩個，兩人牽之，一人將耕，一人下種，二人挽耬：幾用兩個六人，一日才種二十五畝，其懸絕如此。」《齊民要術》的按語說：「三犁共一牛，若今三腳耬」。綜觀以上，「代田法」是綜合性的技術改革，包括耕作制度、農具改革、耕作技術等各方面，並非只限於「畎種法」或「豐產田」的單項改革。文字雖少，但分析起來也能看出「代田」在農業技術改革內容上是相當豐富的，它對當時農業生產發展起了一定的促進作用，也是由於生產力發展應時而生的技術措施。

　　西漢是我國歷史上出現全國統一而政治局面比較穩定的朝代。人口逐漸增加，到西漢末年僅注籍人口已經接近六千萬，大約相當於十四五世紀全歐人口。當時在生產工具也有相當發展，鐵質農具特別是主耕農具——「犁」已經普遍應用，利用畜力也有發展。並且施肥技術也提高了，綠肥和牲畜便肥已經應用。作物種類增多，有了輪作的習慣。人口增加，客觀需要單位面積上獲得更高的產量，而生產力和生產技術也有一定的水平，進行技術改革已具備一定的基礎，在這種形勢下才出現了「代田法」。代田法首先體現了耕作制度的改進。由歷史文獻所載，秦漢以前由於生產力生產工具不發達，農

業耕作制主要採用休閒制。為了生產的需要，而施行「甽畮代處」輪替種植以減少休閒面積。可以在一塊地上增多播種次數，提高土地利用率。當時漢代還提倡過區田法，也是輪替種植，不過區田是方形的，以便於集中施肥和澆水抗旱。看來漢代是很重視耕地中的輪替休閒。至今我國東北地區還是施行壟作制，採用「扣種」和「□種」結合的辦法進行輪種。

秦漢以前還是施行最簡單的縵田法，顏師古注明縵田是「不為壟者」，即沒有行壟的耕做法。因為縵田是撒播，無行無壟，不便耕作鋤草，缺點很多，才改革「縵田法」為條播法。由《漢書》上看甽畮代處的辦法在趙過以前就有人提倡了，所以提到「后稷始甽田」。后稷是古代偽託的農業技術革新者，以往常假託古人，所謂「託古以自重」。雖不能說明改革的確切時代，但這可以看出耕作改革是在趙過以前就已經在逐步進行。趙過是很熟悉這種方法，並根據當時情況又進一步提高而創造了「代田法」。早於趙過以前談論農業生產的《呂氏春秋任地篇》上有：「上田棄畮，下田棄甽」的說法，司馬彪《莊子》注也說，「壟上曰畮，壟下曰甽，」說明在戰國就有了壟作。壟溝叫做甽，壟背叫畮，旱地種壟溝以防旱，濕地種壟背以防澇。由無行無壟的縵田法改為有壟的條播法是很大的提高。原來的「縵田法」中耕除草不方便，幼苗過於擁擠作物生長不良，改為條播後可以除草培土，產量就能提高。《呂氏春秋辨土篇》就批判了舊式耕作的缺點：「苗若直□（鬣），（不間苗）」，「即種無行（沒有行間）」和「弗除則蕪，除之則虛」（雜草多）。而提倡「正其行」（有行距），「三以為族乃多粟」（小叢留苗），「長其兄而去其弟」（去弱苗留強苗）。代田法就具體實現了這種改革，因而達到了增產。壟作的操作方法在趙過以前是以「二耜為耦」，顏師古注是「講兩耜而耕」，就是耦耕。當時的耕地農具主要是耒耜，就是到漢代還有應用，如《鹽鐵論》就提到「跖耒躬耕」等。耦耕一般認為是對耕，具體操作方法不清，可能就是一向右翻，一向左翻而達到起壟的作用。壟深度和寬度各為一尺（按漢尺相當於現在市尺不足七寸），播種在壟中，苗生長以後可以進行中耕除草、培土、以附苗根，逐漸培土可以使根埋的深，防止倒伏耐旱，作物生產茂盛，產量高。趙過提倡的「代田法」則根據當時的技術發展又作了進一步的改進。

由文獻上看來除趙過熟悉農作方法外，對進一步提高農業操作方法，也有重大的改革。首先是「耜耦甽田」作壟改用「牛耕耦犁」。牛耕在戰國時代雖已盛行，但還沒有普遍應用。西漢正是牛耕技術普及時期。據《賈誼新書》

和《鹽鐵論》史載證明，當時還有馬耕。由於畜力耕作的發展，「代田法」也不須再用「二耜為耦」的方法，改進為「耦犁」辦法。「耦犁」是二牛三人，二牛耕地即成一坺，由江蘇出土的漢代畫像石看大概類似「二牛抬扛」的辦法。畜力不足地區則提倡用人挽犁耕地做壟。再就是改進播種方法，用耬車播種。據崔寔《政論》上記述「三犁共一牛，一人將之，下種，挽耬，皆取備焉」。《齊民要術》的按語指出「三犁共一牛，若今三腳耬」。這種工具開溝、播種、覆土一次可完成，不但播種的效率高，而且質量好。特別是適於旱區不用單開溝作壟，播種覆土又及時，有利保墒。其三，文中並提到「一畝三圳」的耕作形式，一種可以釋為一畝地共分三個壟溝，每壟廣一尺，三壟共三尺，而長度相等於一畝面積的長度。為什麼一定要每畝三壟，這樣解釋有問題的。再一個解釋根據「圳畝代處」的辦法，「一畝三圳」就是一個寬壟背和三行播種作物的壟溝相間，類似現在農民常用的「三杆搶」播種方法（如圖），這與趙過提倡的播種工具「三腳耬」形式也正吻合。今年播種作物畝的地位明年就成了圳，今年末播種作物畝的地位明年再播三行作物，這樣在一塊地上進行輪替種植也合乎圳和畝進行「歲代處」的精神。

當時由於推廣代田對提高產量和提高工作效率起很大的作用。漢書載「一歲之收，常過縵田一倍以上，善者倍之」。趙過根據別人建議，又組織農民挽犁耕地，比耒耜工效也高，多的每日進度三十畝（漢畝），少者也十三畝。特別是耬車播種效率很高能「日種一頃」。

趙過提倡的「代田法」是繼先人的經驗和當時農民的創造根據生產的客觀需要而改進的。代田的技術改革的綜合表現，反映了漢代牛耕和農具改革的發展，趙過時期的「代田法」不再是用耒耜而採用犁耕，農業機具也大大改進了比較複雜耬車。趙過對推廣這種新興技術起一定的作用，推廣代田也下了些功夫，首先叫離宮守兵在空地上進行試驗，又利用各級行政力量協助推廣，並且通過鄉里中「父老善田者」即有經驗的老農先應用新式農具和先進耕作方法，起示範作用。代田法由於適應當時生產力和生產技術水平，故推廣得很快。當時邊城和河東、弘農、三浦以及太常，即相當今河南、山西、陝西、甘肅一帶都採用代田法，用勞力少而產量高。

「代田法」成為我國古代一次規模很大的技術推廣範例。附：河南上蔡縣黃埔大犁和「耦耕」

一、河南上蔡縣的黃埔集位於汝南、遂平、上蔡三縣之間，為旱路交通

要道。且在周圍十二華里內的村莊，又盛產大麻（好麻），以往買賣大麻客商往來不絕，故黃埠成為百餘年來的大麻集散地。並逢單日有集（市），一直延傳至今。由於該集經常不斷客商，因而蔬菜需要量大，銷路廣，菜園也多。但因菜園要求土壤肥沃特別是該地區菜園的主要深翻農具——大犁對土壤種類要求嚴格（透水性強的沙質壤土），此種土壤在黃埠鎮東及其東南 2～3 里村莊零星分佈，因而在黃埠適合栽種蔬菜的園田土地也有一定的局限。

二、大犁又名鑱犁，類似舊式步犁頭，但又像鋼鍬。為生鐵鑄成（均由遂平縣城鐵匠爐鑄成）重 10 市斤。大犁由犁杆、犁頭兩部組成，犁頭則由犁倉、犁面、犁梗三部組成。犁杆分豎杆和橫把均選用帶有樹權的槐木做成（槐木質地堅硬不易折斷，很粗壯比一般鍬把直徑粗一、二倍）。足蹬（樹权頭）位於犁杆（豎杆）之最下部犁倉後面之上部。

三、使用大犁操作以手分開平扶橫把而後用腳吃力踩蹬「蹬子」（樹权），待犁頭入土後雙手和全身用力，翻動犁杆之橫把，即可翻轉土壤，再翻後一犁時向後一曳即可。因犁面很重不便提起，犁面一側還有孔穿繩索，前面可以有人拉繩助翻。由於大犁犁頭深長（長 1.2 尺），犁面大（0.85 尺）故而翻土深可達 1.2 尺～1.3 尺。翻土多工作效率高，一個勞動力每日可翻地 0.3～0.5 畝。由於土壤翻的深，因而深翻後土壤冬季凍得透，夏季曬得透，風化的好。耕翻次數多少，依勞力忙閒，距播前時間早晚而定，一般翻 1～2 遍。

大犁深翻後以鐵耙耬平土地非常平坦。（較鑱頭翻的平坦）利於菜園栽種耕作。且深翻後的土壤肥沃，苗壯，苗肥產量高，據菜農談，深翻二遍較深翻一遍栽種菜每畝可多收 2,000 斤，深翻三遍者較二遍者又可多收 1,000 斤，一畝園十畝田，在黃埠栽種一畝菜園足可供養五口之家。大犁笨重，適宜於透水性強的沙質壤土耕作，菜農說「適於土頭軟的潮墒土終年輪換栽種的小菜園使用，故黃埠大犁僅限於上蔡縣黃埠集東地及黃埠東南附近的喬樓、古莊、趙莊、孫莊\張莊使用。根說山東觀城城關也有和此類同的大犁，他處則罕見。關於大犁的歷史已不可考。但據菜農王彥先（72 歲）談他記事時他的祖父就經常使用。大犁的歷史可推到 150 年前以上。大犁非常近似古代耕地農具的耒耜，耕作方法上可以同「耦耕」相比擬。大犁工作效率低，笨重而被淘汰，但黃埠集人口稠密、菜園多、土壤適合耕作等原因而被保留下來。

見 1988 年 1 月《中國農史》。參與者尚有：趙玉蓉

溲種法研究

提　要

溲種法是一項古老的種子處理方法。西漢時期的《氾勝之書》中就記載了這種方法：當時有兩種溲種法：一種是后稷法，另一種是神農法。主要增產原因有三個方面，一是溲種法能促進種子萌動，提早出苗兩天；二是溲種處理的幼苗強健，麥苗生長快；三是溲種法有種肥的作用。同時還可增加小麥的吸水力，有利於提高作物的抗旱能力。

我國現存最早的一本漢代農書——《氾勝之書》上記載，種用馬骨汁、蠶、羊糞等處理種子辦法。按萬國鼎先生的意見稱之爲「溲種法」；有增產效果。這種辦法，據書中所載來看，當時流傳已很久；書中曾提到「狀如后稷法」、「神農復加之」等。后稷和神農全是當時假設創始農業的人，看來以前也有這種類似的辦法；原書記載相類似的辦法有幾種，比較記載詳細的一段是：「取馬骨，銼；一石以三石水煮之。三沸，漉去滓，以汁漬附子五枚。三、四日，去附子，以汁和蠶矢、羊矢等分，撓，令洞洞如稠粥。先種二十日時，以溲種，如飯麥狀。常天旱燥時溲之立乾。薄布，數撓，令易乾，明日復溲。天陰雨，則勿溲。六、七溲而止，輒曝，謹藏；勿令復濕。這種辦法就是用骨頭砸碎後煮成汁和蠶糞或羊糞，拌種。以當做種肥起到增產作用。爲了探索這項祖國農學遺產對實際生產的價值，曾進行了該項試驗。種子處理方法是參照上述記載和具體情況進行的。試驗的小區面積共 0.16 畝（重複兩次）。所用豬、牛骨四斤，砸碎後，加水 12 斤煮成骨湯，在煮沸中

水量顯然不足；後又加水一部。濾去骨滓後，尚有骨湯 1,950 克。骨湯很稠，其中混入碾碎的羊糞 655 克，成為粥狀。但黏合力差，不能很好的和種子黏合。為了增加黏合又加上 700 克。折合每畝用量，即離骨每畝 25 斤煮成 24.4 斤骨汁，加羊糞 8.19 斤、土 8.75 斤。於 10 月 12 日開始拌種，共拌三次，每拌後曬乾。種子外表形成一層外殼，於 10 月 22 日播種。播種時種子已呈萌動狀態。試驗地前茬為玉米，每畝只施 2,000 斤草糞，土壤較瘠薄，小區面積 0.08 畝。行長 60 尺，18 行區（收中間 16 行）。行距 0.5 尺，重複二次。以不處理種子者為對照。品種「碧瑪一號」小麥。次年春季 3 月 6 日，追硫酸銨 15 斤。於 6 月 2 日收穫。試驗結果溲種者表現增產：每畝對照乾草增產 36.66 斤（14.2%），種子增產 17.6 斤（8.2%）。

從播種後的生長狀況來看，溲種者因為在種子周圍的拌種材料中含水份較多，種子呈現萌動狀態，對播種後種子萌發和幼苗生長有利。表現出土快，溲種者出土只 7 日，對照出土要 9 日，出土早 2 日。這樣早出土對生長有利，特別是試驗播種較晚，出土早更為有利。又因為種子周圍增加了一層有機質營養成份，對幼苗生長有利。顯然對幼苗周圍的微生物活動也是有利的。處理種子者，表現分蘗增加，幼苗生長良好，打下生長良好基礎。因此株高、穗長、全重、穗重、支穗數和粒重等增產因子都有增加。但千粒重因為溲種者分蘗多，則小籽比較多，千粒重並不高。由以上試驗結果來看，溲種者是表現增產的。增產原因，如前所述，一方面是促進種子萌動，提早出苗；再就是起到施「種肥」作用，給幼苗創造良好的發育條件。因此有進一步探討的必要。原文中曾提到在骨汁中要加漬附子。我們在這項試驗中沒有加。附子究竟起什麼作用，據《本草綱目》說明：附子辛、溫有大毒，內科主治風寒，外科醫治瘡癬的殺菌作用。加附子是否是起到骨汁的防腐作用呢？萬國鼎先生意見是「附子……可能有驅蟲作用」。關於加骨汁的作用，據分析，一方面本身有些養分，分析結果：含水份為 92～95%，含氮 0.29～0.33%；再是骨汁濃度較大，保水力強，能增加溫潤。使在溲種過程中，因時間很長不易乾燥。書中也提到有用酢漿來拌種的，作用相同。由試驗中看到拌種加羊糞是比較好的，這種糞很細，拌種容易。如拌種用粗糙的牛、馬糞，則不很合宜；同時羊糞的肥分也是較高的。種子拌肥的方法，近年來在國外已經廣泛應用，認為是提高穀類作物產量簡單而有效的辦法。拌肥的作物有小麥、大麥、燕麥、黍和蕎麥等作物。用做拌肥的肥料種類也很多，如過磷酸鈣、氯

化鉀、硝酸鉀以及禽糞等有機和無機肥料。

我國近來對種肥技術也很重視，在東北，華北等廣大地區正試驗應用，如雞糞、人尿等有機肥料的拌種和硫酸鉀等無機肥料拌種等。施用種肥，對作物生長有利，它可使極其幼嫩的植物有機體得到營養上的保證。我國古農書上記述的這種「溲種法」，看來就是另一種種子拌肥的辦法，是合乎科學的。書中曾提到「薄田不能糞者」來施行這種辦法，是解決一部分缺肥問題，以提高產量。由本試驗來看，由於播種晚，則對促進生長提高產量更有利。據最近一些的道記載，用硫酸鉀做種肥在河北省靜海等縣脫水地播種晚者，起到顯著作用。證明過晚播種者是更適於施用種肥。這種溲種法比拌硫酸鉀者更有利的是播種前起到催芽作用。但這種方法是存在一定缺點的，如處理比較麻煩，播種也比較困難，不如現在所提出的一些種肥辦法方便。進一步應用，當須根據情況進行。

見 1958 年《農業遺產研究集刊》第 2 冊

冬穀試驗及調查報告

提　要

　　「冬月種穀法」是古代提出的「反季節」栽培的一種創見。本項研究，一方面進行實地種植試驗並在農村跳查。此項研究是在上世紀六十年代的研究結果，當時農業生產條件很差。「大躍進」時期以備戰備荒爲主。現在農業生產條件大大改善。栽培「冬穀」不利的條件完全可以免除。如使用薄膜覆蓋，完全可以避免早春的凍害和風災。病蟲害的防治也又有效的辦法。提早播種以增加復種指數。這種古代相傳的「反季節」栽培技術會在農業生產中起到作用，並普遍應用與農業生產中。

　　穀子（粟）冬月播種法，是古代想傳下來的一種特殊栽培法。比較具體化的記載是見於 1853 年張起鵬編印的《區田篇》中，附刻的冬月種穀法。原方載於明代陳龍正編寫的《畿亭全書》中。

　　《畿亭全書》是經清代禁燬的一部書籍，現代所能見到的冬月種穀法，是有其它書籍中轉錄的。張起鵬編的《區田篇》附刻的冬月種穀法原文如下：（但是否是《畿亭全書》原文，不可考）。

　　「冬至前一日撿穀種入甕，麻布紥口。掘土穴，深四、五尺。甕倒置穴中，土封固。滿十四日（自冬至前一日算起）取出，大寒日種入熟地。春透苗生。較長穀早熟一月，約五月底六月初即熟。但受冬至子半元陽之氣，雖種冰雪中亦生。此明末豫撫王子房，荒歲誠禱，遇異人傳授，試之而驗。蔡中襄撫山右，試之亦驗。冬月種穀法的穀即指北方小米尙未脫殼。倘應種賣

時，得雨過晚，賣不及種，可種冬穀，較麥僅晚熟二十餘日。

目前，在河南地區農民在生產中，還有許多地方應用這種辦法。但是名稱並不一致，有「冬穀」、「凍穀」、「夢穀」等不同叫法。辦法與書中略同。關於春作物冬播，以提高植物生活力和改變遺傳性的研究，前蘇聯已經有很多研究資料，國內亦有研究。河南從古至今，就有這種辦法的存在，想必是在生產中有一定的作用。因此，有必要進行此項研究。實驗的主要目的，是由栽培方面探討其在生產中的實際價值。「冬穀」有早熟的優點，特別對易澇區、旱區有應用價值。河南的旱區和澇區在秋季播種時，常因積水未排或土壤無墒而不能種植小麥；又七、八月間的雨季的旱澇也影響收成。因此，有種冬穀，能在冬季播種，提早成熟的辦法，以逃避秋澇。實驗目的就是逃澇、避旱，解決農民的春荒。研究方法是：在農田中做實驗，並在農民實際的種植中總結經驗。

一、實驗進行情況

試驗根據原古書記載辦法進行設計的，並加上幾種對照，處理如下：

（一）冬至節時播種，不加處理；

（二）完全用原辦法進行，先於冬日前一日，把穀種裝在瓦罐中，用紗布紮口，埋在土中，深約三尺。十四日取出。於大寒日播種土中。以春化處理者為對照，春化時間保持 20-24℃，共 7～11 日；

（三）次年雨水節時，播種一般種子，並已經春化處理者為對照。春化時間與前項同，使用「齊頭黃谷」等四個品種。試驗小區面積為 120 平方尺（6 尺×20 尺）

試驗田在播種前進行多耕。土壤比較肥沃，每畝施廄肥六千斤，豆餅八十斤；硫酸銨二十斤，因之產量較高。定苗和中耕是根據情況及所採取不同播種辦法，分別管理。冬播和·早春播這，因為春旱時間較長，中耕了四次，對照則中耕三次。分兩次間苗。並在播後澆水兩次。

通過實驗需要澄清幾個有關今後實際應用的問題：

一是經過埋種、凍穀、春化等種子處理，對抗旱、抗寒等的作用；再是成熟期比一般提早多少；三是病蟲害發生情況；四是產量高低。還有適於冬播品種的選擇及生長情況，栽培管理等問題。根據上述問題，經田間試驗及觀察，分述於下：

（1）幼苗抗寒情況；試驗個處理種子方法是不同的，播種前經過浸種，種子處理的，處於萌動狀態；未浸種的並未萌動。兩者在冬前都沒有出土。無論冬前或春季播種，出土期為 3 月 31 日至 4 月 1 日，當時地溫為 13.7～15.5℃，出土生長十天後，已經有四片真葉，遇到寒流，發生霜凍。觀察期幼苗抗凍情況為：幼苗經過冬季時間長者，受凍害輕，證明粟經過低溫鍛鍊，能提高抗凍能力。鑒於植物的抗凍、抗旱、抗城的平行現象理論，當年在原陽荒莊設置試驗田時，當地土壤的 ph 值為 8.2～9.2，屬於重鹽鹼地。出苗後，大部被城死。說明冬播有一定的抗逆性，但在短期的鍛鍊，解決鹽鹼地的的生長，還是不成功的。

4 月 9～14 日的低溫沒有發生凍害，但隨後又要寒流到來，大風加小雪，吹掉幼苗不少。因之有些試驗處理得不到正確的產量結果。

（2）「冬穀的成熟期：觀察其成熟早晚。是試驗目的的主要點。生長各階段的情況是：

從對各式樣處理情況觀察：冬播著冬前不出土，而在三月底出土。比早春雨水節播種者，僅早出土一天。只是由於種子早萌動的緣故。出土率都不低，都能夠正常出土。抽穗時期大致為 6 月底到 7 月初，正值當地麥收季節。成熟期觀察：「冬穀」的早熟種於 7 月 25 日前後成熟；中熟種則在 8 月上旬成熟。比穀雨正常播種的，提早成熟 12～15 日。一般說來，對避澇有一定作用。如再提早收穫十日，也會有八、九成的籽粒收穫和全部的乾草收成。本地如在 7 月中旬發生澇災，則會有收成的。

各處理間，成熟期基本沒有差別。按著原古方實行埋種十四日者，其種子依然是一般狀態。在罐內埋種只是保存一般室溫，只是彎度稍高些，也達不到能使種子萌發。看來埋種的處理作用不大，實行春化處理者也是沒有顯著差別。只有「早熟一號穀」品種，在穀雨節經春化處理者，略微早熟。根據以往文獻來看，粟的春化期為 2～6 天，溫度為 16～18℃，冬穀出苗時間氣溫已經達到 15℃ 以上，在自然條件情況下，春化需要的溫度條件，能夠達到。所以實行春化處理種子，效果不大。

（3）冬穀的發生病蟲害情況：冬穀的發生病蟲害與正常播期比較各有不同。冬穀的紅葉病和白髮病有些加重，粟穗螟和粟灰螟也加重。只能躲避銹病、黏蟲和蝗蟲的危害。總之，種植冬穀對收成的不利面多。

冬播和早春播者，紅葉病特別嚴重，達到 9.4～14.3%。對照危害率只

1.3%。在安陽、林縣等地種植的冬穀情況相同。再笨試驗的參試品種「早熟一號」、「狼尾穀」、「白把子穀」抗紅葉病，「華農四號」則發病嚴重。冬穀的白髮病發病率比正常播種者也高。主要是幼苗出土緩慢，病菌侵入機會多所致。冬穀粟灰螟危害特別嚴重。因為冬穀出苗較早，苗生長較大，粟灰螟有選擇大苗的習性，因之危害重。試驗區為了保苗，用採蟲卵的辦法冬穀每畝採卵 1380 塊，而對照每畝只有 51 塊。冬穀的抽穗期也是粟穗螟的第一代發生期，因之，危害也比較嚴重。但躲過了銹病的危害期，當年銹病發生在 8 月 1 日，故而無病。葉斑病很輕。黏蟲、蝗蟲也能躲過，故而原書有：「蝗獨不食此穀」或即本此。但原書並未探討病蟲害問題，冬穀種植對病蟲害的關係有利有弊，但是弊大於利。

（4）冬穀產量情況：試驗穀子收穫後，進行產量計算：

收穫的產量結果，冬播和早春播者，不論子實和乾草均比對照減產，子實只相當對照的 68.31～81.68%；乾草則為 82.61～90.27%。減產的主要原因是前期的病蟲害重。又在前期正處於低溫，常不利於粟的生長。早春季節性的乾旱，對生長的也會有影響。

植株生育情況觀察：由於冬穀生長多在低溫情況下進行，植株組織比較細密，所以，比較低矮。個參試品種都是如此。穗子的長度並不減小，這是保證產量的重要因素。分蘗恕正常，千粒重略低些。

二、農民的冬穀種植實際情況調查

根據原書中的記載，以及農民的實際應用冬穀的生產調查，在河南地區應用時間較久，也比較廣泛。據《冬月種穀法》所載，原方史：「豫撫萬子房荒歲誠禱，遇異人傳授。」所說異人，可能就是河南當地知道這種辦法的人。該書所舉應用實例，也提到河南滑縣等多處。看來這種辦法很早就流傳在河南。

據調查瞭解，目前種冬穀者還不少，如長垣、安陽、林縣、寧陵、上茱、西平等許多地方，都應用過這種辦法。在臨河一帶的易澇區應用較多，如在長垣縣等地，秋澇後退水較晚，不能及時種麥，即在冬季播種冬穀。以解決次年麥季無收而出現的糧荒問題。在旱區因為秋旱不能及時種麥而播冬穀。冬穀的栽培方法，有的如書所述，採取埋種方法，也有的直接播種。種後在次年春出土，農民也叫「夢穀」。各品種均能冬播，為了早熟，多採用早熟種。

如寧陵縣用的早熟種，其成熟期末月中旬，大約爲麥收後 40 天左右。

當年推行冬穀最多的是上蔡縣，當地政府作爲增產措施推廣。開始是在楊車樓村，該村在清代就有人種過。爲了創造經驗，試種了兩畝，每畝收 146 斤，相當春播穀產量，但能提早成熟，有利下茬。次年又種了 60 畝，農民反映，產量低於春播者。當年遇到春旱，有三分之一出穗不良。但下茬很好，相當於休閒旱垡地。下茬種麥比春穀茬每畝多收 60 斤。一部分冬穀茬種大豆，每畝收 60 斤；扡插紅薯，每畝收 700 斤：對輪作是有利的。第三年又擴大到 169 畝，每畝產穀 152 斤。當年雨水調和，收成很好，不低於春播穀。並且提早吃到秋糧，對調劑生活起到作用。有些地方種冬穀的效果並不好。該縣黃埠鄉種植了冬穀 300 畝，因春季強風加雪，吹毀了 230 畝，餘下的收成還好，平均每畝 250 斤左右，最高達到 300～400 斤。當地處理種子的方法與書中的記載有所不同，種子先浸種後，晾乾放入罐中。罐子紮口後，口向下只埋入三分之一。其目地是讓已經萌動的種子受冷凍鍛鍊。冬至節埋入，立春節取出播種。在冬季整地，犁兩次，耙六次，施入基肥。大約播種後 20 天才出土。中耕三、四次。品種用早熟種「紫留根穀」和「柳沙白穀」。

三、結　語

根據試驗和農民生產調查，對冬穀方法的實際應用價值，作如下判斷：

首先肯定古代相傳的及農民實際應用的特殊栽培法，對生產救災是有用的。通過調查，已經明瞭在澇區能夠起到度過麥季無收的糧荒。但是，此後隨著水利條件的發展會使這種備荒措施減低。本栽培法在輪作中也起到好的作用，上蔡縣農民的實踐說明，「冬穀」起到小麥前茬的休閒作用。「冬穀」茬再種其它作物，可以增加復種指數。在內澇區，可以在澇前收穫，避免損失。有一定的經濟價值。

但經過試驗和對農民實踐的調查，在當時條件下，反季節種植有不利生長發育的一面。粟是短日照作物，適於生長在夏季，則應播種於春季。河南農民種粟的播種經驗是：「早穀要晚，晚穀要早」。所說的早穀即春播穀，一般在立夏播種爲宜。我們實驗結果，比在穀雨節早播的可增產 15%。初春天氣多變，易有寒流，幼苗易受霜凍和風災。對病蟲害的發生各有利弊，不佔優勢。但在順利條件下，產量不低於春播穀，但不能超過。

「種冬穀」爲了保證產量，耕作技術很重要。「冬穀」的種植目的在於早

熟，宜選用早熟種。如中熟種「華農四號」在八月初成熟，就不能起到逃澇、救災的作用。注意選用抗紅葉病的品種。加強田間管理，以保證收成。冬前應整好地，施用基肥。初春土壤解凍鬆軟，應行鎮壓，防止春風毀苗。春季要及時中耕，保墒防旱，消滅雜草。注意防蟲，特別是注意粟灰螟的危害。

這是古代提出的「反季節」栽培法，是一種創見。本項實驗和調查是在上世紀六十年代的研究結果，當時農業生產條件很差。「大躍進」時期以備戰備荒為主。現在農業生產條件大大改善。栽培「冬穀」不利的條件完全可以免除。如使用薄膜覆蓋，完全可以避免早春的凍害和風災。病蟲害的防治也又有效的辦法。提早播種以增加復種指數。這種古代相傳的「反季節」栽培技術會在農業生產中起到作用。

見 1958 年《農業遺產研究集刊》第 2 冊

預防春旱及抗旱歷史經驗

提　要

　　我國北方屬於春季乾旱嚴重區，年降雨量分佈不勻，大部集中在七、八月間，冬春兩季雨雪很少，春季風又多，形成長期性乾旱狀態。春播作物種類很多，種植面積又廣，一般約占耕地面積的百分之三十左右。因此，努力使春播作物播種得好，對獲得農作物全面豐收穩產具有重大的作用。

一、預防春旱的歷代經驗

　　春播作物種子發芽，在有適宜的溫度和空氣的條件下，還要求吸收一定的水分，特別是棉花的種子，粒大、種皮厚、並附有短絨，種殼表面有蠟質，透水性差，約吸足相當種子本身幹重一倍的水分才能萌動發芽。若播種在零至五釐米的土層內，土壤含水量應不低於百分之十五。當然糧食等其它作物播種發芽的土壤含水量，也應在百分之十四以上爲宜。此外，春播作物的幼苗生長，也需要土壤有充足的水分。而冬春季節自然降水經常不足，常常乾旱，這就構成了突出的矛盾。所以，能否解決好這個矛盾；就成爲能否獲得春播作物豐收的第一個關鍵。

　　雖然冬、春季節降雨很少，但秋季雨水比較豐沛。而且入秋以後，土壤含水量一般是積累大於消耗。若採取合理的保墒措施，在一定程度上可爲來年春播作物的播種提供可資利用的底墒。

　　我國農業起源於黃河流域。春旱歷代均有發生，因而農民群眾同春旱鬥爭積纍了豐富的經驗。如著名的漢代農書《氾勝之書》和後魏的《齊民要術》

等對於預防春旱都有很多精闢的記載，這些經驗在目前，仍不失為有價值的東西。如《齊民要術》中即明確提出：「春雨難期，必須保澤。」（種胡荽篇）也就是說，預防春旱就要重視保墒。

防旱要從耕耙保墒入手，充分利用天然降水，所以首先必須做到耕作及時，適合節氣。《氾勝之書》上說：「以時耕，一而當四，和氣去耕，四不當一。」又說「春氣未通，則土歷適，不保澤，終歲不宜稼。」因春季多旱，黏重土壤毛細管作用強，水分喪失比較快，一經幹，耕作很困難，土壤水分很容易消失，故不宜遲；但耕作也不宜過早，過早，土壤太濕，也不好。《齊民要術》上說：「凡耕……必須燥濕得所為佳；。……濕耕堅，數年不佳。」耕地不適時容易形成乾土塊或泥片，不易保墒。同時雜草多的地裏春耕不宜過早，等到雜草出來以後再耕，既能除草，又得「草穢爛，皆成良田」之益。耕地深度也應因時因地制宜。因春季風多雨少，耕深土壤空隙度大，不容易保墒；同時春耕離播種時期很近，土壤風化作用很小，所以《齊民要術》提到：「秋耕欲深，春夏欲淺」，「初耕欲深，轉地（即翻二犁）欲淺」，就是這個道理。

歷代對耙地保墒作用都很重視，漢代《氾勝之書》上就幾度提到耙，如「輒平摩其塊」及「復耕平摩之」等。因為耕後及時耙糖，可使表土空隙小，防止水分蒸發，所以耕耙結合是保墒的好辦法。同時，並提倡少犁多耙，如《齊民要術》上提到「犁欲廉，耢欲再」達到「深其耕而熟之」。特別是及時耙地最為重要，因春季蒸發量大，如不及時耙就對保墒不利。所以《齊民要術》上提出「春耕尋手耢」，即是說春耕後要隨時耙平。

在抗旱播種方面我國勞動人民也創造了很多辦法，如《齊民要術》就提出：「凡春種欲深，宜曳重撻，夏種欲淺，直置自生。」種地後要「尋壟躡之」。到元代已經廣泛應用砘車鎮壓了。在土壤水分缺少時還提出「宜接濕種」和「仰壟待雨」辦法，這和目前農村用的「借墒播種」和「耢溝等雨」辦法類似的。漢代以前還有一種「區田」的抗旱播種辦法，即按穴點水播種，類似現在旱區等地施行的「窩穀」、「窩麥」辦法。

二、春季防旱保墒的措施

（一）提早春耕是保墒的重要措施。

春天乾旱多風；氣溫逐漸升高，土壤水分喪失增快。一般早春耕比晚春

耕（二月中旬到三月上、中旬）的耕層土壤含水量高百分之一至三。因此，當春季土壤剛剛解凍時，趁氣濕略低、土壤水分蒸發較慢的時候，及時搶墒春耕，有利於種子出苗。否則越晚就越不利於保墒。春耕應早，黃河流域一般以不遲於二月下旬為宜。冬耕地是否還春耕，要看當時的墒情如何，若墒情很好，則應搶墒翻耕；否則只宜耙糖。沒有冬耕，或春季需要施肥，或雜草比較多必須進行春耕的土墩，宜淺耕。

（二）早春耙糖是防旱保墒的有效辦法。

耙糖可以消滅耕起來的坷垃，減少土壤空隙，防止出現夾陷層，使土壤土虛下實，減少水分蒸發，有利於防旱保墒。為播種發芽和幼苗生長創造良好的條件。

早春「頂淩耙地」是防旱保墒的重要措施，特別是冬耕後末耙的晾垡地，必須早耙保墒。以後則遇雨即進行耙糖：似防止土壤發生板結，達到蓄水保墒的目的。耙糖結合，有利保墒防旱。耙過的地常留有一、二寸深的耙齒溝，擴大了與空氣接觸面，受風吹日曬，易於跑墒，影響播種出苗。有經驗的農民在耙過之後隨即用糖板或把耙齒朝上（代替糖板）進行糖平，將那些用耙所耙不碎的較小的坷垃糖碎，使土壤融合踏實。隨耕、隨耙、隨糖；三項操作緊密結合，能起到很好保墒的作用。

耕耙措施也要注意區別不同情況，如鹽鹼地和飛沙地是以防城固沙為主，和一般地的耕作要求不同，「熱犁，熱種」是防城的好辦法，不一定強調冬耕和早春耕。沙地過早春耕不利固沙，也應注意。

三、抗旱播種

為了預防春旱，保證播種出苗良好，土壤水分不足時應根據土壤墒情、作物種類、水源條件等，採取搶、借、補墒等辦法進行抗旱播種。

（一）搶墒播種：在墒情良好、土壤含水量能滿足播種發芽的要求，溫度又適宜時，就應該趁墒搶種。

（二）借墒播種：在浮墒不足底墒良好的情況下，群眾常採取借墒播種的辦法。1、鎮壓提墒。播前鎮壓；使土層緊密，下層水分借毛細管作用上升，增強表層水分，有利於種子發芽。同時鎮壓過的土壤緊密，能使播種深淺一致，有提高播種質量的作用。2、耤於種濕這方面的主法很多，常被利用的有：

（1）秸草樓上綁一約寬一尺高八寸左右的木板，再用另一樓隨其後播種。這

個方法用於乾土層較厚的墒差的地較適宜。（2）播種耬腿上綁草把，利用草把將乾土層分開，種子下在濕土層內，實行深種淺復土。上述兩種方法都不能用耙耬復土，只適用砘子鎮壓。第二種方法雖然省工，但幹土層超過一點五寸至二寸以上時效果不好，而且遇大雨易淤壟。（3）開穴點種封堆播種；種棉花多採用此法，先開一穴，繼開第二穴，將第王穴的濕土覆蓋在第・穴的種子上，並封上固堆，以利保墒，四、五天後扒穴檢查，當種子發芽紮根時平掉堆。（4）耬播起壟封溝法：用耬按一般的方法播種，隨耬後用一個碓翅形的小型打埂器，順壟溝上用打埂器堆起土埂，以利保墒。四、五天後檢查，當種子發芽長根時，將土埂平掉。（5）深種揭土播種：用此法播種棉花，用耬把棉種。深耩二、三寸的濕土內，當種子發芽紮根時，再用原耬起土。此法怕被雨拍，而且技術性強，照原壟起土不容易掌握深淺。

　　（三）補墒播種。在有一定水源條件地區可以採用：（1）擔水點種；（2）開溝澆水條播；（3）潑水補墒播種。在水源比較充足地區，浮墒欠缺時，與播種行成垂直方向，每隔三丈左右，用犁開一深溝，於地邊順壟開一毛渠，將水從毛溝內用洗臉盆或木製水斗從兩邊對向潑水，先遠後近，根據需要確定潑水量。潑過水後，經一天左右即可耙地、播種。這個方法省水，地不板結，種的快。

　　（四）等墒播種。在特殊乾旱的情況下，而且缺乏水源，擔水點種確有困難時，可採用此法。（1）寄種等雨：將適宜條播的穀子等作物種子預先耩人土中，等待下雨。（2）開溝等雨播種：用犁把播種溝開好，等待下雨，這樣比降雨後臨時開溝省墒，不跑墒。雨後能立即搶墒播種。

　　凡是抗旱播種，為了省墒都應浸種，特別是棉花更有必要。其中，搶墒偏旱播種時，可以不必浸種，若種棉花採用悶種即可。

歷代相傳社日種麥經驗

提 要

　　種麥季節來臨時，在古代中國農村，很注意社日的到來，以社前社後作爲種麥的早晚標準。這些有用的農業遺產值得研究和應用。

　　社日本來是古代祭祀五土之神的農事節日。遠在三千年前的周代就已經舉行。如《禮記》上就記載：「仲春之月，擇元日，命民社」。社日的日期歷代均有變化，據《禮記‧鄭注》上說，周朝社日用甲日，表示日的開始。按天干次序，甲排第一位。晉代嵇含所著的《社賦序》上說，漢代社日是丙午日，曹魏改用丁未，到晉代則爲：「孟月（二月）的酉日」。據後魏時的著名農書《齊民要術》載，已經用戊日爲社日了。唐代所頒佈的《唐月令》亦以戊日爲社，並有春社和秋社。戊在五行中屬土，表示社日祭土的意思，流傳到現在。春社日爲立春後第五個戊日；秋社爲立秋後第五個戊日。大體在春分秋分節的前後。立春或立秋逢五個戊日最少爲四十一天，最多爲四十九天，而立春到春分和立秋到秋分爲四十五、六天。即社日則必在春、秋分的前五、六天或後五、六天的中間。這種記節辦法和夏季計伏日相類似。如某年立秋爲八月八日（農曆六月十九日）第一個戊日爲八月十三日，第五個戊日爲九月二十二日（農曆八月初六），就是今年的秋社日。爲秋分前一日。

　　社日在古代，是農村熱鬧的節日，春社是一年農作的開始，予祝一年風調雨順而得農業豐收，人畜兩旺；秋社以慶豐收；所謂「春祈秋報」。唐代韓渥詩有「此事願作君家燕，秋社歸時也不歸」。元稹詩提到「秋社驅持嶔

孔裏」。宋代是農村社日活動興盛時期，每逢社日熱鬧非常。王安石的《後元豐行》中「百錢可得酒斗許，雖非社日長聞鼓」。沈遼韻《踏盤曲》「社中飲酒不要錢，樂神打起長腰鼓」。張耒的《田家》提到「社南樹酒自如餳；鄰翁宰牛鄰媼烹」。以及陸游詩《遊山西村》有「簫鼓追隨春社近」之句，表明每逢社日，在農村擊鼓唱歌，宰牲沽酒，節日氣氛很濃。

我國華北地區秋分前後，正是種麥季節，種麥的農事就與過秋社的節日很自然的聯繫在一起。所以農民把社目與種麥的關係一直流傳到現在。但農民也非常注意社日和秋分節的調正，某年秋分節前社日種麥就晚些，秋分後社月就要提前。還常流傳社前麥和社後麥之說。過去我國北方多種冬性較強的小麥品種，《漢書》上稱為「宿麥」，播種期較春性強的品種早。《齊民要術》上說「八月中戊社前種者為上時，下戊前為中時，八月末九月初為下時」，當時適期播種正是秋分，也正為過社日時候，與現在農村流傳的農諺「白露早，寒露遲，秋分小麥正當時」是一致的。

農民種麥季節，除了以節令為依據外，還和自然現象相對照。季節表現最準確的當然是星宿的變化《尚書大傳》上說：秋天黃昏見虛星（即二十八宿星座之一）在中天的時候，可以種麥。現在河南農村也注意參星，有「參不落，地不凍，有麥只管種」的說法。

現在由於科學技術的發展，品種不斷更新，特別是在河南一些地區半春性的品種推廣，播期就比較複雜了。必須根據品種特性，來定當地播種期限。小麥播期的一般溫度指標：冬性品種（目前生產應用很少了）其平均氣溫以十六至十八度為宜；半冬性品種如「百泉四一」小麥，則為十五。六度為宜；春性強的品種如鄭引一號」小麥等，則為十四到十六度。根據上述溫度指標，結合當地具體耕作條件，如整地施肥情況，土壤性質，**墒**情，耕作制度，所採用品種等，就可以確定合適的播種期。在河南冬性強的品種，播期為秋分到寒露之間；春性品種則在寒露到霜降之間。由於地理條件不同，播期差別也很大，如新鄉地區東部平原，地勢開闊，冬季較寒冷，適於偏早播種。半冬性品種一般秋分播種。農諺是「白露早，寒露遲，秋分小麥正當時」。春性品種多延到寒露以後播種，過早易年前拔節，而受凍害。西部氣溫較高，播期常比北部晚一個節氣。冬性品種則是「秋分早，霜降遲，寒露小麥正當時」。春性品種則更延到霜降節。

小麥在某些耕作條件下，提早播種對生產有利。例如，鹽鹼地適當早播，

可以利用早種，秋墒足，氣溫高而出苗快的特點，起躲鹽巧種的作用。農民有「一晚三分薄」的農諺，一般到白露時就播種。據中國農業科學院在新鄉李村調查，鹽鹼地在白露節後七天播種，每畝產量為一百一十斤，秋分前兩天播種者為九十七斤，寒露節播種因幼苗死亡率高，每畝只收三十四斤。表現播種的辦法，目的是利用秋墒防旱，保苗率高。旱薄地早種，因水肥條件不好，不致出現麥苗年前旺長，年後缺苗情況。個別例子如靈寶、輝縣也有早在六月中旬播種，九月中旬收穫的，但產量很低，沒有生產意義。

小麥誤期播種，在生產上也常出現，有些地區常因秋季乾旱或雨澇積水，不能及時播種的時候，就要推遲播期。每年都有一些麥田要進行晚播。除了自然災害以外，還有因為倒茬的原因。小麥種在棉花、蔬菜等晚熟作物的後薦，往往也要誤期播種。晚到什麼時候不能再播，在經濟上效果不好呢？這是要注意的問題，以防有種無收。農諺說「參不落，地不凍，有麥只管種」，「小雪不叉股，大雪不出土」，「大雪不出土，不如土裏捂」，說明小麥在封凍以前，也就是在大雪節前播種還能夠有收成。但比正常播種要減產的。據在開封、鄭州、新鄉一帶的試驗結果看，冬性較強的品種，立冬播者比霜降播種減產的百分之二十六，元月下旬播種又比年前十二月下旬播種者又減產百分之五十。二月份播種多性品種，有三分之二植株不抽穗，即令出穗結實者產量也很低。但種春性品種如「墨波」、「墨卡」等收成較好。再加上多施肥促長，收成更好，在倒茬中注意採用。

大麥的播種期與小麥大體一致，但有差別。《齊民要術》上說「大麥生於杏，二百日秀，小麥生於桃，二百一十日秀」。「秀」是指抽穗期。所謂「杏」、「桃」，乃是大、小麥的物候關係。大麥適應的播種期限比小麥長。大麥適當早播也生長良好，一般白露節以後就可以播種。所以鹽鹼地為了適應早種躲鹽，常採用大麥。大麥不適宜遲播，如鄆城劉莊在小雪節後播種大麥，每畝收二百餘斤，輝縣早春種大麥，單產尚收一百餘斤。

見 1982 年《農業科技》第 3 期

農業遺產與考古篇

漫談研究繼承農業遺產

提　要

　　我們的祖先在科學還不發達的時候，就創造出那樣的輝煌成就，並留下了很多著述，如農業和醫藥方面的著作：《氾勝之書》、《齊民要術》、《古今秘苑》、俞宗本《種樹書》、陸佃《埤雅》、《物類相感志》、《致富全書》、《花鏡》等寶庫。很多內容到今天仍使我們感到驚奇和自豪。我國農作物種植至今已有五千年以上的歷史，農民在長期生長實踐中積累了豐富經驗；幾千年來不少重視農業的科學家，總結了許多農民經驗，寫出了一定數量的有價值的農學著作，使我們有了比較豐富的農學遺產。

　　認真研究繼承我國的農學遺產，對發展農業生產及提高農業科學水平都有很大意義。據文獻記載，我國在戰國時代就有了農學著作。先秦時代由於生產力的發展，學術上出現了百家爭鳴的局面，當時有《神農》、《野老》、《后稷》等農學著作，可惜都已失傳了。目前所能見到的只有《呂氏春秋》。《呂氏春秋》爲秦朝呂不韋門客集體創作，此書雖不是專門農學著作，但所載《這對幣研究我國農業技術發展，是很重要的文獻。我們從書中看到當時農業技術有很大的提高，在耕作上提出了限制盲目開墾山林，注意在現有耕地上提高單位面積產量，改變了過去不問苗的「縵田」辦法，提倡「正其行」的按行播種和「長其兄而去其弟」、「三以爲族」的間苗技術，同時提出耕地五個原則，根據土壤的柔硬、肥瘠、乾濕及耕作要求的急緩、息勞等，進行耕作；在《審時》篇中，還著重討論了時令對種植作物的關係。但因該書不是專門

農學著作，所以其中談農業技術具體辦法不多。

自漢代至清代兩千多年間，農學著作還是不少的，但散佚的很多。據王毓瑚編《中國農學書錄》，包括畜牧、園藝、蠶桑、花卉等方面的農書，共列五百一十一本，目前可查到的只有二百五十四本。在農藝方面常見的大約有四五十種。除畜牧、園藝、茶、蠶桑等專門著作外，其中受歷代所推崇的就是漢代氾勝之的《氾勝之書》，後魏賈思勰的《齊民要術》，元代王禎的《王氏農書》和明代徐光啓的《農政全書》，被譽爲我國古代的四大農學著作，在農業科學史上占重要地位。

《氾勝之書》作者氾勝之爲漢代人，成帝時曾做過「議郎」，在今西安一帶領管過農業生產。該書早在宋末元初就已經失傳了，現在所能見到的只是《齊民要術》中所引用的部分資料。這本書對耕作基本原則提出：「趣時，和土，務糞、澤，早鋤、獲」，只用十個字就說明了作物的增產中心環節。並對作物選種、留種做了介紹。書中還介紹了種子肥育的「溲種法」和抗旱播種的「區田法」。從書中可以看到當時我國西北地區的農業技術已達到很高的水平。

《齊民要術》的作者賈思勰，後魏時曾作過高陽太守。該書是繼《氾勝之書》之後一部內容非常豐富的農學傑作，在農學史上閃爍光芒，目前在國內外農學研究上都占重要地位。日本有些專門研究該書的學者，被稱爲「賈學」。該書共十卷、九十二篇，內容是「起自耕農，終於醯醢」，述及農業生產、園藝、畜牧以及副業等各方面經驗，並親自觀察實踐。引用了農諺和古人近二百種書籍上有關農業記載，正如作者在方里所述的寫書方法是：「採據經傳，爰及歌謠，詢以老成，驗之行事。」由於作者深入生產、深入農民群眾，並有高度的觀察力，善於總結分析，才能寫出這樣不朽的著作。書中所載農業技術至今尚有應用價值，對多耕地因山東、河南一帶「冬乏冰雪」，應該耕後耙保墒，秋耕應深、春耕應淺，少犁多耙等都部保墒的至理名言。在輪作方面，提出綠豆掩青最好，以及穀子等作物連作不好等。對於播種的深淺應根據季節不同而有差別，提出「春種欲深、夏種欲淺」和現在的農諺「春耩骨頭，夏耩皮」是一致的。在選種方面，提出了以留種子田的辦法選種。該書反映了我國在一千四百多年前，農業技術已發展到相當高的水平。

《王氏農書》作者王禎，原籍山東東平人，元代曾任旌德縣尹等職。該書作於 1313 年，是繼《齊民要術》以後的一本農學巨著，全書共二十二卷，

包括農作、畜養、林木、蠶桑、蔬菜、農具、農業機械、水利及加工貯藏等方面，較《齊民要術》在農業機具方面有突出的論述。書中附有優美的畫圖，是文圖並茂的農學著作。所述農業技術通俗適用，而且有新的見解和創造。

《農政全書》作者徐光啓，明代上海人。他在科學方面活動是很廣泛的，除農業技術外，在數學、天文等方面都有重大貢獻。因爲他在明朝政府中擔任重要職務，晚年爲明思宗的東閣大學士，而使這一農學著作更重視農業政策措施，農業技術只占一定位置，所以書定名爲《農政全書》。全書共十二個綱目；包括農本、田制、農事、水利、農器、樹藝、蠶桑、蠶桑廣類（談的是棉麻等）、種植、牧養、製造、荒政等。突出談論的是墾殖、水利和荒政等有關生產政策方面的幾個問題，約占全書篇幅的三分之二，這是不同於其它農學著作的。

除以上四本主要著作外，其它古代有關農學方面的著作，對某些地區的某些技術問題，都有一定的貢獻。宋代的《陳薯農書》，對江蘇一帶稻區農業技術談的很詳細，其中關於水稻育苗、積施肥料、土地耕作等都有新的見解。明代宋應星撰《天工開物》，耿蔭樓撰《國脈民天》、《沈氏農書》，清代的張履祥撰《補農書》，蒲松齡撰的《農蠶經》，以及祁雋藻撰《馬首農言》等，對農學都有一定貢獻。也有一些農書多是摘錄其它著作上的材料，沒有甚麼新穎的內容，在農學研究上價值不大。

歷代有些統治者爲適應生產要求，也組織力量編些農書。宋天禧年間政府刊印了《齊民要術》等書。元初政府組織力量由孟祺、暢師文等人編纂了《農桑輯要》。清代政府也編纂了篇幅近百萬字的《授時通考》等。這些編纂性質的書籍，對農業科學的系統資料保存都有一定貢獻。《農桑輯要》就保留了一些目前已經散失的農書，如《務本新書》、《韓氏直說》、《士農必要》等的部分材料。《農桑輯要》中還有一些棉作載培技術。

農書中還有一種「月令」體裁的，按一年十二個月紀述農事活動，類似農家曆。最早漢崔寔的《四月月令》，仿照《禮記月令》的程序記載士農工商四民季節活動。此後，有很多農學著作是採用這種方式談論農業生產及技術問題。唐代轉寫的《四時纂要》，元代維吾爾族人魯明善撰的《農桑撮要》，清代丁宜曾撰的《農圃便覽》等都採用這種形式。

我國古代的農學著作散失的很多，需要進一步地發掘。新近由《永樂大典》發掘出《種藝必用》及《種藝必用補遺》兩本書。有些農書流落國外，《天

工開物》和《四時纂要》都是由日本發現的。農學著作流散民間的也不少。僅在豫北地區解放後就發現清代當地人士所作農學著作三本，有《救荒簡易書》、《區田試種實驗圖說》及《農圃新義紀略歌》。著作對我國的農業生產雖然歷史悠久，但是因爲農業生產的實踐者是廣大農民，知識分子不直接參加生產，因而古代的農學著作不多，農學與農業實踐比較起來相差更遠。彌補農學著作之不足，研究農學遺產的另一個辦法是重視研究總結農家諺語。以往農民在經驗主要採取口授手傳的辦法，多用簡單的農諺說明農業生產的問題。農諺涉及的範圍也非常廣，包括生產、生活各方面，諺釋爲傳世之常言。許多農諺至今尚在農民中流傳著。但農諺由於言詞簡單，對複雜的技術傳達不夠全面、詳細，有待作進一步整理提高。另外，研究農學遺產部分地方志和其它歷史文獻也應注意，如《漢書》所載趙過的「代田法」，對農學研究就有一定價值。

見 1963 年 1 月 3 日《河南日報》

河南古代的植物學家

提　要

　　黃河流域是中華民族的發祥地，在歷史發展過程中，傳統的科學技術也滋生壯大。河南省地處黃河文化的核心地帶，自古以來人才薈萃，曾取得多方面的科學技術成就。在植物學方面，蜚聲中外，享譽天下的古代三部植物學著作都出現在河南。《南方草木狀》作者嵇含是亳丘（今鞏義市）人；《救荒本草》作者朱橚，封地在開封，長期生活在那裏；《植物名實圖考》作者吳其濬爲狀元出身的固始人。植物學乃農學、醫學的重要基礎科學，國內學者與河南科學史研究人員有志於對以上三部著作進行深入探討，以弘揚祖國科學文化，振葉尋根，觀瀾索源，振興中華民族精神。

　　在國內、省內專業學者、專家的關懷、努力下，整理、研究三部古代植物著作鳳願逐步實現。河南科技史學會農史專業委員會張宗子先生日耕夜讀於 1990 年出版了《嵇含文集注》；在中國科學技術史學會、河南省人民政府等的關懷下，於 1989 年在吳其濬由的家鄉河南省固始縣召開了紀念這爲植物學先驅誕辰 200 週年學術討論會。會後由河南省科技史學會編輯於 1991 年出版了《吳其濬研究》。在此後明代科學家朱橚研究也逐步展開。1994 年由中國科技史學會生物史專業委員會、河南省科學技術史學會、開封市地方志辦公室、河南大學共同舉辦了《救荒本草》和《普濟方》科學成就學術討論會，以迎接兩部書編纂出版六百年。會議內外收到專家、學者的有關論文數十篇，均爲多年研究的成果。

一、西晉植物學家嵇含

2000 年 5 月 13 日《大河報》第一版登載，位於河南省鞏義市（原鞏縣）魯莊鄉的「紀涵古墓被盜，兩賊悶死穴中」的消息。西晉嵇含著有《南方草木狀》，爲世界著名的科學遺產。與明代朱繡的《救荒本草》，清代吳其濬的《植物名實圖考》合稱古代河南的三大植物學專著，均在世界科學史上享有崇高的榮譽。顯然並非紀涵，乃報導失誤所至。

《晉書》卷八十九有其傳。稱「含字君道。祖喜，徐州刺史。父蕃，太子舍人。含好學能屬文，家在鞏縣毫丘，自號毫丘子，門曰歸厚之門，室曰愼終之室。楚王瑋辟爲掾，瑋誅，坐免。舉秀才，除郎中。」嵇含的祖父嵇喜之弟嵇康，是西晉著名的「竹林七賢」之一，也就是嵇含的叔祖父。家在毫丘，即今鞏義市的魯莊。與今所報導的「盜墓」的地點，爲同一地點。嵇含輔佐鎮南將軍劉弘於襄陽，劉死後，被司馬郭勱挾嫌所殺。據此，嵇含應死於襄陽，如何歸葬原籍，無考。如所盜之墓主，確係嵇含，有很重要的考古意義。

嵇含一生著述頗多，《隋書·經籍志》載有《廣州刺史嵇含集》十卷，惜早以亡佚。僅《南方草木狀》一書流傳於世，爲舉世區系植物研究之首創。曾對南方熱帶植物採取了草、木、果、竹四種分類方法。對南方的特有植物，蜜香、沉香、檳榔、龍眼、荔枝、橄欖、椰樹等都有研究、描述。他本人也以此著作，爲植物學作出不朽的貢獻，受到國際間植物學者的青睞。

書中記載了用黃獠蟻防治柑類害蟲的生物防治方法，在世界上都是首開先河。稱：「交趾人以席囊貯蟻，鬻於市者。其巢如薄絮，囊皆連枝葉，蟻在其中，並巢而賣。蟻赤黃色，大於常蟻。南方柑樹如無此蟻，則其實皆爲群蠹所傷，無復一完者矣」。黃獠蟻的生物防治方法並沒有停滯在觀察、試用階段，到宋代買賣黃京蟻已經形成市場。說明我國在一千多年前，已經把當前科學家認爲最先進的技術，廣泛使用於生產。葦筏種植蔬菜的無土栽培方法，書中記載甚詳。稱：「南人編葦爲筏，作小孔浮於水上，種子於水中則如萍根浮水面。及長，莖葉皆出於葦筏孔中，隨水上下，南方之奇蔬也」。這種水面栽培蔬菜方法，至今仍屬先進栽培法，北京大地錦繡農業集團用此法種植生菜，供應市場。

二、明代植物學家朱櫹

近日開封在地下挖掘中，在同一地點，疊疊著不同時期的七座古城。最

上層爲明代的周王府。第一代周王朱橚爲明太祖朱元璋第五子。他雖身居王位，但他熱衷於科學文化事業，並且有重大的成就。

朱橚，在植物科學史上占非常重要地位。其植物科學著作《救荒本草》於十七世紀末傳播到國外以來，受到國外專家、學者的廣泛關注。日本的博物學家上野益三、俄國的植物學家布萊施耐特、美國植物學家裏德都認爲《救荒本草》是中國古代植物學的一部傑出著作。特別對精細的木刻植物繪圖和簡潔的特徵特性描述，讚歎不已。享譽天下的古代三部植物學著作都出現在河南。《救荒本草》在我國科學發展史上影響很大。同朝代後人李時珍所著的《本草綱目》就大量引用其著述成果。《救荒本草》是植物學發展的轉折點，由傳統狹義的專門探討藥物的本草，向廣義的植物學過渡，起到承前啓後的作用。清代吳其濬所著《植物名實圖考》就是在其基礎上發展起來的。他還熱中於醫學研究，所編纂的《普濟方》是我國歷史上最大的一部方書，收集歷代處方六萬多個，保存了明代以前大量的方劑研究成果。以往受學術上「左」的影響，他出身帝王之家，後世的周王，又有抗擊李白成的事情，未予宣傳，知者甚少。朱橚史稱爲朱元璋嫡子，實則與明成祖朱棣同母，均爲庶生。雖然身居王位，但在政治上坎坷不平，經歷過削爵流放。多方面因素促使其潛心於科學研究，尤重本草。明成祖時，政治環境變好，有「外衛邊陲，內資夾輔」的使命。但他依然「好學能文，留心民事」熱衷於科學文化，並有重大成就，在科學史上的確值得研究。他與同朝代晚期的李時珍在科學上都有重大成就，但他們在出身經歷卻有很大的反差。他雖然祖籍是安徽鳳陽，封號爲周王，藩地在開封，而且長期生活、工作在河南。《救荒本草》所採集、描繪的標本大部分在河南地域，如中牟、禹州、輝縣等地區。該書的編寫、出版亦在開封他的王府。王府內專設有印刷廠所，以便利出版。河南省地處黃河文化的核心地帶，自古以來人才薈萃，曾取得多方面的科學技術成就。在植物學方面，蜚聲中外，享譽天下的古代三部植物學著作都出現在河南，並非偶然。

朱橚博學多才，著述多種。尤以《救荒本草》、《普濟方》影響較大。《救荒本草》記述野生植物 414 種，其中 276 種是首次著錄的。每種植物的形態、特性都有簡要說明，並配有精確的圖譜。《普濟方》是我國歷史上最大的一部方劑書，收集歷代處方六萬多個，保存了明代以前大量的方劑研究成果。希望加強科學技術史研究，以弘揚祖國科學遺產。

三、清代植物學家吳其濬

吳其濬為河南固始人，清代唯一河南籍狀元，曾任湖南、雲南、山西等省督撫，可稱宦跡半天下。他在從政之餘，完成了對大半個中國的科學考察，並進行了認真的研究總結。在植物學、藥物學、礦冶學及水利學等方面都有所建樹，留下了大量的科學文化遺產，在中國科技發展史上佔有重要地位。其中《植物名實圖考》是最負盛名的一部著作，已具有近代植物學思想的萌芽，把我國傳統的植物學發展到了一個新的水平，並對世界植物學界產生深刻的影響。《植物名實圖考》收載了植物 1714 種，是繼《南方草木狀》、《救荒本草》之後的一部名副其時的植物學巨著。突破了先代本草動物、植物、金石、水火兼容的模式。成為歷史上收載植物種類最多的著作。其對每一中植物的形態、性味、用途、產地敘述頗詳，尤其著重農用、藥用、實際價值及名實的考證。其中包括：藥用植物、糧食植物、油料植物、特產植物、纖維植物以及備荒植物種種。

從生態角度來說，及有水生植物，也有陸生植物、隰生植物、石生植物。從低等到高等植物，應有盡有。《植物名實圖考》的植物繪圖頗受中外學界的推崇。全書有圖 1800 多幅，重視參照原植物進行描繪，以求真實。因此繪圖十分逼真。德國人伯利奈德曾評論說：「附圖刻繪極為精審，其精確者往往可以鑒定科屬，有些可以鑒定到種」。

穀子起源與分類研究

提 要

　　從裴李崗文化遺址出土的小米看旱農生產起源穀子（粟）是我國栽培最古老的作物，可以用大量的史前文化遺址出土實物加以證實，在人類開始從事農業生產的新石器時代，即廣泛種植穀子。出土這一時代的穀粒、穀穗、米粒等碳化物的就有河北武安磁山遺址、河南裴李崗遺址，西安半坡遺址、河南鄭州大和村遺址等。穀子可分爲梁和粟兩大類。李時珍認爲：「始以大而毛長者爲梁，細而毛短者爲粟」。

一、穀子的起源

　　穀子（粟）是我國栽培古老的作物之一，可以用大量盼史前文化遺址出土實物加以證實，在人類開始從事農業生產的新石器時代，即廣泛種植穀子。出土這一時代穀粒、穀穗、米粒等碳化物的就有河北武安磁山遺址、河南裴李崗遺址、甘肅永靖大何莊遺址多處。粟栽培生產的新石器時代早期文化，集中於中原地帶，以裴李崗和磁山兩處遺址發現最爲重要，說明中原新石器文化是種粟的旱農生產。裴李崗遺址根據 C14 斷代，估計爲距今 7500 年左右，磁山遺址也在 7300 年以上。（比長江下游進行水稻農業生產的浙江河姆度遺址還早近千年）兩處文化遺址，時代、地區相接近，農具、用具有相似性。加上陸續出現的一些相聯繫的遺址，如磁山西的南崗，新鄭的唐戶，密縣莪溝等地把裴李崗和磁山文化相接連，就形成爲沿太行山東麓到嵩箕山東麓山前緩斜沖積平原的中原種粟農業區。這一帶範圍是很廣闊的，屬於裴

李崗文化遺址的就有現新鄭、密縣許昌、鞏義、中牟等二十多處。

裴李崗文化遺址所出土的炭化實物來自許昌五女店鄉丁莊遺址，根據鑒定結果，穀子（粟）經過脫粒，米粒完整。雖全部炭化，但形狀歷歷可見。唯米粒的胚已不復存在，有的發生破損。其原因有的是由於碾米機械的摩壓而破損；其破損率，根據三個重複的取樣觀察，平均為百分之四十六點七，而現代小米破損率亦達百分之四十八。另一原因是小米的胚含脂肪較多，易於在炭化過程中消失。現代的小米經炭化後，亦不能保存胚的部分。出土的小米籽實很飽滿，炭化狀態小米的千粒重為 1.88 克；以現代小米炭化後的比例折算，新石器時代出土的小米千粒重可達到 3.02 克，相當於春穀的料粒大小，高於上前栽培的夏穀米粒。從籽實的實物看，當時穀物種的進化，已經達到相當的水平，具有現今穀子種植的品種特點。除千粒重加以衡量外，也做了小米的體積的觀察。出土的小米長、寬、厚，分別為 1.73、1.68、1.36 毫米。而炭化後的現代夏穀小米，則分別為 1.61、1.58、1.18 毫米。出土小米不比現代的夏穀小米小，說明當時種的是春穀。

從上述文化遺址看出，當時農業生產的環境，是利用了山前的緩沖積平原，這一地域是山地丘陵和黃土高原向華北平原過渡地帶，地勢‘是非常有利生產的。現列舉有關種穀各遺址的地理位置條件，許昌 T 村遺址為平原地帶，位於老異河南岸，比河床高出 3 米，距裴李崗五十公里；密縣莪溝遺址位於綏水和淯水交匯的三角地帶，高出北岸約 70 米；新鄭裴李崗遺址西邊為洎河灣，高出河床 25 米；磁山遺址，西面為丘陵，南面為滏陽河支流。從地形看：在山前平原地帶，依山傍水、排水比較容易，又有一定的水源。從而看到古代的所謂「三農生九穀」中的「三農」即：原、隰、平地中，首先是由地勢較高平地開始的。從小的農業生產環境看，各遺址的生產地域比較平坦，易於耕作；地勢較高，可避洪水；而且附近都有河道，有利於人們的生活。但又不在河道近旁，說明是以旱農生產主的。這便是穀子在史前農業生產的主要生態環境，但並非是完全乾旱地區。

出土農業生產工具主要是石鏟，裴李崗出土的石鏟以磨光為主，鏟身長扁平薄，兩端製作圓弧刃。另一種有肩鏟，兩端也有圓弧刃，這是從事種穀主要工具。收穫工具則為石鐮，鐮身長條三角形，刃部藏有細密的鋸齒，便於收割。而磁山遺址的石鏟、鏟身較厚，多上窄下寬，兩端或一端為圓弧形。石鐮比較粗糙，且無細鋸齒。兩外出土了大量石磨盤和石棒為碾米工具，和

出土的小米相呼應。加工在當時還是很重要的工作。丁莊遺址出土小米加工非常精細，所提供的出土實物，異常清潔，無有糠秕，竟然未發現一顆穀子，足見其碾製過程的精細。裴李崗遺址歷年出土的磨盤達四十餘件，都經研磨而成。盤底附有柱狀的四個腿，而精緻對稱，和扁圓形的磨棒配成一套。磁山的磨盤與其相似，製作較粗糙些，也與磨棒組成一套碾穀工具，共發現四十餘件，數量很多。當時這樣重視製造加工工具，推論一定有大量需要碾製的穀子伴隨著作物種植的還有畜牧業生產。遺址出現有豬、狗、羊、鹿、牛等獸骨，即為佐證。

據考古學的研究，以裴李崗、磁山為代表的文化，估計經歷上千年的時間，以後，即進入新石器時代中期，以仰韶文化為代表的時期，斷代大約距今四、五千年。陝西省西安半坡遺址，河南省鄭州大河村遺址，臨汝大張遺址，山西夏縣西蔭村遺址都有穀子出土。說明當時種穀子還是主要的農業生產。農具較早期有所發展，從少到多，從無到有，但石磨盤和石棒等加工工具都消失了。從穀產量的增加看，加工工具應當有所發展。石磨盤的消失，應該為一種製造簡單，工效又高的工具所代替。以杵臼代替就比較合宜，但尚少證據說明仰韶文化延續時間較長，大約有二千年。

石器時代的晚期以龍山文化為代表。此後像青海樂都柳灣遺址，在墓葬中有容積較太裝有穀子的陶器；可以設想，有這麼多糧食，生產不會十分低下。種植地理環境比較好，處湟水中游河谷地帶。農作工具有石製的，鏟、斧、鑿、刀等。石農具質地堅硬，製造規整，大多是全部或部分磨光，形制多樣，類型複雜。比石器時代的早、中期農具又有發展。

臺灣鳳鼻頭文化遺址，斷代為三千五百年。牛稠子遺址中的紅陶文化層中有穀子的遺跡。農具有石鋤，寬平圓刃而左右不對稱，推測為除草用具，還有石刀、石斧、鑿、鏟等。牛鼻頭文化層出土的黑陶片，還有用穀子杆印出來的圈圈紋，說明穀子在臺灣已有久遠的栽培史。

二、粱與粟的分類史

粱是指什麼作物，以及與粟的關係等問題，一直是農學史研究和作物分類上所注意的問題。最近考察研究了河南洛陽燒溝漢墓中所出土各種糧食，貯存糧食的陶倉上還附有糧食名稱。字和實物兩相印證，這對進一步澄清粱是什麼作物有較明確的認識。

　　1、漢代以前粱與粟的記載情況：古代文獻出現粱、粟已見於《詩經》，《小雅・黃鳥篇》上有「黃鳥黃鳥，無集于穀；無啄我粟，……無啄我粱……無啄我黍。」粱、粟和黍同列為等類。《圃田篇》黍稷稻粱，農夫之慶」。粱也是作為一種作物記載的。又有些文獻上稻粱連稱，如《荀子》就提到「芻豢稻粱」，足見其在農作物中的重要性。粱在當時是很好的糧食作物，漢代以前文獻就常見「膏粱」、「粱肉」連稱，應是美好的糧食代表。粱是什麼作物，以往學者多認為是穀子的另一種呼，或是穀子的一種類型或是變種。秦漢以來的訓詁學，對粱已有明確的看法。嗉代的《倉頡篇》提到「粱，好粟也：」。漢代的《氾勝之書》上說：「粱是秫粟」，即黏粟。訓詁家的注釋，反映了當時這種作物的情況，此後都沿用此說。粱和粟在植物學分類上應是同一作物。

　　2、洛陽漢墓出土的實物佐證：洛陽燒溝出土的墓群中有的大量糧食，對澄}青作物種類是較有力證據。洛陽墓群屬於漢代的，起自西漢中期到東漢來年，前後約三百年之久。並有戰國時代的。墓葬很多，僅一個區就有 445 座。重點發掘的漢墓 225 座墓中有近千件陶倉。內裝各種糧食，有大麥、小麥、大豆、小豆、粱、粟、薏苡，黍、稷、稻、麻十一類。還有加工用的哺和鞠等，反映了當時糧食生產的情況。

　　有寫「粱」的倉，貯存物品還是穀子，並且有「粱米萬石」字樣。另外還有「粱粟萬石」的字樣，粱粟是作為同。種作物，連稱一起的，內裝的實物還是穀子。說明粟、粱是同類作物。漢墓出土的糧食種類很多，唯獨沒有見到高粱。說明漢代還沒有種植高粱，最低限度可以說高粱還不是當時主要的糧食作物。從「粱米萬石」字樣推論，也應是小米。高粱在中原地區一直到現在還沒有碾成米食用的習慣。中原地區高粱粉質較多，製米困難。出土實物情況和當時訓詁學和農學的說法是相一致的。

　　漢代文獻，依然把粱作為美好的食物記述。例如《史記》就有：「被綺穀，餘粱肉」把粱和肉連用。高粱的食用情況不能與之相趁的，只能是小米。《桓彬七設》提到的「新城之航、雍丘之粱。重繆代熟，既滑且香。」也是大米和小米的食用情況。粱與粟的區別在於一是糯性，一是粳性，但都是粟類作物（Setaria viridis （L.）Beauv.），這與黍類作物的黍、稷、穈，稻類作物的粳、秈、糯、稅等是一個分類方法。不同的米質做為一類，並有專門名稱。

　　3、漢代以後對粱的認識：自晉以後，文獻中依然沿用漢代說法。《廣志》

提到「有具梁、解梁，有遼東赤梁。魏武帝償以爲粥」。《名醫別錄》說：「凡云梁米、皆是粟類」。還分有青梁米、白梁米，黃梁米等幾種。《齊民要術》是我國重要農書，也沿用漢代說法「梁是秫粟」（《氾勝之書》），「秫黏粟也」（《爾雅·孫炎注》）。書中還專列了《梁秫》一篇，爲和種穀技術相類似，所以記述比較簡單，只是與種穀特殊地方略作介紹。要種在薄地，而且不能過密，一畝地用種籽三升半。收穫不可過早，早收品質不好。其它耙糖操作方法，需要千濕和種穀一增。並提出肥地多「雉尾」（白髮病之類），只有粟類才發生此病。

唐代已有梁的性狀描述。《唐本草注》上記載：「青梁穀穗有毛，……白梁穗大，多毛且長……米亦白而大，……然梁雖粟米，細論則別黃梁……穗大毛長。」杜甫詩句中《贈衛八處士》有「夜雨剪春韭，新炊間黃梁」之句。《佐還山後寄三首》提到「白露黃梁熟……味豈同金菊，香宜配綠葵，老人他日愛，正想滑流匙」，均比較形象的形容小米香甜可口，而且滑黏，與漢代《桓彬七設》說法是一致的。自《博物志》開始記有蜀黍以來，到元代《王氏農書》和明代的《本草納目》才對高梁作了眞實的描述。但此二書對梁還是做爲粟一種作物記載的，並非高梁而是穀子。北宋的《圖經本草》和南宋的《爾雅翼》還是沿用傳統說法「（梁）皆粟類也。」，「梁今之粟類，古不以粟爲穀之名。但米之有殼者皆稱粟。今人以穀之粒細而圓都爲粟，則梁是其類。」而且提到宋代以來粟面積擴大，而梁減少的原因是：「今人大抵多種粟而少種梁，以其損地力而收穫少耳。」李時珍對梁和粟做了具體比較：「梁者，良也，穀之良者也。或云種出自梁州，或云梁米性涼，故得梁名，皆各執己見也。梁即粟也。考之《周禮》，九穀、六穀之名，有梁無粟可知矣。自漢以後，始以大而毛長者爲梁，細而毛短者爲粟。今則通呼爲粟，而梁之名反隱矣。今世俗稱粟中之大穗長芒，粗粒而有紅毛、白毛、黃毛之品者，即梁也。黃、白、青、赤，亦隨色命名耳。郭義恭《廣志》有解梁、貝梁、遼東赤梁之名，乃因地命名也。

現在農民中間依然保留梁的名稱品種。如山西「赤巴梁」、河北張家口的「毛梁穀」、河南的「毛黏穀」等爲代表品種，和明代《眞珠船》提到「梁今燕代間謂之梁穀，關西謂之毛穀」是相一致的。這種類型的主要特徵是：穗毛長而密，植株高大，葉片寬大，米爲糯性或中性（米軟），品質較好，分蘗少。雖然有抗風、抗蟲、生長勢強優點，但由於它毛多粒少，籽實產量低於

粟類型品種，同時植株高大，損耗地力並且不耐水旱，因而歷代種植面積不如粟類型品種大。

見《中國農史》1986 年第 1 期

國內首次發現漢代村落遺址

提　要

　　河南省內黃縣在 2003 年清理黃河故道中，發現了一處規模宏大、保存完整的漢代村落遺址。發現眞實村落在國內還是首次。保存有完整的村落、庭院、道路、田壟，是兩千的村落再現。庭院生產、生活功能設備齊全，內存有鐵犁、石碓、石磨等農具。爲研究漢代農業生產水平、農村經濟狀況、農村社會結構提供了難得一見的珍貴實物資料。

　　2003 年夏，在河南省內黃縣南部的黃河故道中，發現了一處規模宏大、保存完整的漢代村落遺址。經過近 5 年的考古發掘和勘探，目前已有 13 處庭院遺存得到確認。通過對其中 4 處的發掘，清理出包括房屋瓦頂、牆體、水井、廁所、池塘、水溝、樹木等大量重要遺跡，並出土了一批當時普通農民日常生產、生活中使用的各類遺物，特別是在庭院的周圍發現了大面積的壟作農田遺跡（圖）。

　　由於該遺址是因黃河洪水泛濫而被淤沙深埋地下，所以庭院佈局、農田壟畦保存完好，屋頂和坍塌的牆體保持原狀。這種成組的庭院佈局及其附屬設施、大面積的農田及耕作原貌，均是漢代考古中的首次發現，塡補了學術研究中的實物資料空白，改變了以往單純依靠文獻、畫像資料和模型明器等研究漢代建築藝術與農耕文化的狀況，具有十分重要的學術意義。

　　三楊莊漢代聚落遺址是漢代農耕鄉里眞實原貌的再現，是我國古代農村的最早雛形，爲研究漢代農業生產水平、農村經濟狀況、農村社會結構提供

了難得一見的珍貴實物資料。

遺址的時代定為西漢、東漢之交。其遺存的屋瓦大部保存完好,有大塊的板瓦和筒瓦。漢瓦在國內發現的規格形勢,與現今發掘的是一致的,確定是漢代遺址無疑。屋舍中還發現有王莽時代的古幣,所以遺址的時代定為西、東漢之交還是合適的。

河南省內黃縣位於城南 30 公里,離現今黃河河道 45 公里。但在漢代卻緊臨黃河。據史書載,此時在這個區域內,常出現黃河水患,持續近六十年。直到東漢永平十二年(公元 69 年)才由王景治理後得以安寧。三楊村的舊址應該是這個時期被淹沒的。悲中有喜,在遺址中尚未發現人類、獸類遺骨,說明當時這裏的人、畜都脫離險境,安全轉移他地。

從 13 處庭院遺存和對其中 4 處的發掘,可以看到漢代村落的格局。當時的農村社會實行什伍制。每家有小道路相通,連接公共大路。而戶與戶之間並不緊連,中間均有距離 25 米到 50 米農田毗地相隔,所以有「毗鄰」的說法。各戶在庭院的周圍,主要是庭院的後面(北面),種植有成排的樹木,樹木遺存顯示樹徑在 20 釐米左右。從清理出的殘存的樹葉痕跡初步判斷,多為桑樹,也有榆樹。從三楊莊遺址內已發現的各庭院周圍,特別是屋後廣種樹木看的情況看,這符合當時朝廷的提倡和規定。早在戰國時期宅院中種植桑樹就得以提倡,「五畝之宅,樹之以桑,五十者可以衣帛矣。」(《孟子·梁惠王》下)西漢歷代皇帝均提倡宅中植桑樹,漢景帝曾多次下詔勸農桑:「(後二年,公元前 142 年)朕親耕,后親桑,以奉宗廟粢盛、祭服,為天下先;不受獻,減太官,省徭賦,欲天下務農蠶,素有畜積,以備災害。」「(後三年)其令郡國務勸農桑,益種樹,可得衣食物。」(《漢書·景帝記》)考古發現的情況正好與此相印證。這也說明,當時的家庭婦女肯定從事有養蠶、紡織等這類副業,也是家庭收入的來源之一。當然,按規定,田裏是不能種樹的。從清理的情況看,田墾中的確沒有發現種樹的痕跡。這和後來北魏推行「均田制」時,規定必須種足桑、棗、榆是一脈相承的。

所發掘出來的庭院格局基本一致,都是坐北朝南的兩進庭院。有西門房、東廂房、西廂房、主房組成。院子的南大門外有用磚砌的水井,並有鋪就的小道連接院門前。庭院西牆外還有一曲池塘。院內大門旁有狗窩,還有廁所、牛棚,磨房,生產、生活功用很是齊全。各戶庭院形勢、功能相同,大小有些差別,或與家庭人口多少有關。一處較大些的是:南北長 20 米,東西寬 18

米。漢代推行小農戶制，所以未見到有大戶人家。屋舍建造材料也相一致，磚地基、瓦蓋頂，「穿靴戴帽」，土木結構。從庭院觀察各戶的經濟狀況都是自給自足的小康人家。如果不是水患，均生活安定、富足。

緊接庭院，四周都發現有排列整齊的十分明晰的高低相間的田壟遺跡，田壟的走向有東西向的，但多為南北向，田壟的寬度大致在 60 釐米左右。田地內發現有車轍痕跡及牛蹄痕跡。

此遺址的發現，其重要性還在於瞭解漢代的農業生產實際狀況，農耕水平。據文獻記載，中國古代的耕作制度，在秦漢以前主要是施行最簡單的縵田法。縵田是「不為壟者」，即沒有行壟的耕做法，是一種粗放農作方式。因為縵田是撒播，無行無壟，缺點很多。它雖然可以在播種時節約勞力，但浪費種子，而且幼苗長出後密集叢生，中耕、除草都需要付出額外的勞動。由於田間管理不嚴密，產量相當低。後來逐漸出現了有壟的條播法（也就是壟作）。據《漢書‧食貨志》載：西漢武帝時搜粟都尉趙過推行了「代田法」，由於是文獻記載，說法頗多，莫衷一是。三楊莊漢代遺址中發現的大面積耕作農田可以為我們真正理解漢代的「代田法」提供真實的實物樣本。三楊莊漢代農田遺址上，還留有清晰的牛蹄印記和車轍印記，說明牛耕已很普遍。

《漢書‧食貨志》的原文為：「（趙）過能為代田，一晦三甽。歲代處，故曰代田，古法也。后稷始甽田，二耜為耦，廣尺、深尺曰甽，長終畝。故其《詩》曰：「或耘或籽，黍稷儗儗」。耘，除草也：籽，附根也。言苗少壯，每耨輒附根。比盛暑，壟盡而根深，能風與旱，故儗儗而盛也。其耕耘下種田器，皆有便巧。」以上記載，正符合三楊莊出土農田壟作遺存實際狀況。做成的田壟正是高一尺、深一尺，每年輪換種植，頭一年的甽（即壟溝），第二年經過培土成為晦（即壟背）。所以稱為「歲代處」，就是一年一換。這種耕作制依然在我國東北地區流行，叫做「穰扣法」。「一晦三甽」耕做法現在流行於黃河流域農區，使用的農具為「三腿樓」，一次可播種三行。所以有：「其法三犁共一牛，一人將之，下種、挽樓皆取倍焉，日種一頃。」

另外，庭院內外還出土了許多農具、農家用具。主耕農具是全部為鐵質鑄就的犁，用鐵量狀況，可說明當時不再惜用鐵材料，鑄鐵業已經很發達。犁頭寬七寸（合漢代度制一尺），與壟寬正相符合。加工糧食的石器，家家戶戶都有兩種存在，即石碓和石磨，這種現象很應注意研討。漢代種植的作物是以粟、黍、菽為主，黃河流域旱作適合種植粟、黍，容易加工，耐於貯藏。

菽及大豆，距漢代重要農書《氾勝之書》記載：「僅計家人口數，種大豆率人五畝。」每人種大豆五畝，必是主糧之一。這就說明石碓和石磨各有所用，石碓是用來去掉粟、黍的外殼，石磨是大豆加水磨製豆漿，各有用途。在漢代大、小麥因為加工困難還沒有細食，所以《急就篇》有「麥飯豆羹皆野人農夫之食耳。」

過去出土的不外「地宮陰宅」而已，連最著名的「兵馬俑」同樣屬於此類。現在發掘了實實在在的村落，對研究漢代歷史更為實在。漢代村落遺址的首次發現，對當時農村有了進一步的認識。在那個時代雖然經過了像景帝時的內亂、武帝時的對外遠征，還有不久前的王莽篡漢、赤眉銅馬之亂等等，農村並不凋敝、蕭條。而展現是個和諧、小康的自給自足的農村。原因可以看到，在漢代農村有較好的生產條件，技術進步提高了生產力，當時的畝產可以達到年產三百斤，人均耕地面積一百餘畝。還有許多荒地可待開墾，農業生產潛力很大。朝廷注意抑制豪強，獎勵農耕，鼓勵開荒，發展生產，輕繇薄賦，鼓勵「編戶齊民」，才穩定了農村社會。漢代村落遺址雖然是被洪水淹沒而塌陷了的斷壁殘垣。卻展現的是當時大片農村社會一幅豐衣足食的畫圖。

見《古今農業》2008 年 3 期，尚有參與者：劉海旺

三楊莊出土的漢代「圳畝代處」農田

三楊莊出土的漢代磚井

三楊莊出土的漢代石磨

三楊莊出土的漢代房瓦

三楊莊漢代遺址農舍分佈圖

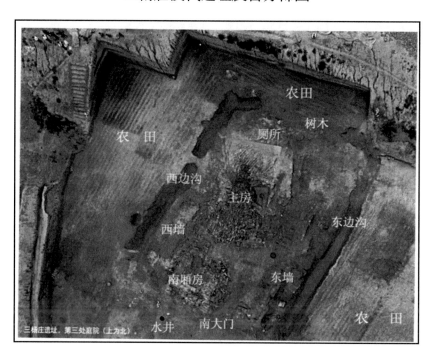

農田制度史篇

歷代田制分期回眸與展望

提 要

　　土地是支撐人類生存所必備條件。用於農業，是農業生產的要素之一。土地經過人的耕種才能成為「田地」。在歷史的發展過程中，出現統治政權來管理田地，就有了田制。中國在漫長的歷史時期，根據各個歷史階段的政治、經濟、文化，其統治者均制定、執行一定的田地制度，即為田制。本文闡述的田制，即指農田，並非一般土地。按照田制規定，個人或法人，依法行使田地的權利、使用方式、管理辦法以及交納稅收等。田制是隨著社會發展，遵循著規律，有一定的發展階段，而且難以逾越。

　　中國的田制的發展，可分為：井田制、豪強莊園制、均田制、佃耕制、集體制等階段。

一、井田制階段

　　我國歷史上最早有田制記載的為井田制。傳說「黃帝有熊氏始為井田之制」。較為系統介紹井田制是《孟子‧滕文公上》。其稱：「方里為井，井九百畝，其中為公田。八家皆私百畝，同養公田。公事畢，然後敢治私事。」還述說了井田制的稅賦徵集，「夏后氏五十而貢，殷人七十而助，周人百畝而徹，其實皆什一也。」說明了夏、商、周三代實行的井田制是「什一而稅」。每個勞力負擔的耕作面積，隨著技術的進步，不斷擴大。夏代五十畝，商代七十畝，到周代達到百畝。《春秋‧穀梁傳》稱：「古者三百步為里，名曰井

田。井田者，九百畝，公田居一。」戰國時，秦推行「除井田，開阡陌」的土地制度，王莽又恢復井田制，一除一復都說明古時曾實行過井田制，並非虛言。如在此以前，無此田制，也就無所謂「除」和「廢」了。

井田制的具體實施辦法，多是後人的追述。對其執行程度，制度性質，歷代都有不同的看法。爲了澄清這種田制，必須首先瞭解當時的農業生產大的環境。田制的存在，也必須符合當時的客觀條件。從當時的生產水平而言，還是以石器生產爲主，勞動生產力不會太高。但是，既然土地已經成爲田，說明已經有了較爲固定的生產地塊，擺脫了舊式的墾荒制。墾荒制是無固定的生產場所，土地經過短期的生產後，即撂荒廢棄，另闢新地種植。能在固定土地形成規格化的井田，就要有保證地力不衰的耕作條件。

當時人口稀少，可墾地資源非常豐富，土地構不成爲稀缺資源，人們對土地的所有權並不在意。理解「溥天之下，莫非王土。」應是公有制的一種表達。《禮記・王制》所說的：「田里不鬻」很符合當時的情況。可供開發的土地資源很多，不需要去買田。當時貨幣的經濟作用不大，買賣田產雙方，構成的交易都無太大意義。從統治者方面說，明確「王土」也只是對外明確疆域；對內明確有效的稅收。古代諸侯國，還封賜給卿、大夫的采邑，是屬於「分田制祿」，發放官俸的一種形式，所以又稱「食邑」。《漢書・刑法志》敘述古代百乘采邑爲「一同百里，提封萬井」。「提封」也是指所賜采邑的疆域而言的。受封於此的公卿、大夫，要負收稅、徵兵和管理疆域之責，並非其私產。不能用現今條件、狀況，爲當時的所有制說三道四，妄下定論。在井田制中的勞作者，不應視爲奴婢。而只是由原始公社過渡過來的農民，無所謂失掉土地。雖然當時的生產力不高，但是負擔十分之一的實物稅，或者十分之一的勞役，並非苛刻。而且井田制的勞作者並未失掉人身的自由。

根據考古及歷史記載，當時確有奴婢存在，但不是在井田中的勞作者。奴隸的來源：主要是來自部族戰爭中的俘虜，其成爲奴隸的前提是必有所用，把俘虜殺掉當犧牲、祭品就成不了奴隸；另本族受懲罰的罪人也是淪爲奴隸的一種，《尚書・甘誓》提到；夏啓對本族人在戰爭中「不用命者」處分非常嚴厲。奴隸在井田勞作是無法控制的，一般是作爲工匠和苦役勞動。《管子》上說：「工相與議技巧於官府，商相與語財利與市井，農相與謀稼穡於田野」。《詩經・大田》描述的人們在井田勞作，還是很愉快的。莊稼生長良好，除掉蟲害、雜草，豐收在望。人們期盼「雨我公田，遂及我私」，公田、私田都

要豐收。還要留下一些稞穗，給勞力差的矜寡人，表達了人們的互助情況。管理人也帶著家屬，提著飯籃，來到田間，表現了豐收的喜悅。但是「文革」中，在「左」的目光下，解釋為勞作者在奴隸主的監督下勞動。期盼「雨我公田」是怕受罰，田間留下莊稼是對奴隸主的反抗，純屬臆斷。有了村落定居，有利於社會的發展。有宗廟、社稷、百官、稅收等政府行為，是人類開化的一種表現。農民在井田中勞作，既有了固定的場所，也必然有了共同居住的村落。這比「墾荒制」的流動式的生產，應該表明的是農業生產進步，人類社會進步。在人們共同的生產、生活中，勾通人與人之間的關係。形成「出入相友，守望相助，疾病相扶持」的村落社會團體。在與自然鬥爭中，相互交流生產技術，促進生產力的提高。當時能開墾的土地很多，人們完全可以流散生產，包括墾荒、採集、狩獵等而可以不受社會約束。但這種狀態對人們並非有利，必然缺少人間的交流與互助。直到春秋時期，依然有流散人。管仲相齊，提出要「相地而衰徵」的合理稅收，「則民不移」動，有利安居生產，穩定人心。

井田制已經有了管理者、責任人。《詩經·北山》提到：率土之濱，莫非王臣。」《春秋·穀梁傳》提到：「私田稼不善，則非吏；公田稼不善，則非民」。建立有效的管理、稅收制度，是社會的進步表現。當時有些落後的部族，像《春秋·公羊傳》所說的東北部的蠻貉，無社稷、宗廟、百官。稅收雖很低，但還是處於蠻荒狀態，並不利於社會的進步。按照上引《孟子》和《春秋·穀梁傳》的說法，井田制每方里為九百畝。三百步為里，縱橫各一里為方里。我國自古以來所說的「步」均指複步，約計為今五市尺。因是以人體為「度」，古今長度應相同。方里即為 1500 尺×1500 尺。在九百畝的方里中，呈井字形。八家共井，各家私一百畝，公田居其中，八家共養公田。各方的一百畝，實為長、寬各一百步，即里的三分之一。每長一百步，寬一步（即 500 尺×5 尺）為一畝。所以，古者，百步為畝。至秦漢起始，才改為二百四十步為一畝，古一畝田地只相當秦漢以後的 0.4167 畝。《春秋·穀梁傳》、還提到：「古者，公田為居，井、竈、蔥、韭盡取焉」，宅舍、菜地設在公田內。公田處在井田中間，則起居勞作方便。當時生產條件，定是耕作、施溉水平不高，地力的恢復，必然還要靠田地的定期休閒。《周禮·鄭玄注》即提到：有不易、一易、再易之地。「不易之地歲種之，地美，故家百畝；一易之地，休一歲乃復種，地薄，故家二百畝；再易之地，休二歲乃

復種，故家三百畝。」休閒地還可生長雜草綠肥，古代稱爲「萊田休耕」，類似西歐的「兩圃制」、「三圃制」。鄭玄所注還提到：「辯其野之土，上地、中地、下地，以頒田裏。上地，夫一廛田百畝，萊五十畝，餘夫亦如之；中地，夫一廛田百畝，萊百畝，餘夫亦如之；下地，夫一廛田百畝，萊二百畝，餘夫亦如之。」以上所注情況是符合當時田地肥力水平。井田不可能完全如《孟子》所描述井田那樣規格化。其「不易之地」尚可能達到《孟子》所說的「標準井田」。從考古的成果看，先民所開發農業，首先選擇靠山近水，防災保收的區域。當時，地廣人稀，選擇性是很大的。條件優良的土地，會得到優先開發、耕作，達到井田的標準是可能的。施行井田制的區域，應該是文明開化地區，有一定條件，並非強制執行。《周禮‧鄭注》說「周制王畿之地，不過千里，可爲井田者，則授之。」「自國中至外疆，不可爲井田之」。井田必須能出賦，否則，如超載舟、車，會「舟溺、車折」。農業生產力提高，人口增殖，隨著土地大量的開發，田地使用價值增加，人們看重田產，想要佔有田地的欲望增加。「王室衰微」，諸侯地位上升，臣吏逐步掌握一些權利。人們一方面要儘量多的控制田地，並希望在田地上獲得更多的財富。私人佔有田地是井田制衰敗的主要原因。《春秋》記載的魯宣公十五年施行「初稅畝」，就是當政者「無信於民」意欲多取稅，民又不肯盡力於「公田」，而「履踐索行」、「履畝而稅」井田制逐漸解體。《論語‧顏淵篇》也提到：魯哀公時，把稅提到了二成，仍是「吾尤不足」。人們的原來聚積的「大同」思想，也逐漸泯滅了，上下各私其私，走向掠占田產的「開阡陌」之路。

二、名田制與豪強莊園式田制

戰國以來，鐵質農具和牛耕已經廣泛應用，農業技術得到了改進，土地的生產力有更大的提高。因爲人們可以利用土地獲得好的效益，佔有土地的欲望越來越高。使當權的政府、田地的佔有者、土地的直接使用者都意欲取得田地的控制權。土地的走向私人佔有，主要原因並非某當權者的主觀願望；而正是相反，是生產力推動了土地制度的變化。周天子「禮崩樂壞」，各諸侯國都在進行政治、經濟改革，秦國推行「除井田，開阡陌」政策。各國改革結果：一方面促進土地自由開發，另一方面促使土地自由買賣，私有化加劇。秦漢實行「名田制」。結果國家、直接生產的農民和豪強地主（莊園主、塢主、寺主）三方面分別掌握土地所有權。此種田制，由戰國一直延

續到南北朝，形成有時代特色的莊園經濟、壁塢經濟、寺院經濟。這種田制
從形成、發展到衰敗，經歷了九個世紀。田制因鬆散，不嚴謹，少約束力，
造成土地的無序佔領。秦始皇三十一年（即統一六國後六年）曾下令「使黔
首自實田」。秦稱百姓爲黔首，自實田乃指讓百姓如實上報田地面積，目的
是查清農民實際田地開發量，以便於收稅。由此可說明秦統一中國前，各國
已經私開土地相當多。「文革」時，在褒秦的極左思潮的影響下，解釋「自
實田」是確認給農民土地，完全是有意的曲解。這種田制下，買賣、交換土
地已經成爲較普遍的正常經濟行爲。當時田地的買賣交換中，對方支付有貨
幣、奴婢、宅第、穀帛、物品等。周代鍾鼎文鑄有用貨幣單位「捋」爲田地
計價。戰國時魏人要用百金之地，來交換一個重要奴婢。一位秦國好古之士，
用附郭良田買重要古物。至漢代地價主要用貨幣計算了，好田畝可值萬錢，
一般的值一到三千，低者數百。管仲相齊施行「官山海」，商鞅變法施行「壹
山澤」。政策是國家控制山澤。以後各朝政府均對山澤進行了封閉管理。除
民墾外，秦漢時依然還還掌握了許多公田。公田大部分是利用兵卒在興修水
利的同時，開墾爲能耕作農田。公田常以軍功，賞賜給軍人，商鞅變法即規
定，得敵甲首一級，加爵一級，田一頃。隨後形成「名田制」。

　　「名田宅」一語，最早見於商鞅變法，此後，「名田」一詞多次出現於記
述漢代土地制度的文獻中。張家山漢簡《二年律令》中有大量漢代名田制的
法律條文，是研究漢代名田制的主要資料。張家山漢簡《二年律令》爲呂后
時期的法律文書，亦將田宅的制度稱爲「名田宅」。張家山漢簡中的名田制，
其以戶爲單位並以爵位爲基礎的田宅等級標準，就基本原則而言，與秦國的
「名田宅」是一脈相承的。名田宅實際起於更早的戰國時期。其田制既有「田」
也包括「宅」，確切應爲「名田宅制」。

　　據《張家山漢墓竹簡》記載：除最高一級徹侯以外，以下十九級的軍功
爵記爲：「關內侯九十五頃（每頃爲 100 畝，以上爲侯級）；大庶長九十頃，
馭車庶長八十八頃，大上造八十六頃，少上造八十四頃，右更八十二頃，中
更八十頃，左更七十八頃，右庶長七十六頃，左庶長七十四頃（以上爲卿級）；
五大夫二十五頃，公乘二十頃，公大夫九頃，官大夫七頃，大夫五頃（以上
爲大夫級）；不更四頃，簪褭三頃，上造二頃，公士一頃半頃，（以上爲士級）。
公卒、士五（即伍字）、庶人各一頃，（以上爲平民、士卒）。司寇、隱官各
五十畝（以上爲獲罪者）。不幸死者，令其後先擇田，乃行其餘。他子男欲

為戶，以為其□田予之。其已前為戶而毋田宅、田宅不盈，得以盈。宅不比，不得。」漢代名田制是以二十等爵制為基礎的。名田制還注意了宅地的分配問題，這也是古代田制的延續。如《穀梁傳》稱：「古者公田為居，井竈蔥韭盡取焉」。而且可以明顯看出每一等級田、宅數量的對應關係：受田 95 頃的關內侯，其宅地面積為 95 宅（約五畝一宅）；受田 90 頃的大庶長，其宅地面積也是 90 宅，依此類推，直到最低等級的司寇、隱官，受田 0.5 頃，宅地 0.5 宅。臧獲、城旦、鬼薪、白粲屬於罪人、奴隸。

　　爵位並不完全世襲，當得爵戶主死亡，將導致部分田宅退還官府。田宅數量是與爵位高低相對應的。二十等爵中，只有徹侯、關內侯這兩個最高的爵位，其後子可以原封不動地繼承，而卿以下的各級爵位，其後子只能降等繼承。爵位的降等繼承，將導致所繼承的田宅數量的減少。其中受影響最大的，莫過於卿。卿的後子只能以公乘的身份繼承 20 頃田和 20 宅，降低的幅度非常大，其它大部分田宅只能由卿的其它兒子繼承。經過三代以後，其嫡系子孫的地位也將逐漸向普通平民靠攏。這就意味著，高爵者的後代如果想繼續享有其祖、父輩的富貴與榮耀，就必須再立新功。

　　在漢代，鄉與縣在授田中起著主要作用，其中鄉主要負責具體的統計與彙報工作。鄉部嗇夫即鄉的長官。每年八月，各鄉統計本地戶籍，統計結果除保存在鄉而外，還要抄錄一份上報到縣廷。如果某鄉有移徙者，該鄉還要將移徙者的戶籍及其年齡、爵位等詳細材料發送到移徙之地。

　　漢平帝時，公私共墾田「八百二十七萬五百三十六頃。」〔註1〕我國自秦以後，每畝定為二百四十步，與今市畝相同，百畝為頃。所以折合今市畝為 827,053,600 市畝，每戶合 67 畝零 146 步，即 67.61 市畝。當時人口為 59,594,978 人，〔註2〕人均田則為 13.88 畝。每戶約為五口之家。這只是平均數，並不足以說明漢代就是小農經營。兩漢由於政府利用兵卒墾田，興修水利，而使國家掌握大量的公田。如漢武帝元光六年「發卒數萬人，作河東渠田」，「可得五千頃」。今人黃今言研究，西漢國有田地占總田地的 37.4%。〔註3〕公田多以「假田」的形式，借給貧民和回歸的流民耕種。假公田要有「租挈」，即為官家收取農民租賦的約令。鬆散的田制，使大量的田地落入

〔註1〕《中國歷代食貨典・田制部》，江蘇廣陵古籍刻印社，1989 年版。
〔註2〕《漢書・地理志》，中華書局，1975 年版。
〔註3〕黃今言：《漢代田稅徵課中若干問題的考查》，《中國史研究》，1981 年 2 期。

到豪強之手，成為大土地所有者。對豪強地主控制勞動力亦約束不力，隨意使用「徒附」、「部曲」等依附關係較強的農奴式的勞動力。漢代名臣董仲舒說：「至秦則不然，用商鞅之法，改帝王之制，廢井田，民得買賣。富者田連阡陌，貧者無立錐之地。……

田租、口賦、鹽鐵之利，二十倍於古。或耕豪民之田，賦稅什五。故貧民常衣牛馬之衣，而食犬彘之食」。〔註4〕《漢書‧王莽傳》載：「壞聖製，廢井田。是以兼併起，貪鄙生，強者規田以千數，弱者曾無立錐之居。又置奴婢之市，與牛馬同欄。」「而豪民侵陵，分田劫假，厥各三十稅一，實什稅五也」。豪強佔有大量的土地和奴婢，必然造成社會的不安。西漢末年社會矛盾突出，漢哀帝綏和二年下詔：「制節謹度，以防奢淫，為政所先」。限制諸侯王、公主、官吏、豪民多蓄的奴婢田宅。田地不得超過三十頃，奴婢，諸侯王限二百人，列侯公主百人，關內侯、吏、民三十人。但無濟於社會的穩定，不久即發生西漢被篡。新莽始建國初即「更名天下田曰王田，奴婢為私屬，皆不得買賣」，恢復井田制。其結果造成社會加倍的混亂，四年又恢復了田地的買賣。土地高度集中問題始終沒有解決，以致又釀成赤眉、銅馬、新市、平林的大動亂。

因為土地的自由買賣，有錢的商人就很容易獲得大量土地。戰國、秦、漢、三國，都有富商大賈，經營鐵、鹽、陶、鑄幣、運輸、販馬等業，轉而廣置田產。蜀冶鐵大豪後代卓王孫，有家僮八百，幫助其婿司馬相如在蜀買田宅為富人。更多的是有權勢者利用權勢廣置田產。漢相蕭何曾「強賤買民田數千萬」。張禹、貢禹、馬援子弟、李廣子弟們都參加大量田產買賣，買賣田地百畝到萬畝。西漢的劉邦，東漢的劉秀，三國的曹操、孫權、周瑜等無不出身於豪強。就是比較窮困的劉備，還是得到大商人妻弟糜竺資助「奴客二千」，「金銀貨幣」而能起事。

由於土地的集中，必然出現了大量的農奴式的勞作者。戰國時農民即有「租豪民之田」者，西漢時租私田也有類似「租挈」的租約，此類農民依附性還不大。「附託有威之門」者，歸入「徒附」範圍，依附性就較強了。《史記‧貨殖列傳》載：秦漢時，大規模販賣奴婢市場在通都大邑廣泛設立，交易興盛，可達「僮手千指（即一百奴婢）。漢《後漢書‧仲長統傳》載：「豪人之室，連棟數百，膏田遍野，奴婢千群，徒附萬計。」還有「部曲」，依附

〔註4〕《漢書‧食貨志》，中華書局，1975年版。

於主人，既是私兵，又是農奴，必經主人放免，才成爲平民。魏晉南北朝時期又有蔭蔽在豪強下的「蔭客」、「衣食客」、「賓客」、「佃客」等。農業生產大量使用農奴，其比「井田制」時期要明顯得多。從農民的依附關係看，戰國以後是農奴制度逐步加強，而不是削弱。豪強經營的土地，還有專業性的莊園。《史記·貨殖列傳》記有：千畝漆、千畝桑麻、若干畝卮茜（一種染料作物），千畦韭等的商品生產。

三國時，戰亂頻仍，多施行屯田，田地更爲集中。葛洪所著《抱朴子》記有東吳末年的豪強「僮僕成軍，閉門爲市，商船千艘，腐穀萬倉」。東晉，依然使田地集中在豪強手中。在永嘉南渡以後，南方土地大量開發，又落到名門大姓之手，形成了莊園經濟。晉代的士族都是在地方豪強的基礎上發展的，在社會上有較高的地位。土地開發，士族佔有優勢，成爲大土地佔有者，建造了大量的莊園，形成不少「鐘鳴鼎食之家」。大富豪孔靈符在永興的莊園，有水田、陸田、山頭、果園。謝靈運所寫《山居賦》上說：「夾渠二田，周嶺三苑，九泉別澗，五穀異鮮。……北山二園，南山三苑，百果備列，乍近乍遠，羅行布株，迎早候晚。」莊園是集農、工、商、軍、學於一體的經濟組織。這時也有千樹桔一類的專業莊園。

爲了控制豪強大戶使用農奴過多，晉元帝時，還頒佈了給客制，限定了官吏、豪門的蔭庇戶數。《宋書》載：南朝劉宋時，因爲佔地不均，出現「富強者兼嶺而占，貧弱者樵蘇無託。」的不平等局面。孝武帝採取刺史王子尚的上言，施行占山制。高官一、二品占三頃，依次減少，至九品及百姓占一頃。

十六國時期，少數族進入的北方。經歷長時期的戰亂，土地拋荒，人口流散。漢族豪強多聚族而居，建壁塢以自保。許多民戶蔭蔽在塢主、壁帥名下。當時少數族忙於戰爭，政權並不穩固。只得暫時利用當地豪強，爲地方政權。任命這些豪強爲宗主，都護百姓，稱爲宗主督護。這些地方政權，實際是各霸一方，農民向其交納租稅，形成北方的壁塢經濟。《魏書·食貨志》稱：「魏初不立三長，故民多蔭附。蔭附者，皆無官役，豪強徵斂，倍於公賦。」

南北朝時期又大興佛事。特別是北朝的寺廟，均佔有大量的土地，許多民戶蔭庇寺院，稱爲「僧祇戶」，只向寺院交納租稅。這種特有的寺院經濟，實爲宗教式的壁塢經濟一種，對民戶逼租逼債，同樣剝削很重。這種豪強佔

有的田制，與西歐中世紀土地制度相比，是有基本的差異。西歐大小封建主是逐層分封而來的。領地是等級所有制，長子繼承，不具流動性，土地是「硬化」的私有財產。而我國在戰國時期，逐步施行郡縣制，官員不再世襲。秦漢以後的爵位權利下降。爵位定為二十級，最高為徹侯，最低為公士。漢高祖時，七級以上的高爵還有食邑。文帝時，高爵只能免役，低爵依然有役。爵位不具有權力，不和土地掛鉤，不具有土地財產的「硬化」性質。官位高低與土地佔有多少沒有直接關係，沒有官爵的商人、地方豪強，照樣可以佔有大量的土地。

三、均田制階段

北朝的壁塢和寺院經濟，必然與統治政權發生衝突。民戶的租賦被豪強們在中間截留，影響少數族政權的稅收。南燕慕容氏政權即感到壁塢組織是「迭相蔭冒，或百室闔戶，或千丁共籍，依託城社，不懼薰燒，損風毀憲，法所不容。」〔註5〕急須查清蔭戶，變成為政權直接納稅的編戶。由尚書韓諱主持，出動騎兵三千封鎖邊境，查出五萬八千蔭戶。北魏在統一北朝以前，也在「代北」取得了「計口授田」的經驗。削弱壁塢豪強經濟，已勢在必行。

北魏統一北方後，魏孝文帝太和九年，頒行了「均田令」。均田制，在歷史上是首次由政府制定的最具體的田制，而且付諸實施。這一田制，經北魏、隋唐，直到唐德宗時施行兩稅法以後，才漸趨無法執行。唐憲宗元和四年，還在同州（今陝西大荔一帶）推行均田法。均田制的實行，歷時三百餘年。均田制對結束開阡陌後的田制混亂促進豪強莊園經濟解體和為後來佃耕制的施行，起了承前啓後的作用。為隋統一全國，唐盛世出現，也起了很大的作用。

北魏頒佈的均田令主要內容：〔註6〕十五歲以上男子授給露田四十畝，婦人二十畝。所說露田即是種植糧食的田地。因為土地的肥力不同，露田加倍或三倍授給，作為休閒倒茬之用，以恢復地力。同時像井田制一樣，以解決土地分配達到均衡。人免役或身歿，露田要歸還國家。奴婢和牛也授給主家田。開始授田每一男子另給田二十畝，種植桑、棗、榆樹。要求三年內種完，種不完的國家收回。種樹的地，身終不還，超過的還可以出賣，不足的也能買回。種麻的地區授給麻田。矜寡孤獨以及殘疾人都有授田的具體安排。三

〔註5〕《晉書·慕容德載記》，中華書局，1975年版。
〔註6〕《魏書·食貨志》，中華書局，1975年版。

口人給宅基地一畝,奴婢五口人一畝,每人給菜地二分。各級官吏按級別給職分田,以充俸祿。刺史十五頃,太守十頃,……縣令六頃。地方政權廢除宗主督護制,施行鄰、里、黨三長制,負責清理戶籍,授田還田,徵收地租、交納戶調、分派勞役等。制度比較具體,切實可行。

均田制是以國有為主,私有為輔的土地混合型的所有制。是在國家大動亂,大改組中,土地所有權動蕩的產物。有的人在戰亂中走死逃亡,土地無主;有的人又開墾種植;有的人在戰亂中轉移,丟了原屬自己的田地,又種了別人的田。田地權屬不定是這個時期的特點。所以民眾對國家統一還授田地政策,抵制不大。正如《文獻通考·田賦考》所說:「固非盡奪富者之田以予貧人也」。對原有豪強地主有了照顧,擁有奴婢、耕牛的大戶,在授田和戶調上還有優待。自耕農是在原種植田地上,按照均田令進行調整,所授田畝面積足夠其種植,對其基本利益亦未觸動。露田是按人丁有授有還,體現了田地國有制;桑田屬永業田,可以買賣,又體現了田地私有制。各方均予以照顧。均田制還清理了「蔭庇戶」,成為正式編戶,直接給政府納稅,不再向宗主交租,減輕負擔,國家同時也增加了財政收入。均田制的推行基本達到了目的,對限制土地兼併,安定社會都起了一定作用。施行均田制的先決條件,必須有足夠的還授土地,土地又權屬不太穩固,北魏時期正具備這些條件。

唐代是土地開發全盛時期。到唐明皇時,受田達到 14,303,862 頃另 13 畝(比西漢時多 73%)。有戶 890 萬餘(比西漢戶數卻減少了 28%),每戶合 160 餘畝。全國人口為 5291 萬口,每戶平均為 6 口。人均田地 26 畝餘。〔註7〕按授田規定,丁男給永業田二十畝,口分田八十畝。老、弱、病殘給口分田四十畝,寡妻妾給口分田三十畝,單獨立戶的給永業田二十畝。到寬鄉補受田者,給園田宅基地。良口三人給一畝,賤口(指奴婢)五人一畝,與北魏時的宅地政策相同。但牛馬、奴婢不再授田。唐初在均田制實行時,「文武官給祿頗減隋制。」官員已經發放祿米,授田少於北魏和隋。一品官十二頃,……五品官六頃……七品官四頃。唐開元以前,政府一再申明:「百姓口分永業田,不許買賣典貼」。此後逐漸鬆動,土地買賣範圍不斷擴大。永業田開始買賣、繼承。由狹鄉遷到寬鄉的原口分田也可出賣。住宅、村店、碾磨房以為業者,可私賣。安史之亂後,出現大量逃戶,有的是逃避戰亂,

〔註7〕《中國歷代食貨典·田制部》,江蘇廣陵古籍刻印社,1989 年版。

有的是逃避苛稅，土地權屬混亂。買賣、租佃土地漸廣，均田制難以維持。隨著社會的發展，人口的增加，受授田難以執行，均田制逐漸名存實亡。正如《困學紀聞》所說：「至唐，承平日久，丁口滋眾，官無閒田，不復給授，故田制為空文。」唐德宗時，正式由租、庸、調改行兩稅法。即將地稅、戶稅加以整理，全面實施。原王公權貴，授與大量的永業田，職分田，「以宦、學、釋老得免」的稅，兩稅法則同樣開徵。地稅徵糧，戶稅徵錢，按資產徵稅，擴大了納稅面，削弱了大戶特權，也削弱了均田制。

四、佃耕田制

宋繼唐的經濟基礎，發展很快。雖然北宋時，已經是：「北不得幽薊，西不得靈夏，南不得交趾，」版圖較小。耕地只 461 萬頃，不足唐代的三成。到南宋，金入侵中原，國土更小。但疆域均是富庶之地，農業生產依然保持著優勢。商品經濟發展，貨幣使用廣泛，愈益促使土地的商品化。當時一些流傳的諺語，反映了土地買賣的盛行和土地轉移的頻繁。如《袁氏世範》上說：「富兒更替做」，「田宅無定主」。辛棄疾的詞也有「千年田換八百主」之句。今人葛金芳在《江漢論壇》上論證，宋代每年投入流通過程的土地，至少占在籍土地的百分之二十。

自唐以來，選拔官員實行了科舉，廢除依門第高低選拔的九品中正制；兩稅法按現戶資產收稅；以及後來有農民參加的起義；五代十國的戰亂；都削弱了名門大姓在社會上的地位和特權。到宋代庶民、商人紛紛購買田產，因而出現為數不少的庶民地主。宋代的戶籍制以資財劃分，共五等。鄉村上的富戶，稱之為「乃從來兼併之家」，稱之為富民。這些富民並無官位爵銜，而也只是平民百姓身份的庶民地主。這些富民「招客為佃戶」，著佃的客戶，即為給地主種田的佃農。富民和佃戶構成此時期的佃耕制。這種制度一直延續到解放前，共達十個世紀之久。

佃耕制的產生，主要是由商品經濟發展的結果，客觀因素起作用較大。與均田制相比，是較為鬆散而不具體的田制。其特點是土地買賣田地頻繁。原因之一是，庶族地主地產並不穩，常因家道中落或積纍發家，而小量的出售或購入田產；原因之二是，發展了的小農經濟，多係平民之間的土地交易，交易量均不大。結果是逐漸使田地產權分割而零細化。田地零細化的空間表現為，大田塊化整為零，買賣中分割成小塊田出售；時間零細化表現是，盛

行典當土地。交易田地，有一定的年限，到期可贖回；地權的零細化表現為，分割為所有權、使用權、轉租權等等。以致形成土地的永佃制，地主有所有權（田底）、佃客有使用權（田面），都可以分別出售，互相不干擾。永佃制盛行於太平天國失敗後的江南一帶。佃耕制在地主與佃客是契約關係。無論租用官田或私田，都有書面契約，注明租地面積、四界、納租數額、田主、租田人、中人等項。解除租地租約後，主佃關係也就隨而消失。所以佃者的依附關係很小。佃耕制可以使承租公田或民田的人，再分租與別人，成為二地主，宋代即大量出現。南宋《秋崖小稿》上記載：「今所謂沒官田者，……悉為強有力者佃之。某官、某邸、某剎、某府率非自耕者也，而占田多至千百頃者，何也？有利焉爾。」承租官田還採取「實封投狀」的投標招佃的辦法，也是契約租佃官田的一種辦法。政府從法律上保證契約的實施。宋仁宗時規定：佃戶可以「起移」，「更不取主人憑由」，但不能「逃移」。隨便毀約的客戶，「差人計會所屬州縣追回，令著舊業。」庶族地主自宋後，歷代呈逐漸上升的趨勢，有人根據獲鹿縣的檔案，查明到清乾隆年間，庶民地主較官紳地主數量，由 39.33%，上升為 63.72%。〔註 8〕

比佃農更自由的雇工也出現在社會上。有的「趨牛荷耒，擇地而往」，有的「赴市覓顧主」。農村顧工有長工、短工、忙工等。與「蔭客」、「部曲」有本質的不同。宋推行免役法，按貧富分等交錢，募人服徭役。服役者當是由農民分類出來的流民。但豪強官紳地主社會中依然占著優勢地位。他們相率隱田逃稅，造成田賦不均。北宋施行「方田均稅法」，南宋施行「經界法」，均期以增加國稅，但是實行結果，奏效不大。佃耕制施行了一千年，經過宋、元、明、清、民國到解放。此期間曾發生過許多次重大事件，但都沒有改變佃耕制，而且不斷的發展著。元入主中原，欲將農田改為牧地。甚至元太祖近臣別迭曾說：「漢人無補於國，可悉空其野，以為牧地。」〔註 9〕佃農成為「驅奴」。清軍初入關，曾三次大規模的「跑馬圈地」侵佔民田。許多人屈於勢力，還「帶地投充」甘獻土地。總計侵佔田地達 1700 萬畝。但在社會安定後，很快又恢復了佃耕制。甚至清康熙皇帝還施行了「更名田」政策，把大批官田轉為民田。又實行了「攤丁入畝」，取消了人丁稅，都對鞏固佃耕制起很大作用。清代包括皇莊、陵園的官田，只占 11.%。

〔註 8〕方行：《論清代前期地主制經濟的發展》，《中國史研究》，1983 年 2 期。
〔註 9〕《元史・耶律楚材傳》，中華書局，1975 年版。

明代萬曆年間田畝達到 1161 萬餘頃。〔註10〕明末清初由於戰亂，荒地增加，耕地反而減少。康熙年間逐漸恢復，特別是清末民初，由於東北、西北開禁實邊，土地開發量達到鼎盛時期。解放前全國耕地達到 1468 萬頃，比光緒十三年 911.97 萬頃，〔註11〕增加了 60% 強。但清代人口增加很快。明末全國為一億人，到清末增至四億多，人均田地大大減少，必然使土地的零細化加劇。佃耕制實行的一千年來，曾發生了數次大規模地農民起義。宋代的鍾相起義，即提出了均貧富的口號。特別是元末起義軍還奪取、建立了政權。也只是對佃耕制起到了促進、鞏固作用，並未改變田制性質。

五、近、現代田制改革

佃耕制是自給自足小農經濟的基礎，生產是耕織結合，商品經濟不發達。這種田制，到了近代向商品經濟轉化時，可謂舉步艱難。既便是依附關係如何鬆弛，地租負擔很重，維持對半租，一般高於西歐地租一倍，佃農生活依然困苦艱難。

我國在鴉片戰爭以後，門戶洞開。在與資產階級商品經濟較量中，佃耕制的小農經濟發展緩慢，處於劣勢。近代不少有識之士，致力於改革，並為之奮鬥。太平天國曾編寫過《天朝田畝制度》，這確實是一部專門針對田制而制定的。主題是實現土地公有制，強調「物物歸上主，人人不受私物」，一切土地歸「皇上帝」所有。實際是把落後的小農經濟的田制，加以理想化、永恒化。所以不可能實施，可行性遠不如北魏「均田令」。太平天國失敗後，在封建制度下，依然是「莫不志在良田」，造成田價一再上揚。在對半租的高地租條件下，我國的購買年為十年（購買年＝地價÷年地租）。也就是地主的土地投資達到年息 10%。因工商業不發達，資金依然投向土地。一些志士仁人對土地問題都予以關注。譚嗣同、孫中山等都是把田制改革寄託在社會改革，工商業得以發展之後。譚嗣同認為：「地球教化極盛之時，終須達到均貧富的地步」。〔註12〕孫中山說：「其革命後社會改良進步之增價，則于歸國家，為國民所共享。」〔註13〕即先實現土地國有化，再達到耕者有其田。

中國共產黨於 1927 年在江西開展了土地改革。從田制改革的角度看，

〔註10〕 梁方仲：《中國歷代戶口、田地、田賦統計》，上海人民出版社，1980 年版。
〔註11〕 梁方仲：《中國歷代戶口、田地、田賦統計》，上海人民出版社，1980 年版。
〔註12〕 趙靖等：《中國近代經濟思想史》，中華書局，1980 年版。
〔註13〕 《孫中山選集》，人民出版社，1981 年 12 月版。

目標是明確的，將私有制的田制改為公有制田制。《井崗山土地法》提出「沒收一切土地」，所有權歸蘇維埃，農民只有使用權。經過內戰的實踐，證明一步到位的辦法，不利發動無地少地農民。第三次國內革命戰爭時的土地改革目標是：「廢除封建性及半封建性的土地制度，實行耕者有其田的制度。」這個目標是平均了的土地私有制田制。這樣，有利於發動群眾，擴大兵源，完成戰爭任務。解放後，於 1950 年頒佈了《中華人民共和國土地改革法》，到 1953 年全國完成了土地改革，三億多無地、少地農民，無償獲得七億畝土地。並頒發了「土地證」，完成了土地私有的法律程序。

時隔五年，經互助組、初級、高級農業合作社，到 1958 年實現了全國人民公社化，土地也隨之公有。筆者當時曾寫七言絕句一首：「人民公社已建成，可笑蘇子見視輕，普天萬物皆共主，何只明月與清風。」因讀蘇軾《赤壁賦》有「物各有主，唯江上之清風，與山間之明月，耳得之而為聲，目遇之而成色。」有感而作。三年的「困難時期」，由事實說明了這「輝煌的幻滅」。當時的領導者，把田制又確定為「三級所有，隊為基礎」，隊係指農村村組一級的組織。後演變成的土地集體所有制，根據 1975 年修改的憲法，土地社會主義的公有制的兩種形式，即全民所有和勞動人民集體所有。農田基本是村組集體所有。1986 年通過的《中華人民共和國土地管理法》規定：「集體所有的土地依照法律屬於村農民集體所有」；還可以「屬於鄉（鎮）農民集體所有」；也可「屬於村內兩個以上農業集體經濟組織所有。」實際是表述了鄉、村、組三級農民經濟集體均可為集體土地所有者。現集體所有的土地，原本是當年辦社時，村民入股的土地，其所有權應該是入了股的村民所有共有。

但在幾十年集體化運作過程中，這種概念已經很模糊。某一土地入股者因出嫁、升學、招工、轉幹、經商等緣故而遷移走戶口，就會自動失掉了土地的應有權利。反之，另一人因婚娶、下放、回鄉、遷居而來，又輕而易舉的獲得使用土地權利。近年老人因喪失勞動力，土地養老功能急劇削弱，家庭中成員也並不知道是繼承了老人的遺產而使用了入股土地。實行集體所有制原意是：使土地能夠集中耕作；並防止土地改革後，農民兩極分化。但是實施結果，並未達到完滿無缺。現在土地的權利有了一些變化。如在農村又衍生了承包經營權，承包經營受國家保護，承包的年限又是國家規定的，集體無權決定。農村的承包土地，已經產生了二手轉包。特別是城市郊區原承包土地者，多進城務工、經商，把土地轉包給遠鄉農民。農民只有宅基地有

無償使用權。但使用權是不完全的，繼承、贈與權限仍控制於鄉、村政權。亦常見輿論報導，鄉村幹部壓制民主，個人控制土地，利用掌握宅、地權謀私之事，層出不窮。土地制度問題依然矛盾很多，名為集體土地，實則村社所有，農民難以過問。

我國依然對廣大礦藏、水流、森林、山嶺、草原、荒地、灘塗、城市等用地保持著控制權，土地所有權歸國家。但是農田在土改中大部分都分給農民，只保留了少量的國有田地，辦起國營農場。同時軍墾、國墾農場在開荒中也有發展。總計用之於農業的耕地約為 1274 萬畝，不足全國耕地的百分之一，也是在歷史上政府掌握國有農田最少的時期。

臺灣在抗戰勝利後收回中國。當時土地佔有情況與大陸相似，無地少地的農民占 66%。受國際、國內的影響，於 1949 年開始進行土地改革。經過三七五減租、公地放領、耕者有其田三個階段，屬於自耕農的農田，以達 84.8%。地主准許保留水田 45 畝，或旱田 90 畝。〔註 14〕全島基本是小面積經營，影響規模經營效益。為了發展現代農業，從辦好農民組織，加強機械化，經營商業化、集約化等多方面努力尋找出路。

六、田制展望

縱觀中國歷代的田制的發展變化，推動變革的因素是多方面的，主導因素是生產力的發展。各個階段的田制形成與衰落原因也不同。井田制是由狩獵採集發展到農耕的結果，其衰落原因亦是由於鐵農具的使用和牛耕的發展，使人們對田產的佔有欲，對勞動力佔有欲膨大而造成的。北魏實行的均田制則為政府行為，政府控制了田地的私人佔有量，其目的是增加國家的稅收。佃耕制是商品經濟發展的結果，促進了土地的商品化。不論是內、外因，歷代所發生的各種戰亂，會使人口減少、逃亡，造成人對土地佔有權的「淡化」，相對的增加無主土地，對田制改革，地權重組造成有利條件。與田制緊密相連的是勞動力依附關係問題，在歷史長河中是由鬆弛到緊控再鬆持的拋物線過程。井田制依然保留了原始公社的依存，公有互助性較強。人們的活動範圍廣，依附性不大，隨時都能脫離而去另擇生計。秦「開阡陌」後發展了莊園經濟，大量使用奴婢。奴隸的主要來源於俘虜，秦並六國，也是產生、使用奴婢最多時期。不但在通都大邑廣泛設立奴婢之市，與牛馬同欄；而且

〔註 14〕黃希源等：《中國近現代農業經濟史》，河南人民出版社，1986 年版。

還有像滇棘（音 BO，今宜賓一帶）的奴婢「產地」。秦代在這個時期，農奴
名目繁多。有徒附、部曲、蔭客、佃客等。經過均田制階段，又發展了佃耕
制，依附關係才又鬆弛下來。保證各個時期的田制的執行，都必須有當時政
權的支持。像均田令有專門的法規，其它則是爲各種法令、法律的綜合作用。
像秦漢時允許私人佔有土地，佔有奴婢等政令、法規，才保證了豪強莊園經
濟的發展、擴大。田制對發展農業生產至關重要，需要不斷的改革，以適應
經濟發展。目前在海峽兩岸雖然田制不同，但均存在著因受田制限制，經營
規模過小。加上後備土地資源有限，耕地開發量很少，建設用地占用量不斷
增加，人口增長快，全國人均耕地由 1949 年的 2.7 畝，到現在減少了一半，
必然使農用地緊張，加之分散經營，難以發揮田地規模效益。

　　另外土地的權屬仍存在許多問題，主要是田地產權模糊。使用集體土地
的權限並非由集體農民支配。常常見到報導，出售集體土地，集體農民是一
無所知。售出土地所得價款，如何使用，農民亦甚茫然。普通農民對農田是
漠不關心，也無法關心。注意力只是分宅基地。我國關於解決土地問題的歷
史經驗豐富，例如「永佃制」的所有權與使用權分離的辦法，已經在城鎮土
地交易中廣泛使用。在農田管理又衍生出「承包權」。古代的「永業田制」，
也可以考慮在農民的土地產權方面發揮作用，使之增強農民的土地權益意
識，政治上的民主意識。近日浙江省出現了「土地託管站」，用來解決農民分
散的承包土地，能夠集中在經營大戶手中。並且保護了農民的土地應該享受
的權益。

　　發展出路則寄託於充分利用科技成果，擴大農業投資效益。把田地在農
業生產中的作用，減到最小限度，使人們不再爲土地的問題而拼死拼活，其
實質是要儘量減少地租在生產中的投資比率。西方的經濟發達國家農業經營
地租就比中國封建地租少一半。如田地的使用不再成爲從事農業者的沉重負
擔，將有利於擴大農業經營範圍，發揮規模效益，促進農業的商品化、區域
化、專業化。今後地租在農業生產投資方面能夠減少到最低程度，有志於向
農業投資的人們，不再爲土地問題而望洋興歎。充分發展高科技農業，則中
國農村、農民、農業大發展有望，農民的民主意識也會大大提高。

見《古今農業》，2001 年第 4 期

附　錄

中國歷代戶口、田地總數以及每戶平均人口數、平均田畝數參見如下。

中國保存下來的有關歷代戶口和田地的資料，在世界歷史上是最全面、最豐富的。這是因爲中國從漢代開始就建立了戶口和田地的定期報告制度和全國統一的調查制度。從中國歷代的戶口田地的總數和每戶平均人口以及每戶每口畝數的趨勢上看，西漢平帝元始二年（2），全國的戶數爲 1,200 多萬戶，5,900 多萬人，共有田地 82,700 多萬畝，平均每戶佔有田地 67 畝多，平均每口人佔有田地約 14 畝。東漢和帝元興元年（105）至順帝建康元年（144），全國戶數在 900 萬～1,000 萬之間，人口在 5,000 萬左右，田地在 7 億畝左右，每戶平均佔有田地近 80 畝，平均每口人佔有田地 13 畝多。三國時期，經過戰亂的洗禮，戶口大減，田地畝數缺乏統計。西晉統一全國後，戶數爲 240 多萬戶，人口爲 1,600 多萬，田地缺乏統計。南北朝時期，戰亂頻仍，只有戶口統計，沒有田地統計。隋王朝統一全國後，戶數爲 900 萬戶左右，人口 4,600 多萬，田地沒有統計。唐代，戶數約 700 萬～900 萬戶，人口爲 4,000 萬～5,300 萬，田地爲 14 億畝左右（可能實際上沒有這麼多，這是按計劃授田統計的）。宋金時期，全國有戶數 2,000 萬戶左右，人口 7,600 多萬，田地近 5 億畝。元世祖至元二十八（1291），有戶數 1,300 多萬，人口 6,000 萬左右，田地沒有統計數字。明代的戶數在 1,000 多萬，人口 6,000 萬左右，田地在 3.6 億～7 億畝之間，每戶平均佔有田地 35～66 畝，人均佔有田地 6～12 畝。清乾隆十八年（1753），人口突破 1 億大關，田地約 7 億畝左右，平均每人佔有田地只有 6.89 畝。清乾隆三十一年（1766），中國人口突破 2 億大關，田地約 7.4 億畝，平均每人佔有田地只有 3.7 畝。清嘉慶十七年（1812），中國人口達到 3.6 億，田地約 8 億畝，平均每人佔有田地只有 2.2 畝。清道光十三年（1833），中國人口達到 4 億左右。

中國歷代戶均畝數，漢代爲 70～80 畝；五代爲 47 畝；宋代爲 25～35 畝；明代爲 35～66 畝。

中國歷代人均畝數，漢代爲 13 畝多；唐代爲近 30 畝；宋代爲 10～20 畝；明代爲 6～12 畝；清代順治、康熙時期爲 7 畝多，乾隆時期爲 3～4 畝，嘉慶至光緒時期只有 2 畝多一點。

漢初名田制執行情況探討

提　要

　　名田制是漢代四百年來土地制度方面的基本國策。制度的基礎是前朝的授田制、限田制和軍功爵制，特別是商鞅變法爲名田制打下基礎。由近年出土《張家山漢簡》中，知道漢初推行名田制，按照爵位確定佔有田宅數量。民爵和一般庶民要加入什伍組織。庶民可佔有田一頃，宅一區。宅田宅數量根據戶主變動有授有還。公大夫以上高爵位者不承擔納稅和支差役，身死後繼承人要降爵，減少相應的田宅數量。

　　土地制度關係到國家的存在和政權的運作。據古代諸文獻載，自夏代建立井田制以來，土地制度不斷的發展變化。到春秋戰國，已經出現按照爵位授田制度。是後來秦漢名田制實行的基礎。商鞅自魏國入秦，深得秦孝公的信任，任他爲左庶長，開始變法。提出了廢井田、重農桑、獎軍功、實行統一度量和郡縣制等一整套變法求新的發展策略，史稱「商鞅變法」。名田制是變法的重要部分。以往對名田制的內容並不清晰，史學界的研究深度遠遠不如「均田制」，甚至是空白。近年由於「睡虎地秦簡」、「張家山漢簡」以及一些有關重要文獻、文物、遺址的出現，使「名田制」研究得到進一步發展，內容更爲具體、清晰。說明「漢承秦制」，名田制執行成爲了漢代四百餘年來執行的基本國策之一，有秦代的執行名田制的基礎，漢初這種制度可以說已經日臻完善，處於基本成熟期。這種制度也有其木本水源，基本脫胎於前朝的授田制和軍功爵制，首先對其原有的前代政策制定與執行情況進行一些說明。

一、名田制的前代的基礎前代授田制、限田制

1、春秋戰國承繼了井田制為基礎已經實行授田制。

授田額一般還是繼承井田標準，一家或一夫授田百畝。《荀子‧大略》「家……百畝田」，《管子‧臣乘馬》「一農之壤，量百畝也」，《管子‧輕重甲》「一農之事，終歲耕百畝」一家或一夫授田百畝，土地瘠薄者多授，以供輪作耕休。戰國時亦由國家實施授田，並以法律形式固定化。宅地授定量通常一家五畝左右，《荀子‧大略》曰「家五畝宅」。

授田有「按家授田」和「按夫授田」兩種提法。《魏戶律》有「（假）門逆呂（旅），贅婿後父，勿令為戶，勿鼠（予）田宇」，可見立戶（家）為受田前提。《荀子‧大略》所說「家五畝宅，百畝田」，即為以家授田。又《管子‧臣乘馬》「一農之量，壤百畝也」和《管子‧山權數》「地量百畝，一夫之力也」等。受田單位皆為家，著眼點則在各家主要勞動力「夫」身上，兩者是一致的。商鞅變法明令規定：「民有二男以上不分異者，倍其賦」，李悝盡地力之教所述標準生產單位為「一夫挾五口」。可見，秦與三晉受田之「家」是以一夫為核心的小家庭，授田予「家」和授田予該家主要勞動力「夫」，可以說完全一致。

授田者年齡著眼於是否成為勞動力。《漢書‧食貨志》說：井田「民年二十受田，六十歸田。七十以上，上所養也；十歲以下，上所長也；十一以上，上所強也。」銀雀山竹書一般認為是戰國時代齊國的作品，其《田法》受田者限於十六歲與六十歲之間，十四至十六歲、六十歲以上（可能至七十歲）授以半額田。

外來者打算種田，同樣授田，令其耕種。如戰國時期的農學家、思想家楚國人許行，曾經帶領門徒數十人，穿粗麻短衣，在江漢間以織席為生。滕文公元年（公元前 332 年），許行率門徒自楚抵滕國。滕文公根據許行的要求，給他劃定了一塊可以耕種的土地。經營效果甚好。

2、前代的授軍功爵的影響

西周初期建立的封建制下世襲的五等爵（即公、侯、伯、子、男）制。軍功爵制則是春秋戰國時期建立的一種等級制度，指按軍功（也包括事功）賜予爵位、田宅、食邑和封國的爵祿制度。春秋時期王室衰微，諸侯互相征伐稱霸，起著瓦解五等爵的作用。但此時期軍功爵制的產生，並不意味著五等爵制的徹底廢除。戰國時期王綱解鈕，隨著諸侯國相繼稱王，五等爵制才

最終退出歷史舞臺。

戰國時期軍功爵制已經有變化，但各國軍功爵制記載並不完善，只有秦國二十級軍功爵制保存資料較多，各書記載也不盡相同。如專門論述軍功爵制的《商君書・境內》與《漢書・百官公卿表》所記的爵制就有所差別。若就爵名及其排列順序而言，從一級到九級，二者完全相同，但從十級以後卻有顯著差異。正是軍功爵制在歷史上發展變化的反映。前者是商鞅變法時秦國的爵制，後者則是秦統一後的爵制。前者顯示的軍功爵制自一級以下至小夫，還有校、徒、操三級；一級以上只有十七級而非二十級，其最高級爵爲大良造。由於戰國中期各國國君還都是以侯爲號，故其爵制中沒有侯爵，最高者稱君。如著名的戰國四公子均被封君而未封侯。秦統一後軍功爵發展成爲一套完備的二十級爵制。

3、商鞅變法促成名田制

商鞅對政治的改革是以徹底廢除舊的「世卿世祿」制、建立斬的中央集權制爲重點。制定二十級爵，按人們的軍功大小授予爵位，官吏從有軍功爵的人中選用。各級爵位均規定有占田宅、奴婢的數量標準和衣服等次。《商君書・境內篇》規定：「能得甲首一者，賞爵一級，益田一頃，益宅九畝，除庶子一人。」這樣軍功越大，賞的爵位級別越高，賞的田地的頃數就越多，賞給服役的「庶子」也越多。按規定，每一級爵位可以得到無爵者一人作爲「庶子」，平時「庶子」要給主人每月服役六天，主人有特別役事，則按「庶子」服役期限供給食糧。宗室貴族無軍功的，不得授爵位。睡虎地出土秦簡規定，爵位與罪行有關。有罪犯法應者不得拜爵。還規定可以用爵位贖免身爲隸臣妾的親人。如一個士兵在戰場上斬獲兩個敵人「甲士」首級，他的做囚犯的父母就可以立即釋放，妻子是奴婢可以轉爲平民。公、侯、伯、子、男五級爵位轉變爲二十級軍功爵，爵位價值的「貶值」，爵位授田面積也大大減少。

所謂「名田宅」，就是准許私人以個人名義佔有田宅。當商鞅變法的時候，「名田制度」事實上早已存在。商鞅之所以要在變法令中作出這樣的規定，一方面是用法令公開承認「名田」的合法性，確認個人名義佔有土地的使用權；另一方面規定佔有田宅，必須按照由軍功取得的爵位等級，作爲獎勵軍功，謀求兵強的一種手段。秦始皇三十一年（公元前 227）下令「使黔首自實田」，即命令佔有土地者，按照當時實際佔有土地的數額，向封建政

府呈報。頒佈「黔首實其田」至少有三種意義：第一，官府承認私有土地一定的合法性，第二，依此徵收田租；第三，查清是否符合「名田宅法」。並非如「文化大革命」時所說，是秦始皇的「仁政」，分給百姓田產之舉。

二、漢初的復爵令啓動名田制

秦末漢初，自陳涉吳廣揭竿反秦，楚漢之爭，至劉邦平定黥布、彭越，經過了十四年的戰亂，造成人口大量的走死逃亡，土地權屬又造成混亂。爲了使流民回鄉，軍人復員，劉邦曾下了一道著名的「復故爵田宅詔」。《漢書·高帝紀》中五年五月詔書的全文如下：

詔曰：「諸侯子在關中者，復之十二歲，其歸者半之。民前或相聚保山澤，不書名數，今天下已定，令各歸其縣，復故爵田宅，吏以文法教訓辨告，勿笞辱。民以飢餓自賣爲人奴婢者，皆免爲庶人。軍吏卒會赦，其亡罪而亡爵及不滿大夫者，皆賜爵爲大夫。故大夫以上賜爵各一級，其七大夫以上，皆令食邑，非七大夫以下，皆復其身及戶，勿事。」又曰：「七大夫、公乘以上，皆高爵也。（二十等爵中的第七級。顏師古注：七大夫，公大夫也，爵第七，故謂之七大夫。見《漢書》卷一《高帝紀》）

詔書說明延續秦代的土地制度，繼續執行名田制。令逃亡山林的流民回歸原籍，登記入籍，恢復其原來在前朝的爵位田宅；因飢餓淪爲奴婢的人免爲庶人。特別提到「復故爵田宅」一事，說明漢承秦制，保留秦朝故爵田宅爲合法，而且繼續推行軍功賜田制。商鞅變法時期的「名田制」。據《史記·商君列傳》記載，商鞅變法規定：「明尊卑爵秩等級，各以差次名田宅，臣妾衣服以家次。」劉邦雖然原來率關東子弟，也就是所謂的「諸侯子」起義反秦，但其在楚漢之爭統一天下時，由關中出兵，依靠的是秦人之力，保留其秦朝原有封爵，對安定社會是有利的。

1、漢初爵位與田宅關係

在《漢書·高惠高后文功臣表》中就有相同爵位敘述，封爵之誓曰：「使黃河如帶，泰山若厲，國以永存，爰及苗裔。」劉邦實行賜爵制，賜爵的根本條件，仍然按照秦制的軍功爲依據。爵名有「賜爵五大夫」、「賜爵卿」、「賜爵封」及「賜爵重封」等。漢五年五月劉邦統一全國行封賞諸將士及從軍歸者，實行秦時制定二十等爵制爵名與爵秩（次序）。《漢書·百官表》有詳細記載：「一級曰公士，二上造，三簪裊，四不更，五大夫，六官大夫，七公大

夫，八公乘，九五大夫，十左庶長，十一右庶長，十二左更，十三中更，十
四右更，十五少上造，十六大上造，十七駟車庶長，十八大庶長，十九關內
侯，二十徹侯」。

名田制詳見於 1988 年在湖北江陵出土的張家山漢簡。記載西漢初年，由
漢高祖五年（公元前 202 年）到呂后二年（公元前 186 年）的律文，共十六
年。其《二年律令》敘述了漢初按照爵位領受、佔有田地、宅院的數量。現
錄於下：

「關內侯九十五頃，大庶長九十頃，駟車庶長八十八頃，大上造八十六
頃，少上造八十四頃，右更八十二頃，中更八十頃，左更七十八頃，右庶長
七十六頃，左庶長七十四頃，五大夫廿五頃，公乘廿頃，公大夫九頃，官大
夫七頃，大夫五頃，不更四頃，簪裊三頃，上造二頃，公士一頃半頃，公卒、
士五（伍）、庶人各一頃，司寇、隱官各五十畝。不幸死者，令其後先擇田，
乃行其餘。它子男欲爲戶、以爲其□田予之。其已前爲戶而毋田宅，田宅不
盈，得以盈。宅不比，不得」。

「宅之大方卅步。徹侯受百五宅，關內侯九十五宅，大庶長九十宅，駟
車庶長八十八宅，大上造八十六宅，少上造八十四宅，右更八十二宅，中更
八十宅，左更七十八宅，右庶長七十六宅，左庶長七十四宅，五大夫廿五宅，
公乘廿宅，公大夫九宅，官大夫七宅，大夫五宅，不更四宅，簪裊三宅，上
造二宅，公士一宅半宅，公卒、士伍、庶人一宅，司寇、隱官半宅。欲爲戶
者，許之」。

以上說明：「田」的單位爲頃，一頃爲一百畝；「宅之大方卅步」。一宅即
九百平方步。

2、二十等爵的劃分

二十等爵位可分爲四大檔次：

（1）侯爵檔次：相當於諸侯的爲十九和二十級：關內侯、徹侯。一般係
對立有軍功之將的獎勵，封有食邑多少戶，有按規定戶數徵收租稅之權，可
世襲。漢初列侯封邑，大者萬戶，小者五六百戶。封邑一般爲縣，東漢初有
封四縣者，小者爲鄉或亭。漢初戶口稀少，歷年既久，人口增加，功臣蕭何、
曹參、周勃、灌嬰等的封地，戶數最多者達四萬戶。列侯得徵收封地租稅，
地方行政由中央政府所派官吏治理，列侯不得預聞。漢武帝時，以避帝名諱，
改名通侯，亦稱列侯。有其號，無國邑。後又有僅賜名號不給封邑者，如霍

去病封冠軍侯，另行指定地方為封邑。列侯多居京師，與所封之地關係淡薄，奉命「就國」（回到封邑居住）者，反似貶逐。漢賈誼《陳政事疏》：「令信、越之倫列為徹侯而居，雖至今存可也。」關內侯位於徹侯之次。衛青第一次領兵與匈奴作戰，直搗黃龍，遂賜封為關內侯。十九級和二十級可食租稅或食邑；而十八級和十八級以下「則如吏職」。侯爵的名田宅制度顯然特殊。徹侯是有封邑的，未定田數，有百五宅（一宅九百平方步）關內侯田宅數量雖多，但無封邑。可由繼承人繼承爵位。

（2）卿爵檔次：相當於卿的是十至十八級，共九級，有：左庶長、右庶長、左更、中更、右更、少上造、大良造、馴車庶長、大庶長。「更」指更卒，即輪流服役的士卒，左更與第十三級中更、第十四級右更，均以更卒之將為爵位名。大良造與少上造均皆取名自「主上造之士」。秦惠文王設立相國一職掌握軍政大權後，主要用作爵名，沿用至漢朝。秦國一些立有軍功者或名臣都獲封過大良造，如商鞅、公孫衍、白起等。秦國有四種庶長：大庶長、右庶長、左庶長、馴車庶長。四種庶長都是職爵一體，既是爵位，又是官職。大庶長贊襄國君，大體相當於早期丞相；右庶長為王族大臣領政，左庶長為非王族大臣領政，馴車庶長則是專門執掌王族事務；四種庶長之中，除了左庶長可由非王族大臣擔任，其餘全部是王族專職。商鞅變法之後，秦國官制仿傚中原變革，行開府丞相總攝政務，各庶長便虛化為軍功爵位，不再有實職權力。

從歷史看，卿的檔次是很高的，一般都是主持國家大事的官員。再從名田制的田宅佔有上是與侯一檔緊相連的。自關內侯以下，均按每低一級，按照「等比」下降只是兩頃、兩宅而已。可知卿這一檔次確為高爵，不再服役。卿的後子（繼承人）只能降等繼承，而且降得幅度很大，一般要降到大夫檔次，將導致所繼承的田宅數量的減少。而徹侯、關內侯的後子可以原封不動地繼承。除了後子（繼承人）外，卿的其它兒子只能賜為公乘。

（3）大夫爵檔次：大夫檔次的是五至九級，有：大夫、官大夫、公大夫、公乘、五大夫；秦、漢二十等爵的第八級，以得乘公家之車，故稱公乘。《墨子·號令》說：「官吏豪傑與計堅守者，士人及城上吏比五官者，皆賜公乘。」《漢書·百官公卿表上》：「爵位公乘」顏師古注：「言其得乘公家之車也。」《漢書·王子侯表上》：「元壽二年五月甲子，侯勳以廣玄孫之孫長安公乘紹封『千戶』。」顏師古注：「公乘，第八爵也。」

從名田制的田宅佔有的狀況看，與卿的檔次比較是大相徑庭。大夫檔中最高的五大夫幣卿一檔中最低的左庶長田宅一下就降低近五十頃、五十宅。只能算是中等爵位，在歷年也有變化。秦與漢初，從第七級的公大夫（也稱七大夫）起，即為高爵，漢高祖規定：七大夫以上均有食邑，文帝後，第九級五大夫以上始為高爵，五大夫的侍遇不過免役，公乘以下仍須服役。東漢明帝規定：賜民爵不得超過公乘。其後子（繼承人）爵位要降兩級繼承。

（4）士爵檔次：中國傳統社會中的所謂「四民分業」亦即士、農、工、商四大群體。早在春秋戰國時期隨著社會分工的發展，「四民」業已形成，所以士爵屬於民爵。士爵為一至四級：即公士、上造、簪裊、不更。公士是最低的爵位，其上為上造。第三級簪裊，高於上造，仍須服役。簪裊命名之意，據《漢書·百官公卿表》顏師古注：「以組帶馬曰裊。簪裊者，言飾此馬也」。第四級不更，始得免充輪流服役之兵卒，第三級還不能享此優待，僅略優於無爵之人。名田制的田宅，只是比無爵的普通人佔有一頃一宅的基礎上提高了一步。都有服役的任務，只有不更免除部分差役。

（5）無爵位者：有封爵者以下，就是普通的沒有爵位公卒、士伍、庶人，這類人人數眾多，是名田制中最多的人群，是主要勞動者，是納稅的「編戶齊民」。在名田制下，無爵位者同樣列入這種政策的序列之中。自周代以來，國人中的上層為卿、大夫、士，下層為庶人。在一定條件下，庶人有可能轉化為爵位等級成員，如以軍功晉升為士、大夫等；有爵位等級的人也能轉變成庶人。秦以後，除奴婢外，無官、爵及秩品者均泛稱庶人。同樣與庶人名田宅的標準一樣的還有士伍、公卒。在張家山漢簡中與公卒有關的資料主要見於《二年律令·傅律》。從這些資料所反映的情況看，公卒的地位雖略高於士伍，但實際待遇與士伍大體相同。公卒、士伍和庶人都可稱作無爵的平民，這些人所受之田也與當時文獻所稱的「一夫百畝」的標準相符合。《睡虎地秦墓竹簡》中「士伍」資料較多，說明士伍身份在當時很普遍而複雜，但都有從軍的資歷。歸納起來秦簡士伍共有五種類型。一為有奴婢、有資產的士伍；二為告子不孝的士伍；三為逃亡的士伍；四為參過軍的士伍；五為轉為盜賊的士伍。士伍的真正身份，是指居住在里伍之中，沒有官職、爵位，在戶籍上有名的成年男子，與普通庶人有所區別。

（6）另類特殊人群：司寇、隱官都列入授田政策之中。但低於庶人的一半。司寇是刑徒名，在漢文帝改革刑制以前，除非司寇本人立功獲得爵位，

或其親屬以爵位或其它財物爲其贖罪，否則司寇的身份是終身的。《二年律令‧戶律》規定，五大夫以下的居民，相鄰各戶都要按伍的編制組織起來（「自五大夫以下，比地爲伍」）；又規定「隸臣妾、城旦舂、鬼薪白粲家室居民里中者，以亡論之」，也就是說，妾臣妾以上的刑徒，都要由官府集中監管，他們如果居住在「民里」中，就要按逃亡罪論處。值得注意的是，這裏所列舉的刑徒並不包括司寇以下，說明司寇是可以居住在民里中的。從上面所引《二年律令‧傅律》的條文來看，司寇之子與公士、公卒、士伍、隱官之子，同樣具有士伍的身份。但是，司寇畢竟是低於無爵的士伍和庶人的特殊人群，因此，其所受田宅的標準相對要低。

關於隱官，《二年律令‧具律》規定：「庶人以上，司寇、隸臣妾無城旦舂、鬼薪白粲罪以上，而吏故爲不直及失刑之，皆以爲隱官；女子庶人，毋筭（算）事其身，令自尚」。隱官是由於有關官員故意重判或過失，使司寇、隸臣妾和庶人以上的人被處以肉刑。作爲補救措施，把這些人安排到隱蔽的場所勞動，並免除其算賦和徭役。這些人作爲體膚殘損的特殊人群，其所受田宅標準與司寇相同。

（7）罪犯：罰爲奴婢的隸臣妾，須終身爲官府服役，不在分田宅之例。城旦舂，男者爲城旦，罰役修築長城或戍邊；女者爲舂刑，罰爲舂米。刑期一般四年至六年。鬼薪白粲，男犯要爲祭祀鬼神而去上山砍柴；女犯要爲祭祀鬼神擇米做飯。均有專人看管。

三、低爵戶和民戶名田制的執行概況

1、漢代農村基層對名田制的組織管理

《漢書‧百官公卿表》載：「大率十里一亭，亭有長。十亭一鄉，鄉有三老，有秩、嗇夫、遊徼。三老掌教化，嗇夫掌訴訟，收賦稅。遊徼徼循禁賊盜」。《漢書刑法志》記載「秦用商鞅，連相坐之法，造參夷之術」。里則有里正或里典，爲一里之長。一里之中，又將居民以什伍編制，置什長與伍長。

《二年律令‧戶律》稱：「自五大夫以下，比地爲伍，以辨□爲信，居處相察，出入相司。有爲盜賊及亡者，輒謁吏、典。田典更挾里門籥（鑰），以時開，伏閉門，止行及作田者。其獻酒及乘置乘傳，以節使，救水火，追盜賊，皆得行。不從律，罰金二兩。

隸臣妾、城旦舂、鬼薪白粲，家室居民里中者，以亡論之。募民欲守縣

邑門者，令以時開閉門，及止畜產放出者，令民共（供）食之，月二戶。□□□□令不更以下更宿門。

由以上諸條看來；名田制下編戶齊民全都要加入什伍組織，並包括有民爵者。但高爵位者不在其內，必然會另有高等級待遇安排。卿以上一戶高達七十餘頃到九十餘頃的田畝，絕不能自耕自種完成。大夫一檔的都要「比地為伍」，參加鄉里管理。士一檔者，在不更以下的，還要值差打更、守夜看門。

在漢代，鄉與縣在授田中起著主要作用，其中鄉主要負責具體的統計與彙報工作，如《二年律令·戶律》規定：「恆以八月令鄉部嗇夫、吏、令史相襍案戶籍，副臧（藏）其廷。有移徙者，輒移戶及年籍爵細徙所，並封」。就是說：鄉官嗇夫在每年的八月份統計本地戶籍，一份留鄉，一份報縣。如有遷移戶，要將遷移者的年齡、爵位等詳細材料發送到移徙之地。還規定：「民宅園戶籍、年細籍、田比地籍、田命籍、田租籍，謹副上縣廷，皆以篋若匣匱盛，緘閉，以令若丞、官嗇夫印封，獨別為府，封府戶」。這些簿籍涉及民戶的住宅、園圃、家庭人口及年齡、耕地數量與四至乃至田租等等，都由鄉匯總保存，並呈報到縣廷的府庫保存一份，管理制度很嚴格。每年新立的戶登入戶籍，並排列出立戶的先後次序，呈報給縣廷。

2、名田制下建立小戶型農業結構

漢初在名田制下推行了「編戶齊民」。早在秦獻公十年，就實行過「為戶籍相伍」。西漢政府正式編入戶籍的農戶稱為「編戶齊民」，是屬於小戶型的庶民組織結構。各農戶的戶籍上有姓名、年齡、籍貫（郡、縣、里）、爵級、膚色、身高、家口、財產（田宅、牛馬、奴婢、車輛）等項目，必須一一載明。各郡每年都要通過「上計」，向中央申報管區內的戶口數和墾田數。在列入戶籍的編戶齊民中，人數最多的是自耕農民。《漢書·食貨志》注引如淳曰：「齊，等也。無有貴賤，謂之齊民，若今言平民矣。」「齊民」的含義是「平民」。「齊民」即所有的百姓，在法律面前都是地位平等的。事實上，平民雖無貴賤之分但有貧富之別。

編戶齊民具有獨立的身份，依據資產多少承擔繳納國稅，執行徭役的義務：有田租、算賦、口賦、徭役、兵役等。《居延漢簡》曾記載編戶齊民戶籍情況，如戶主徐宗：「居延西道里徐宗，年五十，妻一人。男同產二人，婦同產二人。宅一區值三千。田50畝值五千。用牛二值五千。」

3、漢初農戶的土地基本是原來祖產

名田制官府有掌握土地的還授權利，民戶（包括低爵戶）土地的來源並非官府把全部土地收回，再進行重新分配，而是在現有土地佔有關係的基礎上加以調整。佔有土地會有多種途徑，如繼承祖業、官府授田、買田、墾田等。漢初，天下初定，土地資源數量以及土地的還授周轉還是處於可控狀態，如果不是如此，就不會推行名田制的授田。但是由政府授給吏民的田地資料在漢初這方面還是少見的。在《二年律令》中，談論最多的繼承祖業田產問題，說明農戶田產換是靠祖業繼承，但是受政府管理和控制。

關於田宅的繼承，《二年律令‧戶律》規定：「不幸死者，令其後先擇田，乃行其餘。它子男欲爲戶，以爲其□田予之。其已前爲戶而毋田宅，田宅不盈，得以盈。宅不比，不得」。「後」指認可的嗣子，即第一繼承人。還規定戶主可以立遺囑（「先令」）處理包括田宅在內的財產：「民欲先令相分田宅、奴婢、財物，鄉部嗇夫身聽其令，皆參辨券書之，輒上如戶籍……所分田宅，不爲戶，得有之，至八月書戶，留難先令，弗爲券書，罰金一兩」。居民要立遺囑，分田宅、奴婢、財物，鄉嗇夫要負責受理。「不爲戶，得有之」一語是說：授田宅針對已經立了戶的，而那些雖立了遺囑，尚未立戶的人，到八月份要正式登記立戶，才能有效。

又根據《二年律令‧置後律》，「寡爲戶後，予田宅，比子爲後者爵。其不當爲戶後，而欲爲戶以受殺田宅，許以庶人予田宅」。戶主去世而沒有男性繼承人，其寡妻和女兒也可以以「戶後」的爵位身份獲得田宅。想另立新戶的，不繼承爵位，按庶民標準取得田產。同時還規定：「女子爲父母后而出嫁者，令夫以妻田宅盈其田宅。宅不比，弗得。其棄妻，及夫死，妻得復取以爲戶」。如女兒出嫁後，其夫家田宅尚未足額時，可以用她的指標補足。

在《二年律令‧置後律》中，還有規定：「死毋後而有奴婢者，免奴婢以爲庶人，以□人律□之□主田宅及餘財。奴婢多，代戶者毋過一人，先用勞久、有□子若主所言吏者」。就是說：戶主去世時沒有任何家庭成員，其奴婢可以免爲庶人，並以「戶後」的身份佔有主人的田宅及其它財產。有的學者，對家族爲背景的中國社會，遺產以法律形式傳給無有血統關係的人，而百思不得其解。類似的法律條文以前從未見過，認爲如何認識這條律文以及當時的社會性質和奴婢的社會地位，是一個值得深入探討的問題。我的看法是：一、從政府徵收賦稅角度看，遺產交給奴婢，就有了繼續繳納賦稅新的編戶；二、漢代各農戶的成員也比較複雜，後父、贅婿都算奴婢之列，或有其它原

因。

4、土地買賣、官府授田、墾殖新田是農戶土地消長的另一原因

《二年律令‧戶律》有田宅買賣的政策規定：「受田宅，予人若賣宅，不得更受」。「代戶、貿賣田宅，鄉部、田嗇夫、吏留弗爲定籍，盈一日，罰金各二兩」。已經獲得官府得到授田而出賣田宅，就不能再次獲得授田。管理田宅的鄉部、嗇夫要把田宅買賣、戶主變更等情況，及時登記在冊，不得拖延。這就牽連納稅問題。

《二年律令‧田律》規定：「田不可田者，勿行；當受田者欲受，許之」。此條規定說明，除祖產繼承外，農戶還有兩個取得田宅的來源。不能當農田的土地「不授」，反之證明官府有授田宅的政策：農戶如果打算開墾，還是允許的，說明墾荒是農戶取得田宅另一條件。漢代官府所授之田大體上也包含這幾種土地。漢代的名田制沒有禁止土地買賣，只是規定購買土地不能超過法律所規定的標準（「不得過本制」）

5、名田制田宅的退還政策

漢代政府管理土地，有授就有還。《二年律令》中，見到還田規定有三條。一、犯罪的人，包括判完城旦舂、鬼薪以上以及受腐刑的沒收田宅，同時還沒收妻、子和財產。即「罪人完城旦舂、鬼薪以上，及坐奸府（腐）者，皆收其妻、子、財、田宅」。二、田地很壞不能墾殖的，如有農戶申請圖案換，可以批准。「田不可狠（墾）而欲歸，毋受償者，許之」。此案必然牽連官府徵稅和農戶完稅的問題。三、用欺詐行爲佔有田宅，收歸官府，還要治罪。欺詐行爲有兩種情況：一種是沒有立戶，佔有了田宅；另一種利用別人名義佔有田宅的，一經查出，其田宅將會被沒收，還要治罪。即「田宅當入縣官而　（詐）代其戶者，令贖城旦，沒入田宅」。「諸不爲戶，有田宅，附令人名，及爲人名田宅者，皆令以卒戍邊一歲，沒入田宅縣官。爲人名田宅，能先告，除其罪，有（又）畀之所名田宅，它如律令」。

名田制的退田最重要的原因是與爵位變更有關的事項。即戶主死亡，將導致部分田宅退還官府。田宅數量是與爵位高低相對應的。二十等爵中，只有徹侯、關內侯這兩個最高的爵位，其後子可以原封不動地繼承，而卿以下的各級爵位，其後子只能降等繼承。爵位的降等繼承，將導致所繼承的田宅數量的減少。其中受影響最大的，莫過於卿。卿的後子只能以公乘的身份繼承 20 頃田和 20 宅，降低的幅度非常大，其它大部分田宅只能由卿的其它兒

子繼承。而且，卿的後子（公乘）如果不能獲得更高的爵位，其繼承人（即卿的孫輩）只能以官大夫的身份繼承 7 頃田和 7 頃宅。這樣，爵位為卿的戶主，經過三代以後，其嫡系子孫的地位也將逐漸向普通平民靠攏。

再分配田宅時，官府就根據立戶時間的先後授給各戶；遇到立戶時間相同的戶，則根據戶主爵位的高低分授田宅。所以《二年律令·戶律》載有：未受田宅者，鄉部以其為戶先後次次編之，久為右。久等，以爵先後。有籍縣官田宅，上其廷，令輒以次行之。實際授田過程中，死者的家屬可以優先獲得死者的土地，並不問其立戶時間和爵位高低。具體而言，就是「後」可以優先選擇應得的土地；如果還有剩餘，死者其它的兒子要想另立戶，也可獲得應得的授田；如果他們在此之前已經立戶，但田宅數量尚未達到法定標準，現在也可以補足，「宅不比，不得」。因為漢代生活在里中的居民，都被按「伍」編制起來，同伍之人，住宅是相鄰的。如果另立戶的兒子並不住在鄰近，就不可能與父親屬於同一伍，此時如果又來繼承父親的住宅，就意味著他同時在兩個伍中都有住宅，這必然給管理帶來一定難度，故為法律所不允許。

四、卿高爵位在名田制中的管理探討

卿爵一檔次共九級；即十級左庶長、十一級右庶長、十二級左更、十三級中更、十四級右更、十五級少上造、十六級大上造、十七級駟車庶長、十八級大庶長。關於卿爵，在《史記》、《漢書》、《後漢書》中有所提及，特別是《續漢書·百官志》注引劉劭《爵制》曾兩次提到卿爵。即「自左庶長以上至大庶長，九卿之義也」，「自左庶長已上至大庶長，皆卿大夫，皆軍將也」。說明在爵位的排序位置是高的。

上節所敘述的名田制律令中各條款，是針對普通庶民和低爵者，是由鄉一級的鄉部、嗇夫管理，值得探討。卿爵這一檔次的人地位突出的高，而且在名田制中他們佔有田宅非常驚人，比不同庶民高七十多倍到九十多倍。這麼多田宅來自何處？漢初天下初定，無主田土是有的，官府有條件，是否能全額。如後來武帝（公元前 119 年）拜卜式為中郎，賜爵左庶長，只給了田十頃。隨之而來的是勞動力怎樣解決。總不能是荒地一片吧。勞力或可使用奴婢、雇工。另外，當卿爵本人亡故後，田宅要大部分退還，不能保持原數田宅，如何退還，誰來接手等諸多疑問。以上等等問題，使人費解。《二月律令》

涉及到高爵位的資料有以下幾處：

《漢書・高帝紀下》記載，高帝五年，劉邦曾下「復故爵田宅令」：「故大夫以上賜爵各一級，其七大夫以上，皆令食邑。非七大夫以下，皆復其身及戶，勿事」。「七大夫」應指爵位第七等級的「公大夫」，其上為「公乘」以上各爵，得名田宅 20 頃 20 宅以上。「食邑」，仍屬國有土地，而非私有土地，這可從其繼承法（置後律）中得以說明。

《二月律令・田律》載：「卿以下，五月產出賦十六錢，十月戶出芻一石，足其縣用，餘以入頃芻律入錢」。這是一條卿以下爵位的交納戶賦、戶芻的律文。可說明卿爵以上是沒有戶賦、戶芻負擔的。

其《二月律令・賜律》中有以下記載：「賜不為吏及宦皇帝者，關內侯以上比兩千石，卿比千石，五大夫比八百石，公乘比六百石，公大夫、官大夫比五百石，大夫比三百石，不更比有秩，簪裊比斗食，上造、公士比佐史。」這一條講官職與爵位對應關係的律文，說明漢初爵位與官員的官秩（就是的級別），有對應關係。「比」就是相當的意思，不任現職的卿相當於比千石官秩的長史、中丞、太中大夫、廷尉、僕射等官員。關內侯比二千石，就相當郡守官階。五大夫以下至公士同樣有官秩對比。

關於爵位死後繼承的問題，《傅律》還稱：「疾死置後者，徹侯後子為徹侯，其毋適（嫡）子，以孺子□□□子。關內侯後子為關內侯。卿後子為公乘。五大夫後子為公大夫，公乘後子為官大夫，公大夫後子為大夫，官大夫後子為不更，大夫後子為簪裊，不更後子為上造，簪裊後子為公士。其毋適（嫡）子，以下妻子、偏妻子」。按照其規定侯爵等級的後子是原爵位繼承，卿爵等級的後子一律繼承公乘，五大夫以下的後子都是降兩級繼承。繼承者必須是嫡長子，如果沒有嫡長子，姬妾之子也可以。

另條律文稱：「不為後而傅者，關內侯子二人為不更，它子為簪裊。卿子二人為不更，它子為上造。五大夫子二人為簪裊，它子為上造。公乘、公大夫子二人為上造，它子為公士。不更至上造子為公卒」。

從以上律文分析，卿的一檔是特殊層次。可以分析在名田制中，田宅佔有類似采邑，給他們多少指標戶，得其稅收作為俸祿。卿以下各爵則有納稅任務，不更以下還要支差。

從以上條文分析：卿爵是不納稅的，而且還有俸祿。沒有「吏」的職務和「宦皇帝者」可以「比吏食俸」，稱為「比秩」。「宦皇帝者」是侍臣系統與

行政吏員有別。「吏」原有祿秩，後來侍臣也有相同的俸祿，「比秩」就是與「吏」相的待遇。因而是滋生「比秩」的溫床。

以卿爵級別中的的十三級中更爲例，他享受八十頃田和八十宅，對應「吏」的「秩」爲一千石。月給七十到九十斛。漢代一斛及一石，年俸基本接近一千石。在研究農戶的收入，魏李悝說過：「今一夫挾五口，治田百畝，歲收畝一石半，爲粟百五十石」，到漢初糧食單產不會有太大的變化。以此爲例，漢初是執行「什一而稅」的，每戶每年應納稅五十五石。其八十戶的稅收基本也達到一千石。正相當一個卿爵的一年俸祿。或可判定官府給卿爵指定相應的農戶，收其租稅以爲官俸。這種設想，也符合漢代對待侯爵待遇的政策。封侯者都不到封地去，而由地方官員代收。當被封爵的人身沒後，則很容易處理。指定的農戶稅收歸官府，另行處置。卿的繼承人的田宅，按照名田制重新按照「公乘」級別安排。這樣運作說法還是符合實際的。

名田制從漢高祖立國一直到漢獻帝滅國都在推行，但是，並不平坦，遇到許多曲曲折折。漢文帝爲了增加國家財富，在公元前 168 年 3 月接受中大夫晁錯的建議，「令民入粟於邊，六百石爵上造，四千石爲五大夫，一萬二千石爲大庶長。拜爵各以多少級數爲差」。賈誼《論積貯疏》也說：「歲惡不入，請賣爵子。」土地的自由買賣，一部分「富民、豪民、富商佔有較多的土地，成了地主。豪民乃大量出現，並逐漸形成爲新的一種地主經濟類型。總之，名田制發生了變化，隨著土地私有制發展，豪強地主惡性膨脹，名田制名存實亡。終於在東漢末年，釀成群雄並起，天下大亂。

見《古今農業》2014 第 1 期

名田制是地主豪強莊園經濟發展的基礎

提　要

　　商鞅變法「除井田，開阡陌」後，軍功爵制在秦國得到最充分的發展並延續到整個漢代。建立了二十級軍功爵。在授田方面爲「名田制」按照軍功爵高低授田。名田制實際也是限田制。給了有爵位人的占田資格，限制普通平民的發展。漢初由於官府公開賣爵，土地的自由買賣，一部分「富民、豪民、富商佔有較多的土地，成了豪民地主。豪民乃大量出現，並逐漸形成爲新的一種地主經濟類型，大量使用奴婢。東漢以來豪強地主惡性膨脹，到魏晉南北朝時期社會大動亂，造成不論南方和北方都出現大量使用農奴的莊園經濟。秦漢時期的名田制正是魏晉南北朝時期地主豪強莊園經濟發展的基礎，社會的大動亂則是其外界環境條件。

　　小農生產方式自給自足的自然經濟是歷代中國農業經濟主要的特點，一是分散；二是生產出來的產品都用來自己消費或絕大部分用來自己消費，而不是進行商品交換，男耕女織的耕織結合是自然經濟的典型表現。小農經濟現在農村依然大量存在這種經濟現象。但是在中國社會大動蕩的魏晉南北朝時期，不論南方和北方卻出現大量使用農奴的莊園經濟。北方世家大族爲了自保，以血緣關係爲基礎，武裝聚族，在塢堡壁壘之間形成了豪強地主塢壁經濟，得以發展。在南方舉宗而避難的塢壘堡壁又有發展。被奴役被剝削的自耕農爲逃避苛政隱蔽沙門，寺院地主莊園經濟也隨之呈現出興旺景象。魏孝文帝太和元年（公元 477 年），僅平城就有寺院 100 所，僧尼 2,000 餘人。

地主莊園制的發展和自然經濟的再次強化，世家大族式家族組織產生的經濟，就是這一時期經濟上的重要特點。而秦漢時期的名田制正是魏晉南北朝時期地主豪強莊園經濟發展的基礎，社會的大動蕩則是其外界環境條件。

一、秦漢時的名田制是產生大地主莊園經濟的基礎

秦商鞅變法「除井田，開阡陌，」使民得買賣土地。漢承秦制，繼續推行「名田制」，使全國土地統一由國家向耕者分授，由國家統一徵收賦稅，並且允許土地買賣。開放土地市場，導致「王制遂滅，僭差亡度。庶人之富者累鉅萬，而貧者食糟糠」〔註1〕。這引發土地兼併、貧富不均、風俗奢靡。進而導致：等差不分、法繁政苛、賦斂無度一系列社會問題。

秦末漢初，頻繁的戰爭產生大量的軍功爵地主。軍功爵制在秦國得到最充分的發展並延續到整個漢代。論功行賞，突出的特點是計首賜爵，得一甲首，賜爵一級。爵位，可以為官，可以得到田宅和役使庶子（奴婢），可以用來贖罪或贖奴婢。商鞅變法規定：秦國的士兵只要斬獲敵人一個首級，就可以獲得爵位一級、田宅一處和僕人數個。斬殺的首級越多，獲得的爵位就越高，建立了二十級軍功爵。在授田方面為「名田制」按照軍功爵高低授田。爵位分為四等二十級。二十等爵中最高等級的徹侯，只有宅地，沒有受田數量，其有特殊安排。「其有功者上致之王，次為列侯，下乃食邑。而重臣之親，或為列侯，皆令自置吏，得賦斂，女子公主。為列侯食邑者，皆佩之印，賜大第室。〔註2〕據《張家山漢墓竹簡》二十級軍功爵計為：徹侯以下的十九級各受田宅：「關內侯九十五頃（每頃為 100 畝），（以上為侯級）；大庶長九十頃，駟車庶長八十八頃，大上造八十六頃，少上造八十四頃，右更八十二頃，中更八十頃，左更七十八頃，右庶長七十六頃，左庶長七十四頃（以上為卿級）；五大夫二十五頃，公乘二十頃，公大夫九頃，官大夫七頃，大夫五頃（以上為大夫級）；不更四頃，簪裊三頃，上造二頃，公士一頃半，（以上為士級）。以下沒有爵位的為公卒、士五（伍）、庶人各一頃，司寇、隱官各五十畝。（司寇、隱官他們是受輕刑的沒有完全自由的罪犯，屬於半賤民。）不幸死者，令其後先擇田，乃行其餘。他子男欲為戶，以為其□田予之。其已前為戶而毋田宅、田宅不盈，得以盈。宅不比，不得。」

〔註 1〕見《漢書‧食貨志》。
〔註 2〕見《漢高祖十二年（公元前 195 年）三月的詔書》。

名田制還注意了宅地的分配問題，這也是古代井田制的延續。井田制就規定各有一定的宅地，如《春秋·穀梁傳》稱：「古者公田爲居，井竈蔥韭盡取焉」。秦漢時期的二十等爵制爲基礎的名田制，對宅地佔有作了詳細的規定。而且每一等級田、宅數量都有對應關係：受田95頃的關內侯，其宅地面積爲95宅（一宅爲900方步，約四畝）；受田90頃的大庶長，其宅地面積也是90宅，依此類推，直到最低等級的司寇、隱官受田0.5頃，宅地0.5宅。

爵位並不完全世襲，當得爵的戶主死亡，將導致部分田宅退還官府。田宅數量是與爵位高低相對應的。二十等爵中，只有徹侯、關內侯這兩個最高的爵位，其後子可以原封不動地繼承。而卿以下的各級爵位，其後子只能降等繼承。爵位的降等繼承，將導致所繼承的田宅數量的減少。其中受影響最大的，莫過於卿。卿的後子只能以公乘的身份繼承20頃田和20宅，降低的幅度非常大，其它大部分田宅只能由卿的其它兒子繼承。經過三代以後，其嫡系子孫的地位也將逐漸向普通平民靠攏。這就意味著，高爵者的後代如果想繼續享有其祖、父輩的富貴與榮耀，就必須再立新功。

皇帝對於特權人士加以恩賜，或賜以短期免稅役，或賜以終身免稅役，此稱爲「賜復」。此外，凡受爵至第九級以上者皆「復」。一般民爵不得過公乘，因爲「五大夫」以上就可以享受免稅免役待遇了。不更以下還要服勞役。

名田制下土地分配不均。「名田制」規定占田標準，高等的關內侯九十五頃，最低的公士一頃半。一般兵卒和庶人田爲一頃。所以名田制實際也是限田制。給了有爵位人的占田資格，限制普通平民的發展。在漢初有爵位的官員和普通庶人占田不是在一個起跑線上。

二、秦「黔首實其田令」和漢「復故爵田宅詔」

秦「黔首實其田令」和漢「復故爵田宅詔」，其實質都是執行和發展名田制。自「除井田，開阡陌」後，以「夫」爲單位的較爲平均使用農田制度被廢止。人們爭相擴大佔用土地和勞動力，以擴大財富。因爲起跑線的不同，造成財富更大的不均。秦代時因爲包括庶民占田不均，秦始皇建朝第五年頒佈了：「黔首實其田」命令，讓全國有田的人自報佔有田地的實際數額，查清田畝數量，以便推行名田制，並爲徵收賦稅定數量。

秦末漢初，自陳涉吳廣揭竿反秦——楚漢之爭——至劉邦平定黥布、彭越，經過了十四年的戰亂，造成人口大量的走死逃亡，土地權屬又造成混亂。

為了使流民回鄉，軍人復員，劉邦曾下了一道著名的「復故爵田宅詔」。稱「民前或相聚保山澤，不書名數。今天下已定，令各歸其縣，復故爵田宅，吏以文法教訓辯告，勿笞辱。民以飢餓自賣為人奴婢者，皆免為庶人。軍吏卒會赦，其亡罪而亡爵及不滿大夫者，皆賜爵為大夫。故大夫以上賜爵各一級，其七大夫〔註3〕以上皆令食邑；非七大夫以下，皆復其身及戶，勿事。」〔註4〕令逃亡山林的流民回歸原籍，登記入籍，恢復其原來在前朝的爵位田宅；因飢餓淪為奴婢的人免為庶人。特別提到「復故爵田宅」一事，說明漢承秦制，保留秦朝故爵田宅為合法，而且繼續推行軍功賜田制。據《史記·商君列傳》記載，商鞅變法規定：「明尊卑爵秩等級，各以差次名田宅，臣妾衣服以家次。」劉邦雖然原來率關東子弟，也就是所謂的「諸侯子」起義反秦，但其在楚漢之爭統一天下卻是依靠的秦人之力，保留其秦朝原有封爵，對安定社會是有利的。

漢初貴族、官僚地主經濟占很大的優勢。他們為當權者，充分利用社會地位人文資源的優勢，巧取豪奪，更容易佔有大量的土地資源。這些人佔有大量封地、賞地。漢元帝丞相匡衡在樂安鄉有封地三千一百頃。皇帝常賞賜公田，如卜式拜中郎，就賜田十頃。他們還大量掠奪私田，蕭何曾「賤強買民田宅數千萬」。漢武帝丞相田蚡欲強佔竇嬰的城南（極膏腴）田。這種貴族官僚地主經濟一般都不直接經營，以收取封地賦稅和地租為主。他們享有政治特權，尊崇儒宗，控制仕途、有很多依附人口。灌夫和酷吏寧成當是他們中的代表人物。灌夫在景帝時官至代國國相，武帝時擔任淮陽太守。「諸所交通，無非豪傑大猾。家累數千萬，食客日數十百人。陂池田園。宗族賓客為權利，橫於潁川」。〔註5〕漢武帝時的酷吏寧成，回到家鄉後，「乃貰貸買陂田千餘頃，假貧民，役使數千家」〔註6〕這種豪民地主，至東漢時竟得到了惡性膨脹。

軍功爵還規定立功者還分配給奴婢，這就需要研究有多少有官爵者使用奴婢，成為莊園主經濟。據美國學者韋慕庭說：「前漢時期的奴婢數字不會超過近於 6,000 萬的人口總數的 1%，而且可能更少。奴婢的人數似乎一直不占

〔註3〕二十等爵中的第七級。顏師古注：七大夫，公大夫也；爵第七，故謂之七大夫。

〔註4〕《漢書》卷一《高帝紀》。

〔註5〕《史記·魏其武安侯列傳》。

〔註6〕《史記》卷122《酷吏列傳》。

人口的多數，私人奴婢大多從事家務勞動，很少有生產任務。漢代官員最多不會超過全國人口的千分之二，受爵人數仍然是少數。庶族地主和自耕農依然是占大多數。」〔註7〕

三、三楊莊遺址證明西漢一直推行名田制

睡虎地秦簡和張家山漢簡對秦漢實行名田制都有文字的說明。2003 年夏，在河南省內黃縣南部的黃河故道中，發現了一處規模宏大、保存完整的漢代村落遺址。更進一步用實物宅院狀況來證明名田制的切實存在實行。三楊莊遺址是西漢時期的村落，一直到王莽時期才被淹沒，也說明在西漢王朝整個時期，在分配田宅方面一直執行名田制制度。

所發掘出來的庭院格局基本一致，都是坐北朝南的兩進庭院。有西門房、東廂房、西廂房、主房組成。院子的南大門外有用磚砌的水井，並有鋪就的小道連接院門前。庭院西牆外還有一曲池塘。院內大門旁有狗窩，還有廁所、牛棚，磨房，生產、生活功用很是齊全。各戶庭院形勢、功能相同，大小有些差別，或與家庭人口多少有關。一處較大些的是：南北長 20 米，東西寬 18 米。所見到的宅院小農戶，未見到有大戶人家。

目前已有 13 處庭院遺存得到確認。通過對其中 4 處的發掘，清理出包括房屋瓦頂、牆體、水井、廁所、池塘、水溝、樹木等大量重要遺跡，並出土了一批當時普通農民日常生產、生活中使用的各類遺物。各戶在庭院的周圍，主要是庭院的後面（北面），種植有成排的樹木，樹木遺存顯示樹徑在 20 釐米左右。

從 13 處庭院遺存和對其中 4 處的發掘，可以看到漢代村落的格局。每家宅地都是獨立的。而戶與戶之間並不緊連，中間均有距離 25 米到 50 米農田毗地相隔，所以有「毗鄰」的說法。有小道路相通，連接公共大路。與宋代以後在佃耕制條件下，村落是房舍成排，有街有巷，連牆搭簷的形式。說明漢代村落格局是受名田制的田宅規定的影響。原因是每個沒有爵位的普通農戶，宅地是規定 900 方步（0.375 畝）。一般建築屋舍不過占 120 方步。宅地南界邊是住宅正門；大量的餘地左右兩側是農地、桑園；北面是林地。所以各戶都是互不相連的。三楊莊村落遺址和睡虎地秦簡、張家山漢簡可相互印證名田制的執行。

〔註7〕韋慕庭：《西漢的奴隸制》（芝加哥，1943）。

四、西漢豪強地主的發展和抑制

以軍功爵授田的名田制，限制了庶民對土地的佔有量，只能占田在一頃以下。但是，後來庶民可以買爵，來提高占田數量。秦代就有賣爵的記載，據《史記・秦始皇本紀》，始皇四年（公元前 243 年）「百姓內粟千石，拜爵一級」。漢初，社會相對安定以後，「力田」比「軍功」顯得更爲重要了。漢文帝爲了增加國家財富，在公元前 168 年 3 月接受中大夫晁錯的建議，「令民入粟於邊，六百石爵上造，四千石爲五大夫，一萬二千石爲大庶長。拜爵各以多少級數爲差」。最高可以買到大庶長。賈誼《論積貯疏》也說：「歲惡不入，請賣爵子。」《史記・孝文帝本紀》載，孝文帝二十三年，「天下旱蝗，帝加惠：……發倉庾以振貧民，民得賣爵」。爵位可以自由買賣。買到爵位除了提高社會地位外，經濟目的就是取得土地佔有量的上限，有了能獲得更多的土地資格。土地還是要靠購買、墾殖等方式來獲得。

由於官府公開賣爵，土地的自由買賣，一部分「富民、豪民、富商佔有較多的土地，成了地主。豪民乃大量出現，並逐漸形成爲新的一種地主經濟類型。他們不同於貴族、官僚地主，是不享有特權的非身份性地主，是地主階級中的非權力階層，是庶民地主中的上層。文獻中常稱豪強、豪富、豪右、豪家等。這些豪強，雄張鄉里，智力、財力過人，善於發財致富。豪民身份是「民」。

漢代自惠帝以後對工商業採取了比較寬鬆、優厚的政策：「弛商賈之律、弛山澤之禁」。因而使工商業飛速發展，湧現了眾多的富商大賈。《史記・貨殖列傳》列舉有冶鐵起家的卓氏、程鄭；「逐漁鹽商賈之利」的刀間；「賈郡國無所不至」的師史；經營糧食的宜曲任氏等等。他們通過經營工商業獲利之後，便購買土地，積聚財富，所謂「以末致財，用本守之」，成爲商人地主。他們雖「非爵邑奉祿」，同爲編戶齊民，沒有身份、特權，但擁有大量土地，有雄厚的經濟實力，「與千戶侯」等。他們「因其富厚，交通王侯，力過吏勢，以利相傾，千里敖遊，冠蓋相望，乘堅策肥，履絲曳縞」。〔註8〕漢宣帝時，「黃羊祭竈」的孝子陰子方，「暴至巨富，田有七百餘頃，輿馬僕隸，比於封君」。〔註9〕所以，無官爵封邑而富比封君的人，稱爲「素封」。漢武帝之時雖然對豪強地主進行了打擊，剝奪了他們的大量土地和財產。尤

〔註 8〕《漢書・食貨志》。

〔註 9〕《後漢書・陰識傳》。

其楊可告緡的影響，商賈尤蒙受其害。這一連串的政策，打壓、抑制了閭里豪強實力。漢武帝下令關中地區資財超過三百萬的豪富遷往茂陵居住以便控制，連曾尋到漢武帝同母姐姐而有恩的郭解也未放過，同樣遷徙。西漢末年社會矛盾突出，漢哀帝綏和二年下詔：「制節謹度，以防奢淫，爲政所先」。限制諸侯王、公主、官吏、豪民多蓄的奴婢田宅。田地不得超過三十頃，奴婢，諸侯王限二百人，列侯公主百人，關內侯、吏、民三十人。

五、西漢庶民農業經營效益低與莊園制發展的經濟原因

漢代的名田制是大部庶民則成了有一頃田一處宅的自耕農。名田制的土地限制會促使農民增口分居，成爲五口之家的「小戶型」。有的小生產者致力於田畜，靠經營農牧業起家，是鄉村中的經營地主，後來常稱爲鄉居地主。商人經營工商業獲利之後，便購買土地，積聚財富，所謂「以末致財，用本守之」，成爲商人地主，多居於城市坐收地租，後來常稱爲城居地主。實際上漢代庶民農業經濟形成了地主經濟和自耕農經濟兩種經濟類型。自耕農經濟也就是自給自足的小農經濟。兩千多年來，直至解放初在大多時期稱之爲「編戶齊民」的自耕農爲農業經濟的主體；地主經濟則占次要位置。著名的學者許倬雲在《漢代農業》一書中，根據漢武帝時期徵收財產稅的資料，「當時」佃戶人數很難超過人口的百分之二十的實施其它土地可能由自耕農耕種。佃戶耕種的土地也就是地主所有的土地。到解放前基本保持著這種比例。

漢代地主經營有三種方式，即：蓄用奴婢、雇傭庸工和租佃經營。

蓄用奴婢：自秦爲獎勵軍功賜給奴婢以來，開創了私人蓄奴的先河。不但大地主使用千計的奴婢，小地主也有蓄奴經營的記載。《居延漢簡》記載：中等爵位「公乘」的禮忠，有田五頃（500畝）蓄有奴婢三人，馬五匹、牛車兩套。《全漢文》的《僮約》記載；寡婦楊惠是個小地主，還蓄養了一個名叫便了的奴婢從事農活。在漢代奴婢的價格很高，那位「便了」身價是一萬五千錢。大婢一人值二萬錢，小奴值一萬五千錢，而一匹馬只值四千錢，一頭牛值二千五到三千錢。一個奴婢價格比牛馬高五六倍之多。而當時一畝地的價格不超過一百錢，一般七十到八十錢。一個奴婢相當於百十畝田地價格。再者，奴婢的投資不但高，而且時間也較長，回收率低，操作也比較複雜。當男主人死後，女主人就感到「奴大忤人」難以使用。

雇工經營：秦漢時就很普遍，很多有名人物如陳涉、兒寬、第五訪、孟

嘗等都曾當過庸人。他們有相當的人身自由，所以才有「帶經而鋤」及「爲人庸耕以資學」這類佳話傳下來。當時，把一傭工也常稱爲「奴」。奴的稱謂很多，甚者入贅也稱爲奴，與有賣身契約的奴婢不能一概而論。一般說來，當庸人都是自願就雇，需要地主的監督管理。地主的淨收入和雇工的工資陞降，都影響經營好壞。漢代庸工的工資高低，史料上不多。《漢書補注》說，每月工錢爲 300 錢；東漢時的《政論》說雇工一月 1000 錢；《漢書》注釋者如淳說，雇人值更 2000 錢。地主工錢開支是可觀的，如按貫錢石米計價，一個雇工年開支工資十石以上。

租佃經營：中國的地主自漢代以後，通常將土地分租佃戶，佃戶經營的仍是小塊土地的小農莊。精耕細作的小農，不能自給自足，必須盡力兼業生產其它產品，在市場謀利，以補充農業收入的不足。《漢書‧食貨志》載董仲舒說：或耕豪民之田，見稅什五。《漢書‧食貨志》：又說：「豪民侵淩，分田劫假，厥名三十，實什稅五也。」即平常所說的「對半租」。是否一般庶民地主的地租要低於豪民地主尙無定論。租佃經營方式最爲簡單，管理方便省事，到後世地主多採用此種經營方式。

以上說明：庶民地主農業經營不論是那種方式都是低效益的，所以《史記》上就說：諺曰：「以貧求富，農不如工，工不如商，刺繡文不如倚市門。」地主爲了求得更大的經濟效益，就得採取更強制性、超經濟的剝削手段，大量使用農奴。這是魏晉南北朝莊園經濟發展的經濟原因。

六、東漢以來豪強地主惡性膨脹

西漢元、成時期豪強勢力隨之迅速發展，他們占田過限，富比王侯，從政治、經濟、文化等各方面對漢王朝施加影響。至西漢末年漢孝平帝元始二年（公元 2 年），全國共有人口 59,594,978 人，耕地 827,053,600 畝，戶均耕地 67.61 畝，人均 13.88 畝。戶均耕地已經大大低於漢初普通的平民公卒、士五（伍）、庶人的限田一頃（100 畝）之數了。王莽篡奪漢平帝帝位，即感到土地問題日益嚴重。《漢書‧王莽傳》稱：「強者規田以千數，弱者曾無立錐之居。」遂頒佈了以取消土地買賣和恢復井田制爲目的的「王田「令。其規定：今更名天下田曰「王田」，奴婢曰「私屬」，皆不得買賣。其男口不盈八，而田過一井者，分餘田予九族鄰里鄉黨。故無田，今當受田者，如制度。」但結果卻以失敗而告終。東漢末年哲學家仲長統寫的《昌言‧損益》上說：「井

田之變，豪人貨殖，館舍布於州郡，田畝連於方國。身無半通青綸之命，而窮三辰龍章之服；不爲編戶一伍之長，而有千室名邑之役。榮樂過於封君，勢力侔於守令。財略自營，犯法不坐。刺客死士，爲之投命。」由於貧富分化和豪民勢力的發展，編戶雖然依舊，「齊民」已經不「齊」，而且由經濟上的不平等關係，發展爲政治上的實際不平等關係了。上面所舉酷吏寧成就是「不爲編戶一伍之長，而有千室名邑之役」的實例。被刑罰爲庶民後，依然「假貧民，役使數千家」。這些現象在庶民地主勢力壯大的基礎上，租佃制的廣泛實行和依附性佃農的普遍出現是基本上同步的。漢光武帝劉秀的外祖父樊重「世善農稼，好貨殖……三世共財」，就是一個務農、種樹起家的豪富。輔佐劉秀中興的雲臺二十八將，均是「其懷道無聞，委身草莽者」的豪強人物。如陰識當年出「家兵」千餘人幫助劉秀的兄長劉縯（劉伯升）起事。《後漢書》記載稱：「識時遊學長安，聞之，委業而歸，率子弟、宗族、賓客千餘人往詣伯升」劉備起事就是其妻舅麋竺資助的。《三國志》載：「麋竺字子仲，出身於商業世家，僮客萬人，貨殖巨億。爲陶謙聘爲別駕從事。謙卒，麋竺迎先主於小沛。呂布趁虛奪徐州後，先主轉戰海西，軍資匱乏，竺忠心不移，傾囊相助，並進妹於先主，先主軍勢復振。」又《李乾傳》載：「李乾曹操部將。破虜將軍李典從父、青州刺史李整之父。有雄氣，合賓客數千家在乘氏。初平中，以眾隨太祖，破黃巾於壽張，又從擊袁術，征徐州。呂布之亂。」

七、東漢以後戰亂是發展豪強莊園經濟的客觀條件

中國從黃巾起事失敗到隋文帝統一南北共計四百年間，始終處於戰亂狀態。三國混戰和晉初「八王之亂」，漢族政權實力大衰，引起少數族入主中原，破壞力很大。在戰爭中各方面掠奪人口，是產生奴婢的原因之一。如董卓入洛陽，「放縱軍士出城洗劫村社，盡斷男子頭謊稱擊賊大獲，以婦女與甲兵爲婢妾。」〔註10〕民間也有相互掠奪爲奴婢的。魏晉南北朝時最大規模的對人口的掠奪當推東吳對山越和南朝對蠻族的反覆討伐。被掠得蠻、越往往成爲將領的部曲、國家營戶，身份與奴婢接近。分裂時期各政權、各種勢力之間互相擄掠取敵方人口，勝利者帶回自己控制的區域。如南朝劉宋嘉後期沈慶之伐蠻，前後俘獲20餘萬人，多被遷至建康以爲營戶。北魏拓跋燾出擊柔然，「凡所俘擄及畜產車廬彌漫山林，蓋數百萬」。如建多年間，三郡烏桓就曾「承

〔註10〕 《三國魏志》卷6《董卓傳》）。

天下亂，破幽州，略有漢民合十餘萬戶」。東晉咸和三年（328 年），前趙劉曜派軍襲仇池氏族，「弗克，掠三千餘戶而歸」。魏晉南北朝時期因此成爲奴婢數量畸形膨脹的時期。

戰亂也造成人民大量的遷徙和逃亡。有的是：爲了政治、軍事的需要，強制遷徙本民族和其它民族人口集中於都城或軍事重鎮。如後趙石勒曾徙氏、羌 15 萬落於司、冀。北魏拓跋珪遷都平城後，「徙山東六州人吏及徒河、高麗雜夷、三十六署百工伎巧四十餘萬口以充京師」。有的是：爲逃避戰亂、災荒和賦役，形成民族大遷徙。東漢末年以來，中原地區的漢族爲避戰禍流入遼東人口等於「舊土十倍有餘」。十六國時期，河西地區爲張氏父子統治社會秩序相對穩定，「中州避難來者日月相繼」。新中國成立後在新疆出土的佉盧文簡書也證實魏晉南北朝時期西域各地都有漢族移民。但這一時期中原的漢族遷徙規模最大的還是南方地區。建安年間，「關中膏腴之地頃遭荒亂，人民流入益州數萬家」。西晉永嘉之亂後，黃河流域的漢族大規模遷往江南，史稱「洛京傾覆，中州士女避亂江左者十六七」。東晉及南朝亦有大批北方漢人南渡。這時還有部分漢族遷入蠻、俚、僚、爨等少數民族聚居地區。如劉宋時始興郡不少漢人因「遏接蠻俚，去就益易」而逃入俚區，以躲避苛重的賦役。另據《宋書・夷蠻傳》載：「蠻民順附者一戶輸穀數斛，其餘無雜調。而宋民賦役嚴苦，貧者不復堪命，多逃亡入蠻。」這些流亡失所的人，爲了自保、爲了生存很快的被納入新、老的壁塢組織中，組成莊園集團，形成新的豪強實力，已經脫離了漢初「名田制」的範疇。

八、魏晉南北朝時期豪強莊園經濟形式

魏晉南北朝時期，因爲形勢、條件的不同，使用農奴的莊園經濟主要有三種：

第一、北方的宗主督護制

西晉末年以後，北方長期戰亂，十六國時期，諸少數族政權頻繁更迭，地方基層行政機構實際已不復存在。在戰亂中爲了民族自保互救，就有人出頭承擔，成爲壁塢組織的首領。楊俊就承擔過此事。《三國志・魏志・楊俊傳》載：「俊以兵亂方起，而河內處四達之衢，必爲戰場，乃扶持老弱詣京、密山間，同行者百餘家。俊振濟貧乏，通共有無。宗族知故爲人所略作奴僕者凡六家，俊皆傾財贖之。」它必然受到擁戴。各地原有豪強地主也會聚族而居，

紛紛以宗族鄉黨的形式，佔據有利地勢築塢立壁，割據一方，武裝自衛，從事生產，維持生存。如鄢陵人庾袞帶領他的宗族鄉黨遷到禹山，修築塢堡，維持上下有禮，少長有儀的封建秩序。這些豪強地主稱為宗主，塢堡裏的農民實際上是塢堡主控制的依附程度不等的農民，向塢堡主交納地租，承擔勞役和兵役。魏道武帝拓跋珪建立北魏政權時，為了取得各地宗主的支持，建立聯合統治，承認「宗主」在地方上的勢力和他們的政治經濟權利，利用他們代替北魏政府「督護」地方。宗主為政府收納地方租稅，徵發兵役、徭役。這一以宗族主為鄉官的制度是北方的社會實際與拓跋統治者的需要相結合的產物。在魏孝文帝元宏改革以前，北魏政府在中原地區一直採用這一制度。趙郡（今河北趙縣）李顯甫集族人數千家於殷州西山（今河北隆堯東），開李魚川方五六十里而居之，李顯甫就是宗主，李魚川就是一個宗主督護區域。在宗主督護制下，各地宗主實際分割了國家大量的勞動力，構成了地方割據勢力的基礎。孝文帝為了加強中央集權，於太和十年（公元 486 年）實行三長制，取代了宗主督護制。

第二、南方的士族經濟

「永嘉南渡」後，南方依然是漢族的勢力範圍，也保留了官僚地主士族經濟。中原士族因避亂而南遷，多棄官攜眷舉族南逃，故稱為「衣冠南下」。當時戶籍有主、客之分，移民入籍皆編入「客籍」，這時候「客家」移民湧入，客勝於主，這就是客家人由客變主的過程，這就是「客家人」的由來。因而，在建業建立起的東晉王朝，是繼漢以後，世家大族勢力獲得更大發展的時期，高門大族完全掌握了政權。中央權力幾乎都操縱在大族手裏。大族在政治及其它方面的得勢更助長了他們的門閥觀念，士庶之別，判若雲泥。

士族的經濟以農奴制莊園經濟為主。它是以中國君主社會大土地所有制的一般形態為主，兼收並蓄了奴婢制經濟殘餘的某些特徵，有機地熔為一體。具有奴婢社會分封制經濟殘餘中的那種自給自足與閉關自守性。農奴是當時莊園經濟中的基本農業勞動者，他是由佃農轉化而來的。所謂的佃客、徒附、賓客均是當時對不同身份的農奴的稱呼。佃農由於完全喪失了土地所有權，因此，農奴與奴婢一樣，對莊園主——門閥士族有著強烈的人身依附關係。家族與地主莊園的二位一體。族長就是莊園主。族長佔有大量土地，將成片的土地用溝塹圍圈起來，形成很大的院落或者園林。莊客的族眾兼依附農民的雙重身份。大批小農為莊客，把他們附著在莊園裏，為莊園主耕種

莊田。這種莊客，在文獻中又有佃客、莊戶、徒附、私附、部曲、奴客、人客等等名稱。名稱雖然不同，身份卻是基本相同的，大多都具有族眾兼依附農民的雙重身份。仲長統說：「豪人之室，連棟數百，膏田滿野，奴婢千群，徒附萬計。船車賈販，周於四方，廢居積貯，滿於都城。綺賂寶貨。巨室不能容；馬牛羊豕，山谷不能受」。葛洪說：「僮僕成軍，閉門為市，牛羊掩原隰，田池布千里。……而金玉滿堂，妓妾溢房，商販千艘，腐穀萬庾，園囿擬上林，館第僭太極，梁肉餘於犬馬，積珍陷於帑藏。」

東晉南朝時，限制官員的隱蔽佃客數量稱：「都下人多為諸王公貴人左右、佃客、典計、衣食客之類，皆無課役。官品第一第二，佃客無過四十戶，第三品三十五戶，第四品三十戶，第五品二十五戶，第六品二十戶，第七品十五戶，第八品十戶，第九品五戶」。依官品高下分別給予多少不等的佃客，是一律在主人戶口冊上登記。南朝劉宋大明初朝廷對占山澤也作出限制的規定「第一、二品官聽占山三頃，三、四品二頃五十畝，五、六品二頃，七、八品一頃五十畝，第九品及百姓一頃；先已占者，不得更占。」以上的佃客制和占山制都是秦漢「名田制」的發展和補充政策。

第三、寺院地主經濟

佛教傳入我國的早期僧人主要依靠布施維持僧眾的日常生活和佛事活動費用，還沒有形成一種獨立的經濟。南北朝伴隨著佛教的「國教化」，寺院的營建遍及我國南北各地。北周建德三年（公元 574 年），佛寺有 4 萬處，僧尼300 萬人。南朝劉宋時有佛寺 1,913 處，僧尼 3,600 人。當時賦稅和徭役極為繁重，釋道宣撰寫的《廣弘明集》上說；僧尼卻「寸絹不輸官府，升米不進公倉」，「家休大小之調，門停強弱之丁，入出隨心，往還自在。」《梁書‧武帝紀》記載：寺院的官府賜戶所受的免稅免役優待，對一般編戶齊民更具有無限的誘惑力，於是貧苦農民紛紛「竭財以赴僧，破產以趨佛」，以求寺院庇護。結果，庇護關係導致投靠者交納相當數量的租金就保留土地使用權，而寺院地主所得到的不僅有大量的生產勞動力還有土地。

寺院地主所驅使和奴役的是下層僧侶及依附於寺觀的人口。下層僧侶多是因避徭役和戰亂而遁入空門的貧苦農民。寺院的大量依附人口在北朝是佛圖戶。《魏書‧釋老志》說：「民犯重罪及官奴，以為佛圖戶，供諸寺掃灑，歲兼營田輸粟。」佛圖戶是封建政府將罪犯和官奴給予寺院地主的僕役，是「佛寺之民」。佛圖戶除「供諸寺掃灑」之外，還要「歲兼營田輸粟」，因為

佛圖戶來自官奴和罪配，這種寺觀戶的輸粟率絕不會太低，除其自身生活所需外，其餘應全部交納寺院。同樣，白徒、養女也都是寺院的無償勞動者。他們的勞動換來了寺院財富的激增，但他們自己所得到的僅是清苦的生活。

僧祇戶被榨取的也是田租。他們由軍戶等賤民轉化而來，每年需向僧曹「輸穀六十斛」，其被剝削率最低也該是「見稅十五」。這類賤民所提供的僧祇粟被封建政府以讓渡的方式變為整個僧侶集團的財產。由於他們也被套上了一條神權枷鎖，又受到了軍之類賤民不曾遭受過的寺院地主的剝削和壓迫，雙重的重負使他們的處境較軍戶更淒慘。

「假募沙門，實避調役」的農民，他們雖然放棄了土地的所有權而變為寺院的依附人口，但他們卻有土地的使用權，而且這部分農民又是名義上的僧侶，實際上的耕作者。所以他們所受的剝削與佛圖戶不同，與白徒、養女也不同，而應與世族豪強的蔭附農戶相同。由於寺院蔭附關係的建立，他們把原應繳納國家的賦稅繳納給了寺院，他們是南北朝時寺院地主的最廣泛的被榨取者。

當時，國內戰爭連綿不絕，上自達官貴人，下至平民百姓都感到生命無常，無所寄託，佛教正好能填補這個空白，應運而生，由此得到廣泛的傳播。但是，宗教勢力的壯大，與統治者往往在政治、經濟諸方面產生矛盾，在一個時期統治者便採用極端的手段——滅佛，拆除寺廟，毀掉佛像，令僧人還俗。在中國歷史上以北魏太武帝、北周武帝和唐武宗的滅佛運動影響最大，並稱「三武滅佛」。例如：北魏太武帝滅佛是因為僧眾參加蓋吳叛亂；北周武帝滅佛是因為佛寺不用交稅，影響國家財政收入。以致後來的唐武宗滅佛，是因僧侶隊伍形成的政治勢力，衝擊國家政治秩序；逃避賦稅徭役，財稅收入減少。

九、對魏晉南北朝豪強經濟大發展的歷史思考

秦代實行「除井田、開仟陌」政策後，實行「二十等爵制」規定按軍功的大小授予爵位，官吏從有軍功爵的人中選用。人們按照爵位高低佔有不同數量的田宅、奴婢。這種「名田制」造成土地分配不均，差異達到百倍。爵位並可以出賣。漢承秦制，這種政策得到繼承和發展。

因為獎勵軍功是以人頭、戰俘為記功單位，將奴婢為「授功品」，開創有史以來的個人私蓄奴婢的先河，都助長了豪強經濟的發展。其結果，私蓄軍

隊、隱蔽編戶、霸佔土地，造成對政權分割、經濟壟斷、財政截流。直至被爲統一北方後推行「均田制」後才逐步解決了問題。

經過隋唐推行，「均田制」實行了近三百年。對發展生產、繁榮經濟，大唐的政權統一起了一定作用。由於經濟的變化，人口的增殖，到唐代中期就在難以執行下去。到了宋代，城市不斷擴大，工商業不斷發展，土地制度趨向開放、自由，不設田制、不抑兼併。結果，小農經濟依然是主導著國家經濟命脈，並沒有使小農經濟沒落、垮臺。地主經濟反而使庶族地主佔了重要位置。據眾多史料證實，在中國歷史上歷久不衰，長期通行的土地經營方式是租佃方式。使用農奴的農業經營方式被全部淘汰掉，佃耕制久盛不衰，支撐了一千多年，直到解放時。

現今社會，政治經濟發生了深刻的變化，工商業發展促進城市擴大，人們湧向城市。特別是科學技術發展一日千里。由於城市化的發展，大規模的農村人口走出農村，奔向城市工商業和第三產業。現今農戶多半成了「兼業農戶」，並且正在擴大、發展著。在這種形勢下，土地流動是大勢所趨。土地租賃是促進、發展農業規模經營的必要手段。現今土地制度應該向更自由、更開放發展，使資金、科學技術、資源、勞力投入農業，發展現代農業。有志於從事農業發展者，通過經濟手段運作，在這個領域都會得到發揮，土地不再是不可逾越的障礙。

見《古今農業》2009 年第三期，尚有參與者楊秋海

莊園制與佃耕制不同時期
土地改革問題的差異

提　要

　　秦漢以後，農村中由地方豪強控制政治經濟，很多人只是農奴身份。即便是自耕農也受到很大的壓制。所發生的社會動亂，以及改朝換代的主導是權臣和地方豪強。土地制度改革也是由統治者主導進行的。到宋代較普遍的實行了佃耕制，出現了許多庶族地主。土地零細化，土地買賣頻繁。勞動力自由化，大量的雇工出現。而失掉土地的農民成爲流民或半流民，造成社會的嚴重問題。農民起義由此而頻繁發生。但一千多年來「千年田換八百主」不斷的更換土地主人，依然保持佃耕制。直到近、現代工商業的發展，才促成土地改革。兩者的主要土地問題差異：前者是朝廷與豪強爭奪編户。土地改革目的是抑制豪強；後者是流民喪失土地，要均平土地權力。

一、秦漢以來豪強控制很大部分農村

　　漢以來實行「除井田，開仟陌」政策，一直到唐代，中國的社會、經濟結構較春秋戰國時期均發生很大的變化。一是：貴族的爵位「含金量」降低，不再那麼顯赫。周代的公、侯、伯、子、男五等爵位廢除後，秦代開始改爲二十等。最高等的侯爵的食祿也只是一個鄉、一個亭，而且不能自家收祿，由當地縣政權操辦。第十二級以下還要照常服役。第十七級叫「不更」，以下還有出更的差事。二是：不論戰時或平時，只要有能力的人出身微賤的也

可以做大官。和漢高祖一起打天下的樊噲、韓信、鯨布等等切不論；連漢武帝時的良將、名臣衛青、霍去病、朱買臣、主父偃等等出身都不高。一般人立了軍功，就可以授予爵位。三是：身在草野的豪強也能獨霸一方，富商大賈，可以「交通王侯，力過吏勢」。大量的土地是被豪強所霸佔。豪強經濟的形式就是莊園經濟，或是宗教的寺院經濟。豪強社會地位，經濟地位不斷上升。他們霸佔了大量的土地也霸佔了大量的農奴。而農奴沒有人身自由，緊密依附於農奴主。在這個時期，自秦漢至隋唐，許多起事動亂不能看作為農民起義。自秦漢廣泛實行郡縣制以後，中國人的等級身份並不像中世紀歐洲國家的貴族那麼嚴格。諸王、貴戚、權臣乃至地方豪強都會危及朝庭。那時期不只是地方豪強，有時候有點來頭的普通人物也敢覬覦皇帝之位。起初陳涉耕地忽想學鴻鵠橫飛四海，曾說：「王侯將相寧有種乎。小小的亭長劉邦看到秦始皇出巡的威武，就說：「大丈夫當如是焉」。項羽則說：「彼可取而代之」。〔註1〕

二、當時各層次人物對土地的態度

秦漢唐各朝代中，皇朝以下，有幾個階層在農業社會中都會涉及到土地利益的爭奪，對土地改革問題會有不同的態度。第一層次為諸王侯；第二層次為貴戚重臣；第三層次為地方豪強；第四層次是農民（自耕農）；第五個層次為農奴。

第一層次人物世襲王侯實行郡縣制後不斷的削弱。封爵的人數，封地的範圍都受了很大的限制。皇帝還在軍事、政治方面等進行打擊。像漢景帝時期平定七國之亂；漢武帝發佈「推恩令」，遷徙豪強到茂陵等。西晉時期，皇室因為沒有控制好諸王侯，而發生「八王之亂」，導致各少數族入主中原，動亂近三百年。封地逐漸減少，漢代的侯爵的封地不過是一鄉、一亭，而且不能自己收稅，要經過縣令代收代付。在土地利益方面是逐步削弱的階層。

第二層次貴戚重臣是這個時期朝代更替上演的最活躍的角色。像王莽、曹操、司馬昭，以及南、北兩朝，直到唐朝李淵都是篡奪皇位的角色。王莽是漢元帝皇后之姪，以外戚掌權篡漢。推行「王田」、「私屬」，土地和奴婢都不准買賣。從而影響豪強的利益而失敗。奪得政權者起事是依靠豪強，結果也都是代表莊園主、名門、豪強的利益。當奪得政權後，又與豪強們發生新

〔註 1〕《史記・項羽本紀》。

的衝突，周而復始是這時期的主要特點。例如曹操在開始起事時曾代表中小地主與袁紹等大豪強發生衝突。取得政權後，又被新起的司馬氏推翻。

第三層次是地方豪強。這些人有的是當地官吏勢族，像張耳等；有的成為游俠，武斷鄉曲，像郭解；有的到處說詞，籠絡百姓，像陳餘、江沖之流，或是像黃巾張角以教會的名義籠絡群眾。當他們在一方站穩腳跟，得手以後，也會覬覦皇位，不只是滿足獨霸一方的欲望。他們不但佔有大量的土地，而且有私人軍隊——部曲。即所謂「僮僕成軍，閉門為市」。〔註2〕是與朝廷爭奪土地的主要對手。此時期發生的動亂起事大都是這些人。秦末起事的如項羽、張耳、陳餘、魏豹、田儋、韓（王）信等都是這類人物。劉邦更是形成地方豪強的好苗子。新莽時不論新市、平林、赤眉、銅馬各股起義軍，大多以掠奪財物婦女和擴大鞏固自己的勢力範圍為主。如新市起事後，就擄獲婦女人口五萬人，很多就是地主豪強帶頭起事。山東起事者呂婆家產數百萬，為了給被縣官屈殺的兒子報仇而起事。後來成事的劉秀其部屬雲臺二十八將，全部是地主豪強，沒有一個是農民出身。隋朝末年，隋煬帝對內大興土木，對外勞師遠征。人民不堪其苦，群起謀叛。最早起事的劉霸道、竇建德，以及後來起事的劉武周、李軌、薛舉等，都是當地的土富豪。起事規模較大的楊玄感是隋朝的禮部尚書，他是重臣楊素的兒子，說明是統治階級的內部分裂。瓦崗寨的首領李密原來就是楊玄感的部下。反隋的羅藝、李淵是叛官、叛將。晉代「永嘉南渡」以後，漢族大舉南遷。以姓氏家族聚集一起的名門大姓的首領，有地方豪強的性質。但是主要代表了宗族勢力。

第四個層次是農民（指自耕農）。他們是直接給朝廷納稅的「編戶」，自給自足的自然經濟社會主體。在朝廷方面希望有更多的自耕農成為朝廷的編戶，以便直接向農民收稅，防止莊園主阻斷稅路。還採取了一些有效的措施：一方面限制使用農奴，在漢代曾三令五申限制王公、貴族、富豪的使用農奴人數，南朝還限制莊園主的蔭客、衣食客數量。北魏、北齊都曾大量的赦免俘虜為平民。法令上還規定良人（平民）與奴婢身份很嚴格，買賣良人犯死罪。再一方面，發放公田給農民：漢代利用軍人修渠道開發土地較多，公田約占 30%以上，或租、或給，讓無地少地農民耕種。這時期農民在眾多起事中只是扮演了附庸的角色，處於被動的狀態，對奪取土地思想更是朦朧。他們在這個時代還沒有圍繞土地鬥爭的中心目標來號召大量的農民支持起義。

〔註2〕葛洪著《抱朴子》。

即使一些出身農民的起事者，也並非代表農民的利益關係來解決土地問題。像陳涉稱王以後鄉間窮朋友去見他，嫌丟臉給殺了頭。對看他的妻父也是傲慢無禮。這樣的人怎麼能代表農民利益呢。所以說陳涉、吳廣行為不能代表農民起義行為。東漢末年的起事者多為教會。黃巾起義為太平道教，同時期的還有張道陵的五斗米教。都是以治病為由籠絡群眾，沒有政治理想，也沒有提出土地問題，他們也逐漸成為地方豪強。張道陵的孫子張魯就由地方豪強成為了漢末時漢中的地方官。當時戰亂時期長，人口稀少，無主土地多。北魏以後各朝又實行均田制達三百年之久。以上種種原因，表明農民對土地問題並不是非常敏感。

第五個層次為農奴。徒附、部曲、奴婢、私屬都是農奴身份，是農奴主、名門大戶、宗主、豪強的私人財產，和農奴主的牛馬一樣。農奴主也希望他們娶妻生子，「家生子「就是新生的財產。農奴因為依附性很強，起事難度很大。奴婢的來源主要是在戰爭中的俘虜。如漢代與匈奴戰爭互相掠奪對方的人民為奴。特別五胡十六國時期，掠奪現象更為普遍。另外就是罪犯及其家屬被充為官奴者，以及通過奴婢市場買賣的奴婢等。農奴和流民是生活在社會的最低層，不斷的發生暴亂，攻擊豪強和官府。從東漢安帝到靈帝就發生民變六十七次之多，但是都很快潰滅。奴婢也有成功的實例，石勒就是出身於耕奴，建立了後趙政權，終成一霸。

在這個時期牽連土地利益的五個階層關係錯綜複雜。主要矛盾是朝廷和豪強之間，豪強控制著實際土地權和勞動力，朝廷就不能直接向編戶收稅，影響稅收；豪強莊園主欺壓農民，農民力量太弱，改革現狀無力進行。所以，在這個時期進行過幾次重大的而且成功實行數百年的土地制度改革，都是由上層推進的，與農民力量幾乎是不相關。秦朝推行的「除井田，開仟陌」，允許私人佔有土地，自由買賣，這是為了鞏固皇權，打擊王侯世襲制度，目的是向農民直接收稅。所以要「黔首實其田」。東晉在「永嘉南渡」以後，名門大姓在江南地區蔭蔽大量的「浮浪人」為佃客、典計、衣食客「皆無課役」。而制定蔭客制度，以限制官員的蔭蔽勞力數量。到劉宋大明年間又推行的「占山制」是用以控制豪強、名門大姓、官吏占土地過多。北魏推行的「均田制」，則是要廢除宗主督護制，增加國家編戶，讓農戶給朝廷直接納稅，以增加稅收。南朝和北朝土地改革目的是一致的。

三、佃耕制使農民身份發生變化

到唐代中期，由於人口增殖，名門大戶特權的破壞，永業田不斷的擴大，可開發土地的減少，均田制難以再執行下去。唐德宗實行「戶無主客，以見居爲薄；人無中丁，以貧富爲差。」的兩稅法。〔註3〕均田制和兩稅法都起到削弱了豪強的政治和經濟地位作用。加上隋唐推行開科取士，一些寒門子弟可以做官，「朝爲田舍郎，暮坐天子床」。工商業的發展同樣社會發生變化。到宋代農業已經普遍實行了佃耕制。土地私有制進一步發展，土地買賣盛行。宋代人認爲本朝「田制不立」〔註4〕佃耕制的實現也是社會進步的表現，是社會綜合發展的結果。

歷史上的佃耕制的出現：一方面，在社會上必須有了大量的庶族地主，他們一般沒有政治靠山，佔有土地數量不多，在買賣土地過程中多是零細平民式的交易。他們也會因爲家道中落而失掉土地。另一方面，要有許多是「趨牛荷耒，擇地而往」的雇工、佃農。他們沒有固定的主人，依附關係比較鬆弛，只是合同契約關係。佃耕制下土地地權不斷流動，正如南宋詩人辛棄疾所說：「千年田換八百主」。估計宋代每年投如流通過程的土地約達到 20%左右。佃耕制土地流動，勞動力也隨之流動。無地少地農民在找不到雇主時，就會成爲流民或半流民。按照現在的說法，就是「農村剩餘勞動力」。在唐代以前，豪強們控制土地。自耕農也會失掉土地。這些失掉土地的農民，很快就會淪落到豪強手中，成爲農奴，而成不了流民。失掉土地農民反而很快有了「歸宿」的這種歷史特異現象。正如西漢董仲舒所說：「或耕豪民之田，賦稅什伍。」見王莽說：「而豪民侵陵，分田劫假。厥個三十稅一，實什稅五也」。〔註5〕有的農民即便有些土地，但是難以反抗豪強的欺壓而不得不依附於豪強，成爲蔭客。特別是南北朝時期的宗主督戶制下，塢主、壁帥下蔭蔽大量的農民。所謂「百室閤戶，千丁共籍」。佃耕制下的中小地主是沒有這種能量的。大量的流民、半流民出現會給社會造成很大的壓力。他們有佔有土地的願望，以後成爲土地革命的主要動力。農民的土地革命戰爭，主要解決官吏對農民的政治欺壓，官府的橫征暴斂和土地佔用不均三大問題。一般以災荒爲導火線，流民和半流民是骨幹力量。

〔註3〕見《新唐書·楊炎傳》。
〔註4〕見《宋史》卷一七三，《食貨志上一·農田》。
〔註5〕見《漢書·王莽傳》。

四、唐末開始提出土地均平

　　經過「兩稅法」的執行，均田制的廢止，唐末起事的領袖黃巢、王仙芝雖然是販賣私鹽的富豪，主要是反對朝廷官吏貪暴，賦斂苛重，刑法不公。但是已經提出了「天補均平」的口號，會涉及到農民土地問題。北宋太宗淳化年間青城縣王小波起義就提出「吾疾貧富不均，今爲汝輩均之」；〔註 6〕北宋末年鼎州（今常德）人鍾相起義，提出了「齊貴賤，均貧富」的新法，並且還進行了土地分配，具體做法不詳。明末農民就有「迎闖王，不納糧」的口號。太平天國還制訂了《天朝田畝制度》要平分土地。孫中山把「平均地權」和「耕者有其田」作爲革命的主要內容。中国共產黨領導的革命，率先就是搞土地改革。

　　中國的佃耕制由宋代到解放前實行了一千餘年之久，流民始終是存在的社會問題。農民起義也是此起彼伏，連綿不斷。在各個朝代因爲種種原因，農民起義的形式、目的也不盡相同。宋代用「庶民」執行、辦理公務，稱之爲「職役」。主理官物，課督賦稅，逐捕盜賊，官給使令等差役，由各農戶按照戶口輪流充當。宋初農戶按其資產多寡分爲九等。一等戶輪充衙前、里正，主管府庫，運送官物，迎接過往官員，責任重，風險很大；二等戶充戶長，課督賦稅；三、四等戶輪流充當其它。下餘五等免役。官宦、僧、道、女戶、不成丁戶免役。後王安石變法改以身充役爲以錢代役，讓有行政經驗的人擔任差役，「釋天下之農，歸於圳畝」。而讓各富裕農戶交納「免役錢」，困難戶按半額交「助役錢」。各差役採用招募的辦法。在《水滸傳》上常常反映這些差役的活動情況。像滄州草料場的看守人，就是充衙前役，林沖曾去頂替看守；晁蓋是保正，宋江是押司，裴宣是孔目等。這些工作是「好漢不幹，賴漢幹不了」的差事。他們催討賦稅、分派官差是爲統治者服務；但是他們來自人民中間，也有同情農民之心。

　　正因爲上等農戶負擔重，責任大而成爲逃戶流民的較多。爲了改變現狀，此時的起義帶頭人往往就是上等農戶。他們在社會上地位較貧民地位高，有一定的活動能量。起義目的常常是「反貪官，不反皇帝。」「文革」時曾有一段批《水滸》的小插曲，反什麼投降派，正是這些人對歷史沒有瞭解清楚。在北宋除了宋江一夥受海州知府招撫外，京東張萬先、山東賈進、河北的高勝起義後都被朝廷招撫。聲勢很大的鍾相起義軍在開始時稱忠義民兵，還去

〔註 6〕見《宋史·樊知古傳》。

過南京勤王，荊南知府唐懿還帶義軍赴任。另一股起義者孔彥舟被朝廷收買任命爲荊湖南北路捉殺使。所以當時民間流傳：「要得官，殺人放火受招安」的諺語。其中也不乏有反皇帝者，楊么就立鍾子義爲太子。方臘是「聚貧乏遊手之徒」〔註7〕爲骨幹起義的，也反皇帝。所以宋代起義者有兩種類型，一種是只反貪官，並不想改變現有制度；另一種想推翻皇帝取而代之。

元代的起義軍更有反異族壓迫的特色，以推翻蒙古人政權爲號召，很容易收取民心。但是農民起義軍終於被朱元璋、陳友諒等幾個首領乘勢利用，滿足於個人野心。在這個時期農民關切的土地問題反而淡化，起義隊伍中並未提及。

五、明清形成流民高潮

明代是處於資本主義萌芽時期，工商業容納了一部分流民。農田制度依然是佃耕制，農民佔有土地更爲零細化必然是自給自足的小農經濟，抑制農業生產商品化。農業生產有發展，特別是高產糧食作物玉米等的擴大，棉花的擴展代替了產量少的桑蠶，也解決了一些農村問題。但是由於人口的增加，明代朝綱不正，地主兼併土地，官吏橫征暴斂，流民有增無減，也是農民起義的高漲時期。明朝在初定的三十年間，人民厭倦戰爭安定了一個時期，永樂以後，農民起義連綿不斷，正統、成化、正德年間都發生較大規模的農民起義，終於釀成明末張獻忠、李自成等起義社會大動亂，導致明朝的滅亡。

流民問題已經引起當時一些學者的重視，明末時期的思想家黃宗羲、王夫之都有論述。王夫之在其《噩夢》書中，專門對流民進行了論述。他說：「流民不知何時而始有，自宋以上無聞。」這與作者看法是一致的。元朝「未流之間，不爲存恤，既流之後，不爲安集。」造成嚴重後果。到明代成化年間更是加劇。「初爲流民，繼爲流寇，遂延綿而不可弭。」提出的解決辦法就是選「土廣人稀之地」安置流民，以免到處流浪，「爲探丸、嘯伏之奸，」〔註8〕引起社會動亂。

清代初期實行了一些改善農民狀況的政策，諸如「攤丁入畝」、「更名田」在農業生產方面擴大了甘薯等高產作物，獎勵精耕細作，流民問題稍緩和。但是清代是人口增加較快的時期，土地兼併依然嚴重。佃耕制雖然是土地自由買賣，有錢人企望買地生財，使地租、地價不斷上漲，窮人購買土地只能

〔註7〕《宋史·童貫傳》。
〔註8〕見《漢書·董仲舒傳》。

望而卻步。據《履園叢話》記載，乾隆初年，南京一帶每畝地價爲七、八兩銀子，到乾隆末年已經達到五十餘兩了。

清代的農民起義都是以「反清復明」爲主要號召，加上「官逼民反」，反對民族壓迫和階級壓迫爲內容。清代民間一直存在著「天理教」、「白蓮教」、「青紅幫」等反清秘密組織。到近代的太平天國起義依然是以「清妖」爲革命對象，孫中山提出革命口號首先就是「驅逐韃虜」。可惜每一次農民起義的歸結，都是被野心家利用，成爲改朝換代的工具，周而復始，循環不已。

六、佃耕制千年不改的原由

佃耕制實行一千餘年，經歷了多少次改朝換代，多少次游牧族的入侵，多少次的農民起義，按說都是土地改革改革的時機，但是依然不變，繼續實行著。蒙古族進入中原時就提出：「漢人無補於國，悉空其野，以爲牧地。」〔註9〕取消農田也就是說不存在佃耕制了。滿族人入關以後，一度也是實行「圈地」廢除農田。可是時間不長，都就恢復舊貌。元末的農民起義，明末的李自成起義都沒有改變土地佃耕制度。近代的太平天國起義搞了個《天朝田畝制度》也只是誇誇其談，無補於事。土地依然保持著佃耕制，經久不衰。其原由分析有以下原因：

唐宋以後朝廷支持佃耕制。朝廷收稅，地主收租，朝廷和地主租和稅分享，矛盾很小。不像莊園制時，豪強蔭蔽蔭客阻斷國家稅收。而且歷屆統治者基本是維護這種土地制度，比土地、勞力高度集中莊園主更便於統治。宋代以後，不再有權臣篡權而改朝換代的事情發生，就是豪強勢力大大削弱，權臣就沒有了篡權的社會基礎。

佃耕制使土地買賣頻繁，土地地權經常轉換，而且土地零細化，一次交換的數量都不大。使一些人利用經濟手段亦可獲得土地所有權，減少了用暴力奪取土地的可能性。佃耕制的實行土地所有者都是朝廷的編戶，可直接向國家納稅。實行佃耕制以來，朝廷還在稅收政策等方面進行了一些有利於佃耕制的改革調整。唐德宗推行的兩稅法規定：「戶無主客，以見居爲簿；人無中丁，以貧富爲差」。明代萬曆年間推行了「一條鞭法」，清康熙又實行「攤丁入畝」，施行以財產爲主的稅收政策，既有利於穩定佃耕制，又有利於穩定無地少地的農民。

〔註9〕《元史・耶律楚材傳》。

　　明清兩代正處於資本主義萌芽時期，城市、工商業、海外關係都在發展。應該是疏散、安置流民幾條可用之出路，以減少土地問題的壓力。但是兩朝均採取禁海封邊政策。特別是清代較明代版圖廣闊，邊界有許多未開發之地。雖然朝廷一再禁止，但是難以控制。開發臺灣諸海島，大量的流民「走西口」、「闖關東」，解決了一些問題。海禁雖然非常緊，南方的流民為了謀生不得不冒險「漂洋過海」，大批流民外出。乾隆年間出洋僑民羅芳伯，還在西婆羅州建立過蘭芳共和國。同樣有利於佃耕制的鞏固。

　　太平天國戰爭後，江南一帶使一些人視投資土地成了「畏途」，而將資金投向工商業，不再重視地租的收入，促使農村發展了「永佃制」。「永佃制」土地分成田底、田面，佃農有永久的田面權，還可以轉手，使佃農權力增加。同時土地價格下降，正如陶煦撰寫的《租核》所說：「今（1884年）畝止一、二十貫。………故上至紳富，下至委巷、工賈、胥吏之儔，贏十、百金，即莫不志在良田。」土地更為零細化，都有利穩固佃耕制。

七、現代的土地改革實現

　　中國自秦漢到民國的兩千年來，土地制度經歷了「莊園制」和「佃耕制」。從上到下各階層的人都為土地而鬥爭。兩種土地制度的主要問題鬥爭差異：「莊園制」時期是朝廷和豪強爭奪編戶，土地改革方案目的是要抑制豪強；「佃耕制」時期是農民喪失土地後會成為流民，流民引發的起義，要求均平土地權力。孫中山先生為近代倡導解決土地的先導者。他的平均地權理論思想主要受亨利‧喬治《進步與貧困》一書的影響很大，試圖通過土地國有化來實現平均地權。用工商業發展後的經濟實力贖買地主土地。簡單的說就是：「規定地價，照價收稅，照價收買，漲價歸公。」但是根據當時的中國實際情況，難以實現。

　　到現代的上個世紀中國的土地問題經過了大的改革。在大陸方面，蘇聯十月革命一聲炮響，給中國送來了馬列主義。根據中國社會具體情況，土地改革不能不以最接近傳統的農村暴動方式來完成。經過解放戰爭，到1953年除西藏、新疆外，全國基本完成土地改革。有三億多無地少地的農民分到了七億畝土地。五年後通過人民公社化又完成了農民土地集體化，基本是結束了一千多年的佃耕制。但是在改革開放以後，農村土地實行聯產承包，轉租經營等，實際上還包含著佃耕性質。臺灣在光復以後，按照三七五減租、公

地放領、實施耕者有其田三個步驟也於 1953 年完成土地改革，屬於自耕農的土地，已達到 84.8%，達到了「殊途同歸」。因爲地主依然保留著水田三甲（1甲爲 1 公頃），旱田六甲的土地，佃耕制依然存在。臺灣有位「農復會」的負責人說過：「世界上……普遍皆有佃耕制的存在，此一制度本身有許多優點」。資本主義發達國家在佃耕制基礎上，實際發展爲土地出租者、農業投資者、農工（包括農業技術人員）三者的農業生產關係。條件必須是城市、工商業有較大的發展，社會上不會再有流民的安置問題。

現今中國工商業有了飛速的發展，城市林立。農村的富裕勞動力轉移有了很大的空間。農業技術的進步很快，農業資金效益不斷提高，就會大大的降低土地在農業生產中要素的作用，使之減到最小作用，使人們不在爲土地問題拼死拼活。有志於發展農業者，只要資金到位，有良好的農業技術，就可以實現種田經營農業目的，眞正達到「耕者有其田」，實現農業商品化、區域化、專業化，土地問題將向高層次發展，不斷拓新。這是又一個層次問題，非本文所能包容，不再贅述。

見《古今農業》，2008，02 期

編戶齊民是歷代政權追求農戶的模式

提　要

　　舊中國的農村經濟社會，歷來有著不同的說法，又往往出自同一口中。經對歷史資料進行研究，中國傳統的自給自足的自然經濟，小農經濟是汪洋大海這種看法是對的，歷代都是小農戶為主，中農在歷代始終是國家「編戶齊民」長治久安的基礎，是賦稅和徭役的保證。與小農經濟並存的另一種經濟成分是地主經濟。土地自由買賣是發展地主的有利基本條件，地主在社會政治、經濟地位都佔有優勢。但是經過數千年，地主土地佔有量上並沒有超過中農。從農戶單獨個體來說，家境會有成有敗，經濟狀況有升有降，但是從這個群體來說始終佔有優勢。自耕農經濟的大量存在，不僅是當時維持封建國家生存的經濟支柱，而且也是生產關係和再生產的必要前提之一。地主經濟雖然在政治經濟都占很大的優勢，但是租佃經營落後，子弟腐敗，家族析產，加上社會動亂等因素，總是「十年河東，十年河西」富不過三代的。中國以往的農業經濟應該視為自耕農經濟為主體經濟，地主——佃農經濟屬於第二位。現今中農依然占重要地位，特別兼業農戶有大的發展趨勢。那些認為在小農經濟基礎上不能發展現代化的農業，只是錯覺而已。

　　舊社會的中國農村經濟社會，歷來存在著不同的認識。過去都認為地主掌握著農村大量土地，主宰著農村經濟。；另一種說法就是：在半殖民地半

封建社會⋯⋯為汪洋大海般的小農經濟所包圍。〔註１〕這兩種相互矛盾的說法，又往往出自同一口中。為了澄清實際，本文作了一些粗略研究，為對中國國情及今後農村經濟發展進行一些探索。在中國小農經濟由於親自掌握農事操作、不斷提高農業技術、墾殖荒地、作為編戶齊民不斷為統治著交納賦稅而受到保護，頑強支撐著小農經濟的存在。地主經濟雖然在政治經濟都占很大的優勢，但是租佃經營落後，子弟腐敗，家族析產，加上社會動亂等因素，總是「十年河東，十年河西」富不過三代的。

一、中國歷代中農數量上始終佔優勢

在春秋戰國時期即分有上農、中農、下農之說。如《管子》中的三農比於《周禮》中的三地，他說：「三農者，上農、中農、下農也」。其《揆度》篇曰，：「上農挾五，中農挾四，下農挾三」。當時的土地制度是井田制，土地和經濟狀況是一致的，所以也成為上地、中地、下地。《小司徒》，上地、中地、下地分為三者，以此。小司徒之職，乃均土地以稽其人民，而週知其數。上地家七人，可任也者家三人。中地家六人，可任也者二家五人。下地家五人，可任也者家二人。

孟子在《梁惠王上》所描寫的中農狀況為：「五畝之宅，樹之以桑，五十者可以衣帛矣；雞豚狗彘之畜，無失其時，七十者可以食肉矣；百畝之田，勿奪其時，八口之家可以無饑矣。」

孟子在《萬章下》又說：「耕者之所獲，一夫百畝；百畝之糞，上農夫食九人，上次食八人，中食七人，中次食六人，下食五人。庶人在官者，其祿以是為差。」就是說生產條件較好、收益較多的農民叫「上農」或「上農夫」。「上農夫者食九人」。」「食」意為拿東西給人吃，即上農夫可以養活九個人。在那個時期，「田裏不鬻」，上層統治者只是「以田代祿」，也就不會有地主。以及後來《呂氏春秋・上農篇》所載：「上田夫食九人，下田夫食五人，可以益不可以損。」益是增加，損減少田數的意思。所說的上、中、下農差別不大，按現今標準都是中農水平。

《漢書・食貨志》說：」今一夫挾五口，治田百畝」。」西漢文帝時晁錯說：「今農夫五口之家，其服役者不下二人，其能耕者不過百畝。說明戰國、秦漢時土地雖然已經准許買賣，「五口之家，種田百畝」依然是中農的標準。

〔註１〕丁娟，試論毛澤東關於中國婦女解放道路的思想：《毛澤東百週年紀念》。

　　商鞅變法「除井田，開阡陌」土地允許買賣後，農村經濟成分分化，出現地主和農奴，造成農村經濟貧富極其懸殊。《漢書》稱：秦時「富者田連阡陌，貧者無立錐之地。又專川澤之地，管山林之饒。」又《後漢書‧仲長統傳》稱：「豪人之室，連棟數百，膏田滿野，奴婢千群，徒附萬計」。但是，中農依然在農村不論在總人口和總土地佔有量，都是優勢。即便在魏晉南北朝豪強地主、莊園主經濟達到頂峰時期，繼續如故。如南燕為了抑制豪強，增加國家財政稅收，慕容德採納韓諱意見，巡察各郡縣豪強蔭蔽的蔭客，「得蔭戶五萬八千」。估算南燕共當時有三十萬戶，查出的蔭客戶相當正常自耕編戶約六分之一強。豪強所佔土地總佔有量，還是沒有中農戶多。

　　魏孝文帝太和九年，頒行了「均田令」。均田制，在歷史上是首次由政府制定的最具體的田制，而且付諸實施。這一田制土地分配更較為平均，更為中農化。均田制經北魏、隋唐，直到唐德宗時施行兩稅法以後才漸趨無法執行，歷時三百餘年。均田制對結束開阡陌後的田制混亂促進豪強莊園經濟解體和為後來佃耕制的施行，起了承前啟後作用。均田制並非絕對平均，依然有貧富的差異。正如《文獻通考‧田賦考》所說：「固非盡奪富者之田以予貧人也」。對原有豪強地主有了照顧，擁有奴婢、耕牛的大戶，在授田和戶調上還有優待。

　　唐德宗時推行兩稅法，標誌著均田制的瓦解。晚唐五代時期土地私有制迅速發展，從出土的敦煌文書上看，歸義軍時期通過「請射」、「請授」使公田逐步轉化為私田。隨著均田制的瓦解，地主私有土地急劇發展，其發展途徑主要是請射和買賣。請射的土地主要是絕戶地、不辦承繼戶地和官荒地。這時土地買賣已排除了交易雙方之外的各種干預，不再受國家的制約，也不需要官府審核和裁決。買賣雙方完全可以根據個人意志自由買賣土地，確認私契的決定作用。到宋代的兵農政策，大抵因襲唐代後期，國家公開奉行「不抑兼併」「田制不立」的方針，土地私相貿易。地主佔有較大量土地，但是農民依然是土地的主要佔有者，成為均田制瓦解後土地所有制發展的歷史趨勢，並一直延續到解放前。

　　中國傳統的自給自足的自然經濟，小農經濟是汪洋大海這種看法是對的，歷代都是小農戶為主。中國從漢代開始就建立了戶口和田地的定期報告制度，保存下來的有關歷代戶口和田地的資料還是切實可信的。中國歷代戶均畝數，漢代為 70～80 畝；五代為 47 畝；宋代為 25～35 畝；明代為 35～66

畝。中國歷代人均畝數,漢代爲 13 畝多;唐代爲近 30 畝;宋代爲 10〜20 畝;明代爲 6〜12 畝;清代順治、康熙時期爲 7 畝多,乾隆時期爲 3〜4 畝,嘉慶至光緒時期只有 2 畝多一點。中國歷代每農戶平均人口基本維持五口之家,只是宋代家庭人口少一些。直到土地改革時,依然是以中農戶爲主。

在解放前也曾經進行過土地佔有情況的調查。國民政府土地委員會調查江西、福建兩省 1934 年自耕比例爲 54.9%、60.67%,佃耕比例爲 45.1%、39.33%。(注:《各省自耕及佃耕經營之面積》,國民政府主計處統計局編:《中國土地問題之統計分析》,重慶正中書局,1941 年,第 63 頁。)這些調查結果顯示的數據雖然在分類上有所區別,但從不同角度反映的土地分配狀況是相近的,即以自耕農和半自耕農占人口多數,地主佔有遠超過其人口比例的土地,一般自耕農和半自耕農也擁有相當數量土地。1935 年 1 月 23 日《江西民國日報》載:「蓮花、永新、寧岡三縣,以前均繫小農作業之自耕農制,純粹收租之地主,與貧無立錐之佃農,均占極少數,大地主制尤爲稀少。」

二、當代土地改革之前中農戶依然占多數

1928 年 11 月,毛澤東在《井岡山的鬥爭》中寫道:「邊界土地狀況:大體說來,土地的百分之六十以上在地主手裏,百分之四十以下在農民手裏。江西方面,遂川的土地最集中,約百分之八十是地主的。永新次之,約百分之七十是地主的。萬安、寧岡、蓮花自耕農較多,但地主的土地仍占比較的多數,約百分之六十,農民只占百分之四十。湖南方面,茶陵、酃縣兩縣均有約百分之七十的土地在地主手中。」〔註2〕另 1930 年在興國調查,地主佔有土地達百分之四十,富農佔有土地達百分之三十,地主、富農所共有的公堂土地爲百分之十,總計地主與富農佔有土地百分之八十,中農佔有百分之十五,貧農只佔有百分之五。但是,地主人口不過百分之一,富農人口不過百分之五,而貧農、中農人口則占百分之八十。一方面以百分之六的人口佔有土地百分之八十,另方面以百分之八十的人口則僅佔有土地百分之二十。此後,中國馬克思主義歷史學家、社會學家、經濟學家都據而斷言,在中國,「地主土地私有制占主導地位」,而自耕農經濟不占重要地位。持地主經濟論者原來認爲(估計),中國地主佔有的土地至少占總耕地的六七成。如 1935 年,薛暮橋在其《舊中國農村經濟》中所作的統計是:地主、富農人數占全

〔註 2〕見《毛澤東選集》第一卷 69 頁,人民出版社,1991 年版。

部務農人員的 9.9%，享有 63.8%的總耕地面積。其中地主只占總人數的
3.5%，佔有耕地 45.8%。1950 年 6 月 14 日劉少奇在全國政治協商會議時說：
「占鄉村人口不到百分之十的地主和富農，佔有約百分之七十至八十的土
地，他們藉此殘酷地剝削農民。而占鄉村人口百分之九十以上的貧農、雇農、
中農及其它人民，卻總共只佔有約百分之二十至三十的土地，他們終年勞
動，不得溫飽。

　　事物在事前爲了追求某些目的，典型材料往往估量過高。過後經過落實，
比原來設想一般都會偏大。像「大躍進」時期爲了顯示人民公社的優越性，
而把豐收產量報得出奇。根據現有材料已經證明歷史上和現狀地主土地的佔
有量遠不像原來設想的那麼多。例如：

　　山東省臨淄縣 1946 年典型推算，全縣有土地 707,771 畝，地主 1,730 户，
9,830 人，佔有土地 117,161 畝，爲 16.5%，人均 11.91 畝；富農 1,303 户，7,504
人，佔有土地 550,66 畝，爲 7.7%人均 7.84 畝；中農 25,107 户，109,956 人，
佔有土地 366,942 畝，爲 51.8%，人均 3.34 畝；貧、雇農 24,891 户，108,219
人，佔有土地 168,602 畝，爲 24%，人均 1.55 畝。

　　江蘇省嘉定縣（現屬上海市）1949 年土改前各階級（階層）佔有耕地統
計爲：全縣有土地 587,254 畝，地主 1,759 户，6,411 人，佔有土地 128,450 畝，
爲 21.9%，人均 20.0 畝；富農 2106 户，10,855 人，佔有土地 62,580 畝，爲
10.7%，人均 5.76 畝；中農 18900 户，88,864 人，佔有土地 228,065 畝，爲 38.8%，
人均 2.6 畝；貧農 30788 户，130,939 人，佔有土地 124,722 畝，爲 21%人均
1.0 畝。雇農 2,053 户，6,540 人，佔有土地 3,823 畝，爲 0.7%，人均 0.6 畝。
因爲嘉定縣地處上海附近，土地佔有者階級成分比較複雜，土地佔有還包括
其它成分者，有小土地出租者、資本家、小商販、自由職業者、手工業者、
工人、城市貧民。共佔有土地 4,142 畝，亦爲 0.7%，人均 0.34 畝。

　　陝西省關中地區 41 個縣在土地改革前各階級（階層）耕地佔有情況：
共有土地 27,128,022.56 畝，地主 1,7254 户，185,505 人，佔有土地 2,152,582.84
畝，爲 17.8%，人均 11.6 畝；富農 13,991 户，165,784 人，佔有土地 1,400,898.65
畝，爲 5.1%，人均 8.4 畝；中農 511,234 户，3,204,015 人，佔有土地 15,161,052.58
畝，爲 54.0%人均 4.7 畝；貧農 629,666 户，2,672,350 人，佔有土地 6,997,213
畝，爲 24.8%，人均 2.6 畝。雇農 144,120 户，427,340 人，佔有土地 575,209.27
畝，爲 2.1%，人均 1.32 畝。其它爲工商業户、小土地出租者等，約占 3%左右。

　　1942 年至 1944 年對北嶽、大行等五個抗日根據地調查的數據。戶數比爲：地主占 2.4%、富農占 6.7%、中農占 38.0%、貧農占 47.0%、雇農占 2.5%、其它占 3.4%。土地佔有量比爲：地主占 13.5%、富農占 17.5%、中農占 42.5%、貧農占 22.5%、雇農占 0.6%、其它占 3.4%。

　　安徽省鳳陽縣立斌區西三十里店六村階級成份劃分，中農占 59%，地主占 5%、富農占 5%、貧農占 15%、雇農占 6%，餘爲其它成分。浙江省在土改前對 64 個縣的社會階級階層做了調查，發現當時這些地方的社會結構是：地主占 3.4%，富農占 4%，中農占 30.7%，貧農占 45.3%，雇農占 7.5%，其它占 9.1%。河北省定縣 1947 年實行土改，全縣 86,556 戶，人口 472,919 人，其中地主占 3.01%；富農占 4.43%，中農占 53.68%；貧、雇農占 35.03%。定縣是老解放區，是 1947 年土改的，劃定的地主多一些；浙江是新解放區，是在 1950 年以後搞土改的，劃定的地主富農比例小一些。從上列資料分析，中農占由土地約 50%，其次是貧農。雇農和地主都占少數。地主佔有土地約爲 20%，雇農在 10% 以下。又據河北省政府秘書處編：《河北省統計年鑒》（1934 年版）解放前河北省 83 個縣統計，出租耕地數量占總耕地的 13.6%。

　　這是在全國大部分地區的概數，落到一個單位情況就十分複雜，有的村全部是地主土地，佃農、雇農爲其耕種；有的村全部是中農；在自然條件較差，土壤瘠薄村莊往往集聚著貧農。像這樣的村子，在土地改革時，爲了發動群眾，奪取基層政權，而出現錯鬥中農的問題。而依靠對象貧雇農又不占大多數，在建立農村政權時，而把下中農擴大在內。

　　因爲條件關係，雖然統計數字難以準確，但是分析農村經濟成份還是可以參照。1953 年有關部門曾經宣佈：除少數民族地區西藏、新疆、以及臺灣外土地改革基本結束時的結果。「有三億無地少地的農民分得七億畝土地。」當時採取「中間不動兩頭平」的政策，按照中國的人口數量和耕地面積，另七億畝耕地屬於「中間不動」的占人口一半的中農。全國解放時城市人口從 2,400 萬僅增爲 5,700 萬，農村人口占 90% 以上。當時全國人均耕地面積只二畝多不超過三畝，在土改後農村基本是中農化。這個數字是全國土改後的土地狀況的實際結果，即中農佔有土地在百分之五十以上，這個基本是一塊塊量出來的土地數字根據，還是最有可靠性的。

　　臺灣土地改革存在同樣的情況，全臺共有耕地 81.63 萬公頃，開始估計 56.01%（45.73 萬公頃）爲地主（占農村人口的 11.69%）所佔有。土改時實際

收購地主超額土地轉賣給農民的只 13.9 萬公頃。占全臺總耕地的 17.3%。地主所擁有的土地不超過中等標準水田 3 甲（1 甲等於 14.55 市畝）和旱田 6 甲。臺灣農戶人均耕地為 2.49 畝，如按五口之家計算，每戶有耕地約 1 甲，所以在土改後仍有 15.2%（即 12.36 萬公頃耕地）繼續實行租佃（1980 年材料）。

三、中農在中國能夠長期存在的調控原因分析

中農生產力的能耕量也就是土地佔有量的基本標準。周朝為「百畝而徹」，百步為畝，用石器工具，一夫只能種約四十畝地。漢代「一夫挾五口，制田百畝」是用鐵製農具，借助畜力耕種，減掉休耕田，只能種五十畝左右。北魏均田制規定：授田男四十畝，女二十畝，牛三十畝，土地佔有量基本和漢代相同。生產力不斷提高的情況下，到解放前華北地區中農標準就是農村流傳的；「三十畝地一頭牛，老婆孩子熱炕頭」。土地佔有量在東北地區要高一些，南方水田低一些。超越這條中農水平線，就的要「人不得外財不富，馬不得野草不肥」了。「外財」也包括從事工商業。包括科學技術在內的生產力發展，會使中農在減少土地佔有量的情況下保持中農經濟水平，如果不減少土地佔有量，會提高經濟收入和生活水平。

以土地改革為目的的農村階級劃分和家庭貧富的狀況是有不同地概念。家庭貧苦、貧窮、自足、殷實、小康、富裕、富有、豪富，其與土地佔有量有直接關係，但不是唯一的標準。例如有的家庭雖然土地佔有量少，但是家庭勞力多，技術水平高等原因，成為「兼業」農戶，同樣會家庭富足，尤其是現代農村，兼業農戶依然是亞洲地區的普遍現象。古代在中國兼業者也很普遍，農家還會從事採集、狩獵、捕撈、作坊、收益等，並不完全依賴耕地。即所謂「無力買田聊種水」。相反有的人家，土地佔有量不少，但是因為勞力少、不善經營等原因，也會家道中落，過著貧困日子，像肩不能擔擔，手不能提籃范進式的人物大有人在。

1950 年 6 月 30 日中央人民政府公佈的《中華人民共和國土地改革法》規定：「富農一般佔有土地。但也有自己佔有一部分土地，另租入一部分土地的。也有自己全無土地，全部土地都是租入的。一般都佔有比較優良的生產工具及活動資本，自己參加勞動，但經常依靠剝削為其生活來源之一部或大部。富農剝削的方式，主要是剝削雇傭勞動（請長工）。此外或兼以一部土地出租剝削地租、或兼放債、或兼營工商業。富農多半還管公堂。有的佔

有相當多的優良土地，除自己勞動之外，並不雇工，而另以地租、債利等方式剝削農民，此種情況亦應以富農看待。中農許多都佔有土地。有些中農只佔有一部分土地，另租入一部分土地。有些中農並無土地，全部土地都是租入的。中農自己都有相當的工具。中農的生活來源全靠自己勞動，或主要靠自己勞動。中農一般不剝削人，許多中農還要受別人小部分地租、債利等剝削。但中農一般不出賣勞動力。另一部分中農（富裕中農）則對別人有輕微的剝削，但非經常的與主要的。這些都是中農。貧農有些佔有一部分土地與不完全的工具。有些全無土地，只有一些不完全的工具。一般都須租入土地來耕，受人地租、債利與小部分雇傭勞動的剝削。這些都是貧農。中農一般不要出賣勞動力，貧農一般要出賣小部分勞動力，這是分別中農與貧農的主要標準。工人（雇農在內）一般全無土地與工具，有些工人有極小部分的土地與工具，完全地或主要地以出賣勞動力為生。這是工人。」所以說：土地改革化成分併不是完全看每戶佔有土地多少來定，更多的是看各戶的貧富程度。

以往的經濟學者在農村成分的劃分有：地主、自耕農、佃農、雇農等說法，以表明從事農業狀況身份。這和土地改革時期的地主、富農、中農、貧雇農成分觀念是有些差別的。自耕農包括一部分劃為富農成分者。富農和貧農其實與中農都是屬於自耕農，只是貧富之間有些差異，隨著家境的改變，忽升忽降，這是很自然的。富農的數量很少，只占5%左右。而貧農雖少於中農，但數量較大，占 20～30%。客觀說明了中農上升為富農是非常困難。整體說自耕農經濟很頑強，地位是鞏固的，但每戶小農又十分脆弱。由於人口增多，財產「諸子平分繼承」，或遇天災人禍等因素，很容易成為貧農。或被地主吞噬淪為佃農或流民。前面已經說過，歷史和現實，在農村雇農始終占少數，一般不足 10%，約 5～6%。人數應該和地主所佔有耕地相適應的，特別是在宋代以後有大量的在農村失去土地的流民，流向城市，成為「三教九流、五行八作」離開農村。明清以後又有大量流民飄洋過海，向海外謀求出路。就不再死守家園，流傳著「人挪活，樹挪死」的說法。

農村很少存在純粹的無產者，魯迅在小說上所描繪的阿 Q 人物微乎其微。真正的貧困戶是孔子在《禮運篇》上所說的：「鰥寡孤獨，廢疾者」處境很壞。如再遭遇戰亂、災荒就會「老弱轉乎溝壑」；「少壯鋌而走險」造成社會不安。

而中農基本都是自耕農。中農在歷代始終是國家長治久安的基礎，是賦

稅和徭役的保證；自耕農具有較強的生產積極性，有利於社會生產的發展。但是中農要承受沉重的徭役負擔，抵制自然災害和地主的土地兼併。但是，這個在政治、經濟諸方面都是弱勢的群體，卻能在數千年的歷史中長期存在著，而永不衰竭。歷代皇朝是代表地主利益的說法，有失偏頗、臆斷。眞正關心的是皇室江山社稷的安危、成敗，能否穩定、和諧。眞正危及皇朝的社會階層是「兩頭」，即最富有的地主和最窮困無土地的流民。最能穩定社會者，還是自耕自食的中農。

　　自秦漢至唐各朝代中，社會動亂，朝代更替都是這些「淮南弟稱號，刻璽於北方」的豪強地主、地方軍閥、名門望族、擁兵藩鎭作亂。王莽、曹丕、司馬昭，以及南、北兩朝，直到隋、唐都是權臣以下犯上篡位而改朝換代。歷代統治者無不採取抑制豪強，獎勵墾荒和扶植自耕農政策。秦漢實行郡縣制不斷的削弱封爵，封地的範圍都受了很大的限制。漢武帝發佈「推恩令」，遷徙豪強到茂陵。農民（指自耕農）他們是直接給朝廷納稅的「編戶」，自給自足的自然經濟社會主體。在朝廷方面希望有更多的自耕農成爲朝廷的編戶，以便直接向農民收稅，防止莊園主阻斷稅路。還採取了一些有效的措施：一方面限制使用農奴，在漢代曾三令五申限制王公、貴族、富豪的使用農奴人數，南朝還限制莊園主的蔭客、衣食客數量。北魏、北齊都曾大量的赦免俘虜爲平民。法令上還規定良人（平民）與奴婢身份很嚴格，買賣良人犯死罪。再一方面，發放公田給農民：漢代利用軍人修渠道開發土地較多，公田約占30%以上，或租、或給，讓無地少地農民耕種。此後東晉的《占山制》、《蔭客制》、北魏的《均田制》、唐代的《兩稅法》、北宋的《保甲法》、清代的《攤丁入畝》、《更名田》出發點都是保護編戶，抑制不納稅或少納稅的地主政策法規。還包括歷次的社會動亂，直到現代的土地革命，無不是爲著削弱地主經濟。

　　而和地主經濟相抗衡的一般中農，也頑強的鞏固其生存條件，墾殖開荒是小農經濟保持其存在的一種方式。古代荒地是很多的，農村經濟研究者，往往是用現代的土地狀況來看問題，這是一種偏見、錯覺。當一般農家因爲人口增殖，需要增加土地，購買土地又無條件時，憑其勤勞，可以到「寬鄉」、荒野用墾荒辦法解決。在朝政穩定的時候，歷代都鼓勵墾荒。例如：宋初仍採取既歡迎逃戶歸業，又鼓勵當地無地、少地農民請射逃戶田業的政策。宋太祖開寶六年（公元 973 年）九月即詔：「諸州今年四月已前逃移人戶，特

許歸業，只據見佃桑土輸稅，限五年內卻納元額。四月已後逃移者，永不得歸業，田土許人請射」。朝廷並不願見到流民遍地的慘象，會發生社會的不安，造成動亂。墾荒潛力一直延續到近代，清末民初，還實行獎勵墾荒，「三年起課」政策。山坡崗地開建大量梯田，到唐代已經是「四海之內，高山絕壑，耒耜已滿」。〔註3〕近代大規模的墾荒，包括「闖關東，走西口」等，例如在王同春的主持下在內蒙後套曾大規模墾殖黃河邊沿土地從事農業生產。民國初年還在天津小站大量招民墾殖鹽鹼地種稻，一直延續到解放時。

自耕農具有較強的生產積極性，生存能力適應性。雖然佔有土地面積較少，但是他們創造了中國特有的傳統農業技術，使得地力長新，永不衰竭。中農戶勤勞本分，守業有成。他們才真正代表中國傳統農民的特色。經受住酷吏的苛捐雜稅，地主的重利盤剝。

另一種原因是與中國的國情有關，與西歐有別。秦漢以來，自耕農是「編戶齊民」的主體，國家賦役來源的基礎。這種自耕農的顯著特徵是：以一家一戶為生產單位，男耕女織，以農為主，耕織結合，自食其力。通常是「五口之家」，「一堂二內」，兩個勞動力。政府為了賦稅的徵收方便，家庭子弟成丁要「分財異居」，另立門戶，成為新的編戶。北魏實行「均田制」更促進「小戶型」的發展和鞏固。這種情形在歷史上已經無法阻止，且以「中分其財」作為析產的通行原則。以後歷代所謂「諸子爭財」現象越來越普遍，反映了析產分居的廣泛流行，極易保存中農形式，光憑勞動，難以發展成「大農」。

四、地主經濟發展的制約

與小農經濟並存的另一種經濟成分是地主經濟。土地自由買賣是發展地主的有利基本條件，地主在社會政治、經濟地位都佔有優勢。但是經過數千年，地主土地佔有量上並沒有超過中農。從農戶單獨個體來說，家境會有成有敗，經濟狀況有升有降，但是從這個群體來說始終佔有優勢。自耕農經濟的大量存在，不僅是當時維持封建國家生存的經濟支柱，而且也是地主制生產關係和再生產的必要前提之一。

歷代有兩個時期推行土地自由買賣政策，是地主豪強兼併土地的好時機。前一個時期是秦「除井田，開阡陌」以後，鬆散的田制，使大量的田地逐漸落入到豪強之手，使用依附關係較強的農奴式的勞動力。到魏晉南北朝

〔註3〕見《元次山集》。

時期，南方形成了莊園經濟，形成不少「鐘鳴鼎食之家」。魏晉南北朝時期廣泛實行莊園制，莊園主使用農奴經營莊園。據《周書》卷四十二記載，北朝蕭大圜，「有田二頃以供饘粥，十畝以給桑麻。侍兒五三，可充紝織，家僮數四，足代耕耘」。北方豪強則多聚族而居，建壁塢以自保。許多民戶蔭蔽在塢主、壁帥名下。農民向其交納租稅，形成北方的壁塢經濟。魏孝文帝太和九年，頒行了「均田令」。徹底摧垮了豪強地主經濟，這一田制又鞏固了小農經濟體制達三百年之久。到唐德宗時，均田制執行不下去，土地有自由買賣。國家的土地政策由抑制兼併、均平占田，向「田制不立「的方向轉變。

到宋代因襲唐代制度公開奉行「不抑兼併」，「民自以私相貿易，而官反為之司契券而取其直。「此時期已經廣泛的實行佃耕制。但是地主發展依然受到許多因素的影響，雖然每家地主的經濟實力一般都比中農強，但是總體經濟實力卻沒有超過中農。地主發展同樣有許多制約條件，同樣處在富、貴、貧、賤經常性的轉化之中。指望自給自足，以耕作為業的中農爬上地主地位是很難的。即便是小地主也難繼續上升。

秦漢以後的豪強地主同時把持著很大的政治權利。所幸的是，當廢除「九品中正制」實行科舉考試取仕後，多少還是為小農階層的上升提供了一條狹窄的小道。貧家子弟一旦「金榜題名」，馬上就會變成家纏萬貫，所謂「書中自有黃金屋，書中自有千鍾粟，書中自有顏如玉。」商品經濟的發展也為商人走向地主位置提供條件。所以在宋代出現許多庶族地主，減輕了勞動者的依附關係程度。但是中國地主依然有盛有衰，有起由落。例如：宋代大儒朱熹在《朱子語類》上說：「人家田產只五六年間便自不同，富者貧，貧者富。」朱繼芳賦詩有：「曲池畢竟有平時，冷眼看他炙手兒，十數年間三易主，焉知來者復為誰？」辛棄疾也說：「千年田換八百主」。民間也流傳著「富不過三代」，「十年河東，十年河西」的說法。地主衰落的原因主要為：

縱觀中國歷史，地主與王朝的興衰和更替有直接關連貫穿其中。當戰亂發生王朝衰亡，地主財富幾乎都會在戰亂中化為烏有。無論是農民起義，或是外族入侵，或是官府橫征暴斂軍費，首要的目標是奪取財富，富人總是首選的對象，而且首選的是「浮財」。劫奪財物對進行戰爭最有直接現實的作用，對不動產土地等並不十分關心。政府關係稅收，也著眼於富人。宋代以來以財產計稅逐步普遍，宋代農村按財產多寡共分五等，賦稅、勞役負擔最多的是富戶，也有抑制地主發展的作用。

　　多子均分的傳統也是「富不過三代」的重要原因之一。在中國，家產分割法和繼承制度實施的是「多子均分」的制度。這種多子均分制度始於商鞅變法時期，在變法中就有「民有二男以上不分異者，倍其賦」。到了漢代這種多子繼承制度成為了傳統。《唐律》中也有「同居應分不均平者，計所侵坐髒論，減三等」。到了明清時期，家產的分割更加的頻繁。中國古代的富人，幾乎都是妻妾成群，兒孫滿堂，再大的家業，過了三代也會分散到眾多子孫手中。地主與農民之間，尤其是那些處於邊緣的中小地主與富裕農民之間，已不存在不可逾越的鴻溝。一些力農起家的富裕農民有可能很快上升為地主，若干地主僅因分家析產便可降為普通農戶。

　　富家子弟往往養尊處優，好怡惡勞，又不善經營，造成家道衰落。常言說：「萬貫家財，敵不過敗家兒孫。」以勞動守業創業抵不過自耕農，一般是寄託於「延世澤莫如為善，振家聲還是讀書」，繼續走考取功名的道路，提倡讀書實際是一箭雙雕，還可以退一步教育子弟守成，不致成為敗家之子。封建地主家長非常清楚家道有興就有衰，富貧盛衰，更迭不常，而憂心忡忡。自南北朝《顏子家訓》以後，就有許多地主家長寫出《家訓》，稱為「垂涕衷言」，告誡子孫守業。流傳最廣的為明代朱柏廬的《朱子治家格言》。一部分地主自行經營，試圖發展生產，擴大財富積纍；地主發展義學、義莊、善堂經濟，保障它的土地制度，以此調解與貧民的關係；商人資本轉向土地，與封建經濟相結合，與地主合為一體；地主多採用定額租制，以有利於生產的發展而保障其地租收入。所有這一切，表明地主階級經濟上還有發展餘地。這個階級能夠根據情況進行應變，具有一定的活力，絕非垂死的階級，從而說明封建制度正在走向沒落。

　　特別是宋代以來，廣泛實行租佃制後，除自耕農經濟外，地主經濟部份分別構成租佃地主——佃農經濟和經營地主——雇農經濟兩種經濟形式。

　　租佃地主——佃農經濟形式，地主多為城居地主，城居地主是單純的消費單位。佃農大都擁有自己獨立經濟。因為地主需要和城市工商業者以及手工業、服務業爭取勞力，有一部份佃農是勞力多而有自己土地但是不足的貧農戶來充任。經濟也是自立的，只是按期交地租而已。

　　據清代方苞《家訓》上說：「金陵上田十畝，一夫率家眾力耕，豐年獲稻不過三十餘石。主人得半，乾暴減十二，米只得六石餘。」他家有親屬及奴僕共計四十口人，需要有百家農戶奉給，佃租土地就是上千畝，平均兩戶辦

供應一口，主人需要五戶佃戶奉給，主婦爲三戶。每戶佃農奉給六石，在一年地主主人共消費三十石，折合三十兩銀子，根本達不到「養尊處優」的生活，更談不到「錦衣玉食」。而且原生活水平還難以維持，還要遣散僕婢，「俾自食其力」。想要發展必須經營工商業，或者讀書求官，或是官商結合，這是地主發展的必經「陽關」大道。發展到近、現代就是封建、官僚、買辦階級的高形式表現。

經營地主多爲鄉居地主。鄉居地主既是消費單位，又是生產單位。雇農實際應該是雇工，在地主指揮下從事農藝和副業生產，沒有自己的獨立經濟。根據《補農書》記載，經營地主用一個長工一年工錢五兩銀子，吃糧需開支五石五斗。還有盤費、柴酒等開支，供需十三兩銀子。由於農業雇工工價上漲導致地主經營式農場逐步衰敗。因此，大地主和雇農，特別是在近代人們都矚目於城市，對土地的黏著力不大。地主向城市、工商業投資金；窮人爲城市、工商業投勞動力。土地黏著力大的始終是雇農和稱之爲「肉頭戶」的小地主。

自古以來農業就是低利潤的產業，受自然條件影響，季節性的生產，而且很容易受自然災害。因爲土地收益遠遠的不如工、商業，地主與工商業者爭奪勞動力處於劣勢。尤其是租佃農業，地主並不向土地投資，難得到資本投入利益（級差地租II）。還會引起土地肥力下降，收益難以增加。農業雇工、出佃困難。宋代還有賣主出賣田土之後，不離業而「就租以充客戶」。實際和指地借錢，與用勞力支付利息相同。這種辦法也是依附關係鬆弛的表現。明清以後，土地所有權與使用權的進一步分離，還使得不少地方出現了地主與佃戶分掌「田底」與「田面「實行永佃制」的現象，地主對土地的任意支配權也受到了抑制。構成農村的兩端階層，所以總是向以自耕農爲主體的中農靠攏，而中農永世不衰。眞正富足的大地主多要兼營工商業，成爲「兼業地主經濟。」現在風行一時的地主莊園旅遊線，山西晉城的「皇城相府」和河南鞏義的「康百萬莊園」，其共同的特點是：都是逃難、要飯、開荒、放羊起家，以後「皇城相府」靠累世爲官發家，「康百萬莊園」靠經營造船運輸、買賣棉花發家。都不是單靠經營土地。

因爲社會經濟屬於小農經濟，掌握著經濟命脈的大部分，地主政權也會通曉毫無約束的爲所欲爲會引起社會動蕩不安，在土地兼併方面不得不有所收斂。宋代社會上已經形成的一種道德觀念。如防止因田地疆界不明確而引

起土地所有權方面的爭執，反對「放債準折人田宅」，認為這是「非義置田土」，這些都有利於防止豪強侵佔小戶。田土買賣中，親鄰享有優先購買權，除了以家族倫理為基礎，崇尚親族血緣關係外；還從相鄰權益的角度出發，避免將來由於相鄰田土的通行等，產生矛盾。規定賣方離業，可以避免佃戶數量增多，自耕農數量減少，既有利於官府的賦稅徵收，也有利於減少田宅糾紛。《宋刑統》規定為：「寡婦無子孫，若（子孫）年十六以下，並不許典賣田宅。」「擅自典賣田宅者，杖一百，業還主。錢主牙保知情與同罪」。〔註4〕以保護貧困人家田土不致喪失。

這些庶民地主也注意與佃農的關係，流傳著「善使長工惡使牛」，對於租佃戶，要加以體恤。袁采所寫《袁氏世範》認為：「國家以農為重，蓋以衣食之源在此。然人家耕種出於佃人之力，可不以佃人為重！」因此，對佃戶應「視之愛之，不啻如骨肉，則我衣食之源，悉藉其力，俯仰可以無愧怍矣。」龐尚鵬在《龐氏家訓》上指出：「雇工人及僮僕，除狡猾頑惰斥退外，其餘堪用者，必須時其飲食，察其飢寒，均其勞逸。」《補農書》作者張履祥認為，治生也就是個用人的問題，如何管理佃戶與雇工，是他所關心的重要問題。因此他主張地主階層應當確定合適的剝削比例，處理好與佃戶的關係。注意飲食，體力勞動繁重時「多加葷」。到解放前在安徽太和一代的風俗習慣，農工在年末結束農活時，東家與夥計共同在一起吃一頓飯，俗稱「打平和」。飯間還決定明年夥計們的去留，是否繼續搭夥。

五、對中農經濟的分析

中國在歷史上中農占為經濟主體的問題，還可以從生產力的角度來說明。以中農為主體的自耕農，以牛耕和人合力使用犁、耙、鋤為主耕農具的小規模生產方式為主。自耕農都是親自勞作，用簡單的一鋤一犁，使中國的農業創造，可以在世界上誇耀。自古以來，自耕農在自己的一小片的勞作範圍內不斷的創新。治理過所有的大江大河，開發無數的水利工程，土地開發了十五億多畝，使不少鹽鹼不毛，高低不平，雜草叢生，荊棘滿地之區墾為良田。農業技術逐步改進，形成舉世矚目的有特色傳統農業技術，培育出無數的優良品種。利用占世界百分之七的土地，養活占世界四分之一的人口，是了不起的貢獻。水稻的插秧等先進技術都是由中國率先使用後傳到國外。

〔註4〕見竇儀，宋刑統〔M〕，北京：中華書局，1984。

在以往政治家經濟學家對小農經濟的評論認爲是保守的落後的社會根源，這種評議實在有失公允。中國的保守落後是多種因素所形成的，如商品經濟不發達，工業技術落後等，根據以上情況，中國以往的農業經濟應該視爲自耕農經濟爲主體經濟，地主——佃農經濟屬於第二位。

但是君主社會的政體是屬於地主政權。秦漢以來至隋唐以前，採取舉孝廉方正，實行九品中正制選拔官員，基本都是豪強地主來治理國家。後來實行科舉考試取仕，雖能給小戶人家一個主政的機會，「朝爲田舍郎，暮登天子堂」。但是這些人的家庭很快就提升到地主的地位。梁漱溟先生等學者認爲的縣以下的農村基層：「國權不下縣，縣下唯宗族，宗族皆自治，自治靠倫理，倫理出鄉紳。」這些鄉紳一般都是地主階層人物承當，自耕農很少有份，這是事實。在農村開明士紳是存在的，如開辦義倉，興辦學校，修橋補路等。所謂的土豪劣紳，魚肉鄉里、武斷鄉曲、稱霸鄉土，爲富不仁，爲仁不富的也大有人在。所以在那個時代的社會，只能「經濟屬性是小農經濟；政治屬性是地主政治。」富人容易做官，窮人做了官就會獲得地主地位，歷代都大抵如此。小農經濟是中國社會的基石，在革命時期往往會起阻擋作用，一旦事後動亂平息，又成了社會穩定地奠基石。而改革小農經濟社會就不那麼簡單。正因爲如此，延續到當代，在土地改革時，打倒地主政權，建立的無產階級農村基層組織非常成功。而農村經濟改革幾十年來則是摸著石頭過河，步履艱難，每每遇到挫折，至今農村改革依然是猶疑彷徨，無所適從。打倒地主是政治問題，而改革經濟是農民（主要是中農）問題，這就是中國的國情所在。

解放以後經過土地改革，平分了土地，實際是更進一步的小農化。這種小農化事實是推動了農業的大發展，在 1956 年以前農民生產積極性有很大的發揮，這是不爭的歷史事實。馬克思主義者經濟學者總是認爲小農經濟是阻耐社會的發展，必須進行改造小農經濟。由互助組、初級農業合作社、高級農業合作社一直到人民公社，用了五、六年的時間小農經濟被改造了，結果是造成三年困難時期，人員大量死亡，農村經濟頻臨破產，輝煌幻滅，走投無路，不得不使人民公社解體，由社隊聯產承包轉到家庭聯產承包，又回到小農經濟上來。改革開放以來，農村小農經濟依然爲國家承擔著重要的任務，爲國家經濟建設提供糧食和各種經濟作物，提供畜產品和果品蔬菜。

農村社會發展和農業生產一樣有客觀存在的經濟自然發展和人們主觀的

干預力量。客觀總是向前發展的和作物生長一樣有發芽；而人們的干預好壞則是杜社會發展有促進也有損傷。舊社會的近代農村小農經濟，在社會發展科學進步推動下也不斷地出現資本主義經營方式。有資本主義經營性質的地主；合資性質的農墾公司；專業化較強的養蜂廠、果園、菜圃：還有像晏陽初、梁漱溟等所倡導的農民合作組織等，都有可能發展成現代化農業。主要由於戰亂不斷而停滯不前。那些認爲在小農經濟基礎上不能發展現代化的農業，只是對農村的一知半解而已。還是應該按照社會發展規律辦事，才能達到事倍功半，促進農村發展，改善農村面貌。

參與者尚有楊宇

租佃制是具有活力的土地流轉方式

提　要

　　歷來中國農村自始至終存在著兩種經濟成分：一種是自給自足的小農經濟，即所謂「編户齊民」似「汪洋大海」的小農經濟。另一種是地主經濟，他們依靠其社會政治、經濟地位優勢，佔有超常的土地，控制勞動力，用剝削方式從事生產經營。地主土地的經營方式歸納起來大致有三種：蓄養農奴耕作、雇工耕作和出租給佃户耕作。宋代以後廣泛實行的租佃制是歷史選擇的結果。租佃制促進了土地權屬的流轉，目前土地租賃在農業經營中依然存在活力。

　　耕地乃是固定的自然體，不能流轉。但是在社會經濟學權屬方面，它的所有權、處置權使用權等等卻不斷更替流轉，土地權屬流轉是社會經濟學研究的重要課題。社會科學是研究社會現象的科學，它的任務是闡明各種社會現象及其規律。在近代由於種種原因，社會科學常援引西歐之說，依爲圭臬。但是因爲社會科學受時空的影響，西歐的社會歷史現象，和中國社會發展現象並不相同，而所套用來的並不全適當，有關土地制度亦是如此。

一、中國和西歐農業發展歷史的差異

　　西歐中世紀各地盛行農奴制莊園經濟。莊園是這個時期西歐農業生產中的一種特定的組織形式。封建主主要依靠自己的地產生活，所以國王、教會和大封建主都建立莊園。自給自足的自然經濟形態，爲生產者自家和領主提

供生活資料。莊園的農業生產實行三圃耕作制，即把耕地分作春播地、秋播地和休耕地三部分，輪流耕種。休耕地和收穫後的耕地作為公共牧場，集體使用。莊園生產者主要是農奴，此外還有自由佃戶、雇工和奴僕等。隨著社會經濟的發展科學的進步，以及海外殖民地的擴展，資本主義社會建立，包括最落後的俄羅斯都逐步廢除了農奴制。

　　而在中國則從事農業生產歷史悠久，約近八千年。在發展生產中不斷提高農業技術和建立比較完善農業管理制度，與西歐的社會發展有不同的經歷，過去套用西歐的社會發展史必然有失偏頗。在這個歷史階段，奴婢只是在從事工業勞動方面較明顯，但是，社會生產主導的力量還是村社組織的農民。農業生產則有分散性、季節性、技術性等特點，不便使用奴婢。《左傳‧襄公九年》有：「其庶人力於農穡，商工皁隸不知遷業。」皁、隸即為雜役奴婢身份，與商、工並列，區別人力於農穡的普通人。當是時，地廣人稀。在生產要素中，土地並非是難以獲得的生產資料，隨處都能墾殖農田，種植作物。為了牽強附會西方的社會發展史說法，持井田制為奴婢說者，常引用的有兩則史料為據：一則是以《詩經‧北山》所提到的：「溥天之下，莫非王土，率土之濱，莫非王臣」。這首詩是描寫一個參加採摘枸杞勞動的小吏，因為上級對自己不公而發的牢騷言辭。「土」是指天下，「濱」是指小吏的領導而言。從土地權屬問題考慮，國人重視的第一層次「國土」是有道理的，歷史上不論哪朝哪代，保衛國土是第一位。其次才是個人佔有權、使用權、支配權等等。那時說的「王土」實際就是指「國土」。至今國人依然會把「國土喪失」視為頭等大事。二則人們還時常引用《禮記‧王制》中的一句話：「田里不鬻」。當時農業生產實行墾荒制和休閒制，農民土地隨時隨地都能得到土地開發，種植作物，對土地權屬並不在意，無需買賣，這很自然。

二、中國農村的自耕農、地主兩種經濟成分始終並存

　　歷來中國農村自始至終存在著兩種經濟成分。一種是自給自足的小農經濟，即所謂「編戶齊民」似「汪洋大海」的小農經濟。另一種經濟成分是地主經濟，他們依靠社會政治、經濟地位優勢，佔有超常的土地，控制勞動力，用剝削方式從事生產經營。

　　歷史上一直作為農村經濟主體的自耕農是以牛耕和人合力使用犁、耙、鋤為主耕農具的小規模生產方式為主。他們親自勞作，用簡單的一鋤一犁，

創造的中國傳統農業可以在世界上誇耀。自古以來，自耕農在自己的一小片的勞作範圍內不斷的創新。治理過所有的大江大河，開發無數的水利工程，土地開發了十五億多畝，使不少鹽鹼不毛，高低不平，雜草叢生，荊棘滿地之區墾爲良田。農業技術逐步改進，形成舉世矚目的有特色傳統農業技術，培育出無數的優良品種。利用占世界百分之七的土地，養活占世界四分之一的人口，是了不起的貢獻。水稻的插秧等先進技術都是由中國率先使用後傳到國外。以往政治、經濟學家對小農經濟是保守的落後的社會根源的評議實在有失公允。中國的保守落後是多種因素所形成的，如商品經濟不發達，工業技術落後等。根據以上情況，中國以往的農業經濟應該視爲小農經濟——即自耕農經濟爲主體經濟。

另一種即地主（包括莊園主）經濟，屬於第二位。地主土地的經營方式，在中國農業發展歷史過程中，歸納起來大致有三種：蓄養農奴耕作、雇工耕作和土地出租給佃戶耕作。這三種經營方式並不是絕對的互相更迭演替的關係，在很多的歷史階段，它們常常會並行存在。在中國農業經濟發展的歷史中，私營土地經營方式的選擇是業主在特定的經濟社會條件下的理性選擇。

三、蓄奴耕作的土地經營方式

在秦以前，中國存在使用奴隸以官奴爲主，但是官奴婢不能做爲農場勞動力的主要來源。這主要是由三方面的原因決定的。第一，官奴婢是戰犯及刑事犯改降而來，爲了取得官奴婢必須維持十分強大的權力機構，其交易費用奇高；第二，官奴婢的來源缺乏彈性，不能按農業生產的需要來調整人數，奴婢太多養活起來不經濟，奴婢太少又恐不夠用；第三，戰俘及罪犯被降爲奴婢，常心懷怨恨，不但怠工，而且常思逃亡或破壞，所以工作意願不僅是零，而且是負值。有人根據《詩經》上的「千耦其耘」和「十千爲耦」兩詩句〔註1〕來判斷周代有驅使兩萬名官奴婢耕作的大型農場，這在現實中是不可能出現的。實際是描述成王親政後，在周公輔助下的太平盛世。農業生產蓬勃發展，人民生活相對改善，農民以家族爲單位一起勞動的景象。

秦商鞅變法「除井田，開阡陌」，土地也成爲商品，買賣逐漸頻繁。隨著

〔註1〕「千耦其耘」一句，出自於《詩・周頌・載芟》。「十千爲耦」一句，出於《詩・周頌・噫嘻》。成王親政後，在周公輔助下，平定叛亂，鞏固了西周政權。社會已相當繁榮，經濟發達。農民以家族爲單位，大家熱情的勞動歡快景象。

土地產權的流動，生產要素的另一方面——勞動力也「流動」起來。秦代已有大量私人蓄養、使用奴婢從事農業生產。成為農奴，卻是新興起的事實。秦國推行「耕戰」政策，獎勵軍功，斬首一人賜田百畝、宅九畝、奴婢一人，升爵位一級，促進了產生農奴和農奴主。同時土地和奴婢私有化，奴婢大量的用於農業生產，成為名符其實的「農奴」。設立郡縣後，豪強四起，霸佔田土，富商大賈大量置買田產，畜養奴婢已成必需，有了農奴主。土地大量流動，勞動力也隨之流動，奴婢市場興旺，富人以買賣人口贏利。在全國大城市都設立奴婢市場，《漢書‧王莽傳》稱：「秦為無道，……又置奴婢之市與牛馬同欄」。漢承秦制，繼續保留奴婢市場。通都大邑，販賣奴婢，一次交易量很大，達到「僮手千指」，即奴婢一百人。牛以頭計算，馬以蹄計算，則奴婢以手指計算，人等同於牲畜。這個時期奴婢大量的投入農業生產領域，為興起的莊園主勞動。不但有奴婢市場，而且有奴婢的產地。秦代時滇、僰（音BO）出奴婢，與戎狄產牛馬齊名。統稱筰馬、僰童、氂牛。僰為今四川宜賓一帶，為落後族聚集地，常被擄當為奴婢販賣。

　　到漢代已經普通存在使用農奴、雇工兩種方式。社會上也就有了兩種平行的勞動力市場——奴婢市場與雇工市場。兩種取得勞動力的方式可以互相置代，奴價太高則雇工，工資太高則買奴。奴婢可以用來操作家務，或是工作比較集中的行業，如礦業，容易監管，但若要從事在平面上展開的農業生產，就難以監督。在《全漢文‧僮約》中所說的那位名為「便了」的髯奴（生有連鬢鬍子）就是典型的奴婢。在漢代奴婢的價格很高，那位「便了」身價是一萬五千錢。魯唯一《漢代行政記錄》載：大婢一人值二萬錢，小奴值一萬五千錢，而一匹馬值四千錢，一頭牛值二千五到三千錢。一個奴婢價格比牛馬高五六倍之多。而當時一畝地的價格不超過一百錢，一般七十到八十錢。一個奴婢相當於百十畝地價格，正好相當一個奴婢勞動力所能負擔的畝數。再者，奴婢的投資不但高，而且時間也較長，回收率不高。操作也比較複雜。

　　到了南北朝，農奴制一度大為盛行，形式也多種多樣。南朝盛行莊園制，大批蓄養農奴。一個莊園能達到，「僮僕成軍，閉門為市，商船千艘，腐穀萬倉」。北朝前期盛行宗主督護制，豪強地主隱蔽著大量農奴性質的「佃客」，這些豪強經營方式很簡單，只是收取保護稅而已。因為豪強們截斷了朝廷的稅路，北魏才實行「均田制」，朝廷直接掌握土地權。「均田制」規定良人男夫十五以上受露田四十畝，婦人二十畝，奴婢按照良人的標準，同額受田。

不但如此，受田的奴婢之課調較良人減半，即《文獻通考・戶口二》載「奴任耕婢任織者，八口當未娶者四，耕牛十頭當奴婢八」。在這種制度下，購買奴婢是取得土地的捷徑，土地與勞動力一舉而兩得，而且還享受稅賦減半的優待，於是地主群起開辦奴婢農場。這就形成了中國歷史上「耕當問奴，織當問婢」的時期。北朝政府很快就看到，在這種制度下，不但課調減少，而且耕地不敷分配，必須改弦更張。北齊政府首先對每戶奴婢受田之人數加以限制，限外奴婢不得受田，也不必納稅。隋朝煬帝即位，索性全面廢止了奴婢受田，蓄奴之家便完全失掉蓄養奴婢的優惠條件，奴婢低下的工作意願便使得奴婢農場變成相對不利的經營方式，很快就在全國範圍內式微。

四、庸工耕作與蓄奴耕作並存的土地經營方式

另外一種在歷史後期逐漸沒落的經營方式是雇工耕種的農場。雇工耕種的農場在秦漢時已很普遍，很多有名人物都曾在農場中當過庸農，如陳涉、兒寬、第五訪、孟嘗等人〔註2〕。那個時候的農場工有相當的人身自由，所以才有「帶經而鋤」及「為人庸耕以資學」這類佳話傳下來。一般說來，到農場當庸工的人都是自願就雇，有相當的工作意願，但是仍然需要雇主的監督，監督工作的難度要受下列因素的影響：第一，與地形地貌有關，丘陵地區的耕地比平原的耕地難以監督。梯田或溝渠縱橫的田地也會增加監督人力。第二，單一作物比多熟耕作制，粗放耕作比精耕細作，都較容易監督。第三，雇工經營的地主要考慮租佃地主的淨收益，看哪種經營方式的淨收入高，以定選擇取捨。農場規模愈大，監督愈困難，單位產量的監督成本愈高。如果租佃地主的淨收入（也就是經營地主的機會成本）上升或雇工的工資上升，經營農場的成本曲線便上升，其臨界面積隨之縮小。當臨界面積縮小到一定程度，經營地主就不願再費心經營這麼小的雇工農場，索性全部轉化為租佃方式。這種轉化首先在南方出現，明末時已有明確記載，經過幾百年的不斷發展，到了清末民初，江南地區的地主已將他們的全部耕地出租給佃戶，難得找到一家經營地主。

有關此種轉化的明確記載見於明末湖州的《沈氏農書》。該書成書於明崇禎年間，沈氏地主先將自己的雇工農場之經營成本逐條逐項核算，即他所謂

〔註2〕陳涉，少時，嘗與人傭耕；兒寬，時行賃作，帶經而鋤，休息輒讀誦；第五訪，少孤貧，常傭耕以養兄嫂；孟嘗，隱處窮澤，身自耕傭。

的「條對條」，然後與鄰村西鄉的租佃農場相比較。他的結論是：「……所謂條對條，毫無贏息，落得許多早起晏睡，費心費力，特以非此碌碌不成人家耳。西鄉地盡出租，宴然享安逸之利，豈不甚美。但本處地無租例，有地不得不種田，種田不得不喚長年，終歲勤勤，亦不得已而然」。此處具體說明兩種經營方式的比較與轉化過程，西鄉已地盡出租，其本鄉尚未轉化。

到了清末民初，這種轉化過程加速，尤其是南方由於新式工業興起，要雇用工人，帶動農村雇工工資上升，經營地主的成本曲線上升；另一方面做為機會成本的租金也上升。於是經營地主紛紛轉化。不但如此，自耕農也跟進，將自己的小塊田地租佃出去，自己進城當不在地小地主。

五、土地租佃是最普遍的土地流轉方式

宋代確立了不設田制、不抑兼併的佃耕制。佃耕制亦稱租佃制，由於庶族地主增加，農民與地主只是租佃經濟關係，依附關係削弱。部曲一類的農奴已不復存在，才結束了實行近十個世紀使用農奴的歷史。但是必須說明的是：使役家奴的奴婢制度一直持續到清末。但不用來務農，主要用於侍奉、歌舞、扈從、以及家庭雜務。

佃耕制是「不設田制，不抑兼併」，土地基本上是進入市場流轉的。「不抑兼併」和「田制不立」的政策，適應了商品經濟發展的趨勢，減少了封建政府對土地的政治干預，客觀上有一定的積極意義。宋代人認為本朝「田制不立」〔註3〕這正反映了宋代所實行的土地制度不同於前代的授田制，而是實行一種私有程度比較高的地主和自耕農的土地所有制。韓琦言：「且鄉村上三等並坊郭有物業戶，乃從來兼併之家也。」〔註4〕宋代土地交易主要有三種形式，一是絕賣土地，二是典當，三是倚當。土地和房屋是宋代不動產買賣的主要對象，土地交易中，凡稱「永賣」、「絕賣」、「斷賣」的，是將土地的所有權絕對讓渡給買主；只轉讓使用權、收益權而保留土地的所有權和回贖權的「典賣」，稱之為「活賣」。田底和田面權的相對獨立流動性對於加速土地流轉的意義最為重大。明清以來，作為土地資源不可或缺之重要組成部分的水資源，也開始從土地所有權中逐漸分離出來進入市場交易的範圍。

自宋代以來，土地轉移的頻率日高，故辛棄疾有「千年田換八百主」之

〔註3〕見《宋史》卷一七三，《食貨志上一‧農田》。
〔註4〕見《韓魏公集》卷17。

說。但其中地主之間買賣土地大增：宋代劉克莊已有「莊田置後頻移主」的慨歎；明代歸有光在《震川文集》上說，「罕有百年富室。雖爲大官，家不一二世輒敗」。但出賣土地的並不都是地主，其中也有大量的農民。明代法律明確規定，官田「不許私自典賣」，民田得以典賣、繼承、贈予等方式流轉。明中葉以後，土地流轉頻繁，有「田宅無分界，人人得以自買自賣」之說。民間典賣土地，自行立契，按則納稅。清代前期的土地買賣，與明朝相比，交易更加頻繁，形式更爲多樣，手續越益繁瑣，「鄉例」的名目更多，更爲盛行。葛金芳在《對宋代超經濟強制變動趨勢的經濟考察》一文中考證：宋代投入流通過程中的土地至少要占在籍的耕地的百分之二十。〔註5〕郭愛民在《英格蘭、長三角土地市場發育程度比較》一文中談到：在民國初期長江三角洲地區土地市場流轉率爲 0.424%，接近英格蘭轉型期的水平。〔註6〕

　　在宋代已經廣泛實行佃耕以後，也曾出現過短時間的反覆、倒退的小高潮。一是北方金人、蒙古人掠取了大量漢人爲奴，嘗試奴耕，但是並不成功。原因是他們很快就發現使用奴婢耕種遠不如其它農業生產方式的效益高，所以紛紛出賣手中奴婢，另行召募佃戶來種田。滿洲人入關後在華北地區進行圈地運動，將漢人民田劃爲旗地，賞賜給滿人貴族，原來的漢族居民被降爲類似奴婢的身份，在旗人家中操作，其中很多人被安排在田間工作。清政府也再三明令，不許旗地領地將土地出賣或出佃。然而這些旗地農場都連年虧損，許多旗人就暗地將土地出售。

六、宋代盛行佃耕制是歷史選擇的結果

　　宋代自認爲是沒有「田制」的朝代，所謂「不立田制」。宋代於各路置轉運使，「不務科斂，不抑兼併」，或謂「富室連我阡陌，爲國守財」。在前代名聲很不好的「兼併」之於宋代，已經屬於「合法」。田主（地主）一詞，唐已有之，宋則普遍。清初顧炎武說：前代稱之爲「豪民」或「兼併之徒」者，「宋以下，則公然號爲田主矣」。「不立田制」不等於沒有土地制度，更不等於沒有土地政策。「不抑兼併」也不是無條件。它主要指土地可以「私相貿易」而言。

　　（1）租佃制有一定的歷史基礎，晚唐鼓勵墾荒的政策在宋代得到延續

〔註5〕見《江漢論壇，》1983，（3）。

〔註6〕見《中國農史》2007 年第 4 期）。

太祖乾德四年（966 年）閏八月詔：「所在長吏，告諭百姓，有能廣植桑棗、開墾荒田者，並只納舊租，永不通檢。」並對「招復逋逃」有功官員予以嘉獎。太宗至道元年（995 年）六月丁酉日詔：「募民請佃諸州曠土，便為永業，仍蠲三歲租，三年外輸稅三分之一。州縣官吏勸民墾田之數，悉書於印紙，以俟旌賞」。可見北宋前期數十年間，對鼓勵墾荒的政策給予了高度重視，它以恢復和發展生產為直接目的，從制度上來講是對沒有授田政策的一種補償。而前代開墾荒土，常要受到法令的限制，有一定條件，不能隨意「過限」。

（2）放任對土地的買賣，「不抑兼併」

一方面，無地的客戶佔有若干田畝之後，可以脫離地主而上升為主戶成為（半）自耕農。另一方面，又為官僚豪勢之家兼併土地大開方便之門。杯酒釋兵權一幕中，宋太祖趙匡胤對重兵在握的石守信等人說：「汝曹何不釋去兵權，擇便好田宅市之，為子孫立永久之業。」是給錢叫他們去市買田宅，與直接賜予田土有很大不同。唐中葉以後「法制隳馳，田畝之在人者，不能禁其買易」，禁而不止，只好不禁。宋「不抑兼併」實際上是對晚唐以來既成事實的承認。

（3）國家維護土地私有權，制定了詳盡的交易法律

正如《袁氏世範》「田產宜早印契割產」條說，官中條令，惟田產「交易」一事最為詳備。同時也制定了田產繼承法，私有土地由本主的子孫後代繼承下去，只有當無任何繼承人時，這類戶絕田則收歸國家，轉化為官田。晁說之《晁氏客語》載，王安石變法規定：「新法：戶主死，本房無子孫，雖生前與他房弟侄，並沒官；女戶只得五百貫」，便是田產私有繼承的一種法律保證。

七、確保租佃制一千餘年不衰的原故

在土地推向市場以後，重要的問題是不能讓地主實行兼併，壟斷土地市場，才能保證租佃制的實施，確保佃耕制一千餘年不衰。主要有以下幾方面：

（1）政府政策的影響

確保佃耕制不衰，必須抑制地主土地兼併。宋代雖被認為是「不設田制，不抑兼併」的朝代，但在宋代即使是政見不同的雙方，不管他們的真心實意如何，都以抑制兼併為詞。王安石變法時就是如此。王安石曾作一首古詩，題為《兼併》，說：「三代子百姓，公私無異財。人主擅操柄，如天持斗魁。

賦予皆自我，兼併乃奸回。奸回法有誅，勢亦無自來。後世始倒持，黔首遂難裁。……俗儒不知變，兼併可無摧。利孔至百出，小人私闔開。有司與之爭，民愈可憐哉」。反對王安石變法的司馬光、蘇軾、韓琦、陳舜俞、曾布等等也都主張抑制兼併。如司馬光，他在熙寧四年（1071 年）上的《為乞不將米折青苗錢狀》就談到：「竊惟朝廷從初散青苗錢之意，本以兼併之家放債取利侵漁細民故，設此法抑其豪奪，官自借貸，薄收其利。今以一斗陳米散與饑民，卻令納小麥一斗八升七合五勺或納粟三斗，所取利約近一倍。向去物價轉貴，則取利轉多，雖兼併之家乘此飢饉取民利息亦不至如此之重」。

自發兼併趨勢不會急驟增長的最主要的原因，在於封建國家的強控制。為了維持自身的統一和強盛，一方面要允許土地買賣，以防止地主經濟向領主經濟蛻變；另一方面又要把它限制在一定範圍和一定程度之內。一旦超出了界限，封建政府就要對土地買賣加以限制，甚至進行打擊。在一個王朝新建時，國家把大量無主荒地分給農民，分配原則是按農戶勞力多少。這種名義上的均田，最初確實起到了抑制兼併的客觀效果，維持了大量自耕農的存在。清康熙年間實行的更名田、攤丁入畝政策，對保證佃耕制也起了積極作用。清代和民國的立法允許私有土地繼承、轉讓和自由買賣，傳統中國社會的土地流轉中存在。顯示土地流轉中習慣法制約的放鬆。

（2）經濟規律的抑製作用

地價低或者用工價高會促使租佃制發展。葉夢珠的《閱世編》記載，清代前期的地價變化可劃分為三個時期。順治康熙年間，由於很多的原因，地價與明初一樣十分低賤，有時甚至以田送人，人且不受，上等土地每畝不過數兩，康熙後期，地價略見上漲，雍正攤丁入畝，又一度下落。乾隆時，其價穩定上升，但截至末年，每畝價未有達三十兩者，從十八例檔案分析，每畝過二十兩者僅有四例，僅夠全部材料的四分之一。道光時，所取檔案十六例，每畝超過二十兩者已達十例，超過了全數的六成，其中廣西興安每畝價高六十八兩，浙江紹興也每畝價將近六十兩。

日工和月工的工價應比長工高的多，因為日、月工全是在農忙勞動持續緊張的時刻應雇，無忙閒的調節機會。明代日工工價最少者為日銀二分，合當時制錢十五六文，最多者日六分。清代順治康熙時期，一般的也是日銀二分至七分。明代人謂日取傭金四分，腹且不飽，清代也是如此。順治康熙間，雖每日傭金有二至七分不等，個別高的城市傭工甚至高達每日一百文、二百

文之多，但多數是每日傭金三至五分，即制錢三十至五十文。清初的月工工價有一月二錢、三錢、一兩和一兩八錢者，相差三五倍至十倍。〔註7〕

　　清代嘉慶道光年間的各種工價與清初比幾乎沒有什麼兩樣。日工工價最少者為三十文，最多達二百文，但一般的為五十文至七十文，月工最少者為三百文，最多達一千五百文，但以八百文、一千文為常價，長工最少為三千文，最多至二十弔，但以十弔一年者為多。城市或城郊工價高，農村低。南方特別是江、浙、閩、廣等商品經濟最發達的地區，其工價特點是懸殊不大，而且比較穩定。北方則有的很高，有的相當低，如道光三年，陝西甘泉長工一名高達二十千，同時候，甘肅、河南一帶，則三千、五千者亦復不少。〔註8〕

（3）戰亂的影響

　　據錢泳《履園叢話》記載，崇禎末年，盜賊四起，年穀屢荒，人們都以無田為幸，每畝只值一二兩，或田之稍下，送人亦有無受諾者；另《弢園文錄外編》載：在太平天國戰後，幾乎百里無人煙，其中大半人民死亡，室廬焚毀，田畝無主，荒棄不耕；陶煦的《租核》說：「上至紳富，下至委巷工賈胥吏之儔，贏十百金，莫不志在良田。」經過無數戰亂的神州大地上，租佃制經久不衰，歷久彌新，仍然煥發著勃勃的生機。

（4）地主經濟的弱勢

　　多子均分的傳統也是「富不過三代」的重要原因。需要強調的是，中國歷史上導致土地零細化的原因，除了多子分割和富家子弟往往養尊處優，好逸惡勞，又不善經營，造成家道衰落外，國家的作用也不容忽視。實際上，在中國，自古以來國家就一直懷著均田的理想。過去兩千年來，國家頻繁進行著以均田或「人人有其田」為核心的土地制度改革，這種努力在中國小農人口迅速增長的背景下，必然會導致土地不斷零細化的後果，從而無法出現大型的農業經營。正是在這種情況下，產生了國家與小農直接面對的局面。

（5）荒地的墾殖

　　清朝初年，為了促進農業的發展鼓勵開荒，設立永不升科田。乾隆以後，由於農民開墾荒地成熟後「照例升科」，導致墾荒越來越少。道光十一年（1831年），經廣東省督撫奏請，爰照乾隆年間高、雷、廉、瓊四府墾荒成例，「各府州屬山頭地角荒地，向本地無業貧民報官給照。墾植成熟後，作為世業，

〔註7〕參看黃冕堂：《明史管見》卷3《明代物價考略》。
〔註8〕參看第一歷史檔案館藏，《康熙朝題本》、《順治朝題本》、《雍正朝題本》。

永不升科。」實行這一政策後，新寧又興起墾荒熱潮，有利農業的發展。清末以來，闖關東、走西口以來，東北、西北的開發，更促進租佃制的發展。例如被稱爲「河套王」的王同春，在內蒙五原、臨河、安北修支渠 270 多條，墾荒地 2.7 萬頃。最後還是都採用了佃耕，出租給農民。

（6）工商業的發展

宋代以後工商業的發展也促進城市發展，促進人口進入城市。海外貿易，促使華商網絡初步形成。印度以東水域的貿易，基本上由中國海商主導。隨著近代工商業的發展，農民的分化分明快速加速，其結果一是大量過量農民從土地上撥開與分離出來、從農業產業分化出來而轉向非農產業；二是原先具有一致農民身份的人們分化爲帶分明階層特點特徵的群體。土地流轉速度、力度都有增加，促進了土地租佃制的進一步發展。富人不再專注田土，起到抑制兼併的作用。

八、土地流轉最具有活力的是租佃制

在農業經濟占主導地位的時期，人們的社會地位是隨著土地流轉而不斷變化的，即所謂「十年河東，十年河西」。大多數家族、家庭不會永遠固定在一個階級、階層中，是不斷變化的，尤其在經濟發達地區更是如此。邊遠地區因爲社會經濟變化小，相對土地流轉固化。所以中國的社會道德、文化、倫理是屬於全民族的，不屬於哪個階級的。但是各階級、基層爲了個自的利益在運作中會有所取捨造成差異。據眾多史料證實，在中國歷史上歷久不衰，長期通行的土地經營方式是租佃方式，也稱爲佃耕制。漢朝的文獻已經清楚記載佃耕制的經營方式，此後歷朝都有明確的記載。由於歷史的原因，把回歸租佃制視爲「畏途險境」。原因是在現代土地改革運動中，把租佃制視爲「萬惡之源」，談虎色變。推行租佃制的卻是步履危艱。歷史的發展，同樣是租佃制現在已經發生根本質的變化。由於城市化的發展，大規模的農村人口走出農村，奔向城市工商業和第三產業。現今農戶多半成了「兼業農戶」，並且正在擴大、發展著。在這種形勢下，土地流動是大勢所趨。土地租賃是促進、發展農業規模經營的必要手段。

以往土地流轉是找「水平」，土地權屬趨向平衡，取向小農經濟。人們的均平思想始終占主導地位。現今社會發生很大的變化，城市發展很快，農業生產也需要又有一定的規模經營。土地流轉是趨向適度集中漫遊，是當前解決農用土地的關鍵問題。

　　土地流轉方式有：出售、租佃、典當、合夥、入股、借用、繼承、贈與等形式。最具有活力的是租佃制，簡單易行，進退自如，不會損傷農民的根基，更適合「兼業農戶」操作。流轉的目的是土地適當集中，以發揮適度經營的經濟效益。達到專業化、區域化發展商品經濟。

　　改革後的土地使用管理制度應爲廣義的「耕者有其田」。使資金、科學技術、資源、勞力投入農業，發展現代農業。有志於從事農業發展者，通過經濟手段運作，在這個領域都會得到發揮，土地不再是不可逾越的障礙。土地的流轉會使因爲城市化等原因，被政府強制執行而失掉土地的優秀的農業生產者、高明的農業管理專家、有志於從事開發農業之士，重新得到重操舊業的機緣。願意投資與土地者，使資金得到去路，對穩定金融有利。特別是充實了農村發展基金。把資金引向農業。農業的發展會使有知識、有文化的勞動者向農村回流，不必在城市角落裏流蕩。這才是眞正的農村大有作爲。減少農村人到城區買「幽靈」（即無人居住房）房產。現政策農村土地全市模糊，農民有些錢到城區去買七十年產權的房屋，以保產權。由於大學生增長速度過快，隨之而來的失業越來越多，而且這些失業大軍都在大城市「浮游」，形勢非常險峻。租佃制的開放，會引導大量有知識文化的人員回歸農村，回鄉創業。有效的回歸文化、資金，充分利用農村土地、資源。兩者結合，會有很大的效果。

　　現今農地流轉有些鬆動，如浙江省鎮海農民傅建明又把剛流轉過來的 60 畝耕地建成了精品蔬菜區，經營總面積達 806 畝。到去年底，該市耕地流轉面積達到 111 萬畝，規模經營面積近百萬畝，土地流轉率與規模經營程度在全省均名列前茅。安徽省宿州市宿城區耿車鎮自 2002 年以來，不但沒有發生農民要回流轉土地的現象，土地流轉的面積還在逐年增加，由 2002 年的 5500 畝，增加到了 2005 年的 1.5 萬畝。擁有承包土地 2.2 萬畝的耿車鎮，土地流轉率爲何能高達 68%？臺灣土地改革存在同樣的情況，在土改後仍有 15.2%（即 12.36 萬公頃耕地）繼續實行租佃（1980 年材料）。

九、確保土地合理使用，改革土地管理制度設想

　　我國是社會主義國家。現行的《土地管理法》所規定的：「農民集體所有的土地依法屬於村農民集體所有，由村集體經濟組織或者村民委員會經營、管理」，也就是說，村民委員會擁有土地經營權。這種經營管理制度非常死板，缺乏活力。社會主義的農村土地集體經營，應該借鑒歷史經驗，以土地使用

權與經營權相分離的方式來管好用好十分有限的農村土地。我國農村土地使用權流轉機制改革設想：

（1）農地實行國家控制，私人佔有

土地權屬第一位仍然是「國土」。土地權屬在實際運作中，在目前執行的是兩種土地所有權，即：國家所有權和集體有權。目前意識形態體制下，賦予個體農民土地所有權似乎有比較大的難度，那麼可以從所有權中剝離出土地的使用權，把這種有限度的權利賦予個體農民。但是這種使用權並不是幾年或者幾十年有效，應該是永久性的，從而徹底剝奪農村幹部不斷地重新分配土地（承包權）、從而控制農民的權力，使農民成為自己命運的主人。採取類似「更名田」的辦法，把土地使用權徹底地交給農戶。他們可以自由地交易這種土地使用權，可以轉讓、出租、繼承、贈與。並不僅僅是在本村的範圍內，而是在更大的甚至是全社會範圍內自由地交易，自主選擇土地的業主，國家只需規定土地的用途即可。

對於土地使用權的私有化，其好處非常多。只有在這一基礎上，才有可能出現真正自願性的集約化經營。另外，農民不再是一無所有，因為他擁有一塊土地，這塊土地就是他的主要資產，他可以用它抵押進行貸款，可以出售這塊土地獲得自己進城創業的的資本。這樣可以大大加速城市化過程。使流動到城市的農民不再只是勞動力的出賣者，也有可能是創業者。

（2）地租率不得超過 25%

大陸在土地改革以前曾實行過二五減租，或稱四一減租，四分之一即25%。即把農民向地主交納的地租額統一按土地全年收穫物的50%計算，在此基礎上再減去25%，公式為：50%×（1−25%），就得出37.5%。換言之即地主收取地租，最多不能超過租地全年正產物的37.5%。從理論上講，因每年收穫量不一樣，所以每年都要以37.5%乘以實際收穫量，才能算出應交的租額。在1948我國臺灣省的土地改革中就曾推行過相似的政策，臺灣稱之為「三七五減租」。說法不同，實際都是一回事。為了保護承租者、出租者、勞動者等多方利益，以及參照國外情況，還可規定地租率在低一些，地租不得超過25%，基本接近西方國家的土地租賃水平。

（3）核定農田地價，購買年不得少於二十年

我國自土地改革後，幾十年來，農田就沒有地價。在世界這也是奇異現象。允許土地租賃，就需要核定地價。購買年法是按土地收益定價方法的雛

形。它是用若干年的年地租（或收益）來表示土地價值的方法。即：

地價＝年地租×購買年

威廉·佩第（WilliamPetty，1623～1687 年）在 1962 年出版的《賦稅論》中寫道：「在愛爾蘭，土地的價值只相當於六年至七年的年租，但在海峽彼岸，土地就值二十年的年租。」

在我國現階段，考慮到通貨膨脹的影響，地價應按照該耕地主要產物全年收穫總量的五倍以實物計算，購買年不得少於二十年。根據以上地租率的規定，地租率爲全年收穫總量的 25%，故受領農民，只要連續交納二十年地租，每年交納的租額正好等於每年應交納的地價。照顧了租、賃雙方的利益。

（4）出租、轉讓按律收稅，實行土地累進稅

稅收是國家調節經濟發展和資源配置的法寶，累進稅更是經濟社會的自動穩定器。對土地的出租、轉讓課稅，實行土地累進稅，是提高農地利用效率的有力措施。當土地轉移時，不論土地面積大小，漲價數額多少，一律以超過原價倍數累進課徵。

（5）科學合理的進行規劃，以切實保護農民的基本農田

公用設施建設用地要有規劃，可以因地制宜地開展造田造地，在坑窪處採用異地運土、填土的方式來造地，以實現耕地占補平衡。對後備土地資源進行全面調查。計劃以外的建設用地，不准佔用農業土地，爲子孫後代的的發展做好打算，實現土地的可持續發展。違者依法處理。

（6）農地轉爲非農地，漲價部分歸公

農地轉成非耕地的前提，必須在規劃範圍內。農地按照規劃轉爲非農地，漲價部分歸公。這裏說的「漲價歸公」是借用孫中山先生的「平均地權」思想中的一個概念，即土地所有者報價之後地價上漲時，國家通過土地增值稅將上漲部分收歸國有。所以土地經過改良和進步之後，所漲高的地價，應該歸之大眾，不應該歸之私人所有。」這種「漲價歸公」的思想，也適用於土地徵收。

我國目前的土地管理政策，政府徵地只對村集體，對農民並無增值收益可言。徵地的補償費用的數量各地根據經濟水平有差別。一般在比較發達地區都包括：前 3 年平均年產值的 3～6 倍土地補償費（最多 15 倍）；每個需要安置農業人口的前 3 年平均年產值 2～6 倍（最多 10 倍）的安置補助費；及地上附著物（含建、構築物）和 1 季度青苗的補償費。臺灣地區現行土地增

值稅稅率，按土地漲價倍數實行 3 級超額累進稅率，具體計算爲：土地漲價總額超過原規，定地價或前次轉移時申報現值但未達 100%者，就其漲價總額按稅率 40%徵收；超過 100%而未達 200%者，就其超過部分按 50%的稅率徵收；超過 200%以上者，就其超過部分按 60%的稅率徵收。

　　宋代以來的「不抑兼併」土地政策，當前也可視爲允許擴大農業生產經營規模。爲了解決土地流轉中保障農民利益，用制定合理的規章、制度，經濟手段解決土地流轉問題。如：充實土地法庭作爲土地交易糾紛最後裁決機構。建立「國家失地農民賬戶」和「國家失地農民保障基金」。「國家失地農民保障基金」的主要用途是：對一部分失去耕地以後所獲得的補償收入不能滿足生活保障需要的農民進行援助；開墾或復墾一部分土地，安置因公用事業徵地而喪失土地的農民；補充「國家失地農民賬戶」的資金不足。這些政策，都可以考慮。

十、促進土地流轉，達到耕者有其田

　　中國古代的土地所有制經常是國有的官田和民間的私田相結合。由於官田制的不嚴格以及官田經常被分封給功臣宗室。官府豪強經常憑藉自身的權利和資金侵佔收買小自耕農的土地，導致歷代都存在嚴重的土地兼併。普通農民渴望擁有自己的土地成爲中國歷史的一個重要線索。並經常在朝代末期因災荒誘發而導致戰亂。在經過戰亂造成的人口大量減少之後，土地矛盾減少，一切又回歸秩序，在一次開始分田，兼併，起義的新的輪迴。

　　我國土地改革使農民擁有了自己的土地。分到土地的農民生產積極性空前高漲，糧食產量逐年提高。土地的私有化有利於調動農民的生產積極性，但是過度分散的小農經濟則不適應社會經濟發展的需要。爲了解決這個矛盾，共和國政府在 1953 年後的幾年裏逐步推進農村合作化。號召農民以自己的土地入股組成合作社，進行集體經營。但是這種制度逐漸變爲強制性的政策。全國農民在未必自願的情況下參加了人民公社，他們的個人土地所有權也變成了全體社員集體所有。由於這種集體化經營存在的諸多弊病，導致了三年饑荒中大量農民因爲缺乏口糧而被餓死。但直到 79 年代末鄧小平實行包產到戶的農村聯產承包責任制之前，人民公社土地集體所有制在大多數時間裏成爲共和國農村的主要形式。

　　在這二十多年的時間裏，農民失去了土改獲得的個人土地所有權，成爲了集體經濟的雇工。而改革後的土地使用管理制度可以通過土地流轉，促進

土地集約化經營，提高農業社會生產率，並且爲城市化提供勞動力。改革後
的土地使用管理制度應爲廣義的「耕者有其田」。使資金、科學技術、資源、
勞動力投入農業，發展現代農業。有志於從事農業的工作者，可以通過經濟
手段得到充分的發展，土地不再是不可逾越的障礙。

見《古今農業》，2008 年 4 期：參與者尚有張爽李豔

從柴山保土地革命談佃耕制

提　要

　　《炎黃春秋》2014 年 9 期發表了 98 歲高齡王建萃先生口述《柴山保往事》一文，引起了爭議。事關農業歷史，於是，本人進行了調查研究。柴山保革命根據地的星火是董必武、陳潭秋。第七軍領頭人吳光浩由木蘭山到達柴山保開闢根據地時的主要骨幹有：徐其虛、戴克敏、王樹聲、詹才芳、戴季英，國民黨軍在這一帶經常結合民團與紅軍相互廝殺，殃及平民。土地革命從未進行，也沒有定階級成分。1931 年張國燾在光山縣白雀園「肅反」鬧得很凶，濫殺無辜。是無序的土地革命時期。

　　柴山保是一個地區的名稱，即清末民初，縣以下的分設的里、保、甲、牌，的「保」。既不是城堡的「堡」；也不是碉堡的「堡」。柴山保原屬河南省光山縣管轄，距城西南一百一十里。南面爲湖北省黃安縣，麻城縣。1933 年國民政府將光山縣分置出經扶縣，治所新集，1947 年民主政府改「經扶縣」爲「新縣」，柴山保屬新縣。這一帶地處兩省三縣的邊界，大別山深處，環境優美，風景清幽，縱橫約 30 餘里，是宜人居住之地。但是，由於到處是崇山峻嶺，地勢十分險要，人煙稀少，行政統治鞭長莫及。後來這個偏僻的山村柴山保，卻成引人注目國共兩黨鬥爭的焦點。這裏沒有國民黨正規軍防守，當地群眾又受「黃麻起義」影響，以鄂、豫兩省邊界的柴山保爲中心，中共建立黨的組織，開展群眾工作，而創造一個較穩固的立足點將軍的搖籃。後來此地革命者成爲將軍的很多，如王樹聲、李德生，許世友、尤太忠、錢鈞

等都是。此後，紅軍領導人徐向前、許繼慎、張國燾等陸續來此，擴大發展為鄂豫皖邊區革命根據地。

一、百歲老人訴說柴山保往事

　　片面、偏執。曲解、篡改、臆造是當今史學界的通病。百歲老人王建華在《炎黃春秋》發表文章，認為：《新縣革命史》與《紅安縣革命史》都有紕漏，需要進一步澄清，他家在柴山保王家灣，土生土長，經歷的事情頗多，顯然是當事人，仍然述說歷史。在柴山保土地革命中，他好端端的一家人，落得個走死逃亡，顛沛流離一生。母親和八歲的弟弟被打死是由於中國工農紅軍第十一軍軍長吳光浩寫條子要王家交 300 大洋支持革命，沒有交齊。革命史專家夏宇立提出質疑之一就是：身為軍長身份的吳光浩不會自己寫條子要錢。人們習慣常常「為尊者諱」也屬正常。但竊以為或大有可能。大革命失敗後，吳光浩軍長率領僅存的 72 名殺出重圍。在柴山保立足後，由第七軍改編為第十一軍，也只有 120 人，只是「隊伍才開張」階段，親自寫條子完全可能。最近孝感發現紅軍向民眾借款的條子，稱「特向楊長銀先生借大洋四百元」，落款為「紅軍第一軍第一師第七大隊孝感縣特務營第一分隊。還蓋有隊長涂杏的印章。據說楊長銀當時籌措不齊，還向親戚借了一百元。說明紅軍向百姓籌款很普遍，說是「借」是比較客氣的。巧得很，隨其後又發現賀龍的向民眾借款的條子。借條上寫明：「借愛國人士周連池先生（湖南寶慶人）大米陸拾肆斗、大肥豬壹條、銀元肆佰貳拾塊、銅錢伍佰塊、小錢十貫，祖國統一時來中央。」，立據時間是 1945 年 3 月，借款人賀龍，並蓋有賀龍和陳菊生的印章。陳菊生是當時該部隊後勤部長。出借條的也是領導者簽的字。蹊蹺得很，2014 年 11 月，又有信陽市光山縣村民張志良的祖父留下的一張新四軍的借條曝光。借條顯示：「今承湘店鄉保莊張炎山先生借給本軍現金三萬元」。借款者新四軍第五師政治部民運科長江克成。借款日期是民國三十五年六月四日（1946 年 6 月 4 日）。

　　另外，夏先生還提到提到：湯恩伯八十九師在第四次「圍剿」時，把壯年殺光後，老弱婦孺武裝押送到漢口。此事我亦不明其理。又不是劉備敗走長阪坡，長途行軍帶老弱婦孺幹什麼，需要進一步落實。夏先生文中還歷數了王老先生的家庭情況和各人經歷類似「審幹」內容。其父因病不能勞動，只能做蠟燭、肥皂、頂針等手工活出售，雇有長工種地。逃亡以後父子四人

都在易本應民團當勤務兵。以後在武漢頂替「王開」國軍逃兵入伍，抗日戰爭期間參加淞滬會戰、武漢會戰，官至上尉。

二、柴山保根據地的發展

柴山保革命根據地的星火是董必武、陳潭秋。第七軍領頭人吳光浩由木蘭山到達柴山保開闢根據地時的主要骨幹有：徐其虛、戴克敏、王樹聲、詹才芳、戴季英，以及前犧牲的潘忠汝等都是董必武、陳潭秋他們的學生，大多是不滿現實的「憤青」，參加過黃麻起義。這些人能夠去武漢上學，說明其家庭並非貧困，並不比王建華老先生家庭條件差，他家人就沒有人到武漢上學的經濟條件，只能在村裏讀私塾。戴季英家庭更富裕些。

國民黨軍勢力達不到的地方，紅軍的對立面是民團。民國初年，農村提倡自治，建立民團。例如河南的皖西自治就得到一些稱頌，彭雪楓的族叔彭禹廷建立民團，保境安民，消滅、趕走土匪數千人，從此不敢再入境。同時，發展經濟，興辦教育，在鎮平辦有師範學校。直至抗日戰爭爆發以前，國共兩黨都不敢干預其政。所以，紅軍欲立腳柴山保，必須打倒民團勢力。

柴山保在紅軍進駐以前，民團形勢複雜，稱為紅槍會、黃槍會、大刀會學堂，這些學堂的堂主或學董絕大多數是地方豪紳，是族權、神權集合體十分牢固，不易攻破。民團既稱為「學堂」說明也興辦教育。1928 年 6 月底，紅七軍進駐柴山保後，就得和民團爭奪地盤、槍、財、物才能生存，站住腳跟。紅軍領導人曹學楷是當地人，以個人名義宴請柴山保頭面人物。宴席設在崔店新發展的黨員高志宏家中。酒過三巡，食甘五味後，宣講政策。有民團頭目陳應恒當場表示將其控制的槍會散堂，永遠不與共產黨為敵。而另一民團頭目吳文璐會後則聯絡白沙關胡道紀、范成伯的民團與共產黨為敵，被其外甥崔玉善告密。紅七軍當得報告後，立即將吳文璐逮捕槍決。1929 年 5 月，舉行了白沙關暴動又取得勝利。19 日乘勝組織和發動了卡房起義，一舉摧毀了卡房、黃士沖等地民團。使以柴山保為中心、縱四五十里、橫六七十里的地方，成為紅色根據地。

王老先生參加過的是易本應民團。易本應何許人也，他是光山馬畈人，時任光山民團團總、清鄉團團長、槍會會長，最紅火時，手下有數萬人和紅軍武裝對立。經常與紅軍作戰。如1930 年 5 月，易本應等數股民團圍攻錢小寨，達數十天。紅軍在曠日持久彈盡糧絕的情況下，紅軍領導人錢鈞（錢小

寨當地人，後授衛將軍）帶赤衛隊員浴血奮戰，分別突出重圍。錢家有 3 人在戰鬥中犧牲，8 人在寨被攻破後遭民團殺害。又如 1931 年 5 月 2 日，羅山縣獨立團到周黨畈，巧遇傅蘭田民團和逸堂民團合併接交。特務營佔領了周黨畈福音堂樓頂，擊斃了房上敵人。光山易本應民團糾集反動槍會數千人趕來，恰遇竹竿河水暴漲，易本應民團沒敢過去。1933 年夏，國民黨「剿匪」司令部，指使光山縣民團團總易本應，攜帶 2000 餘團丁竄犯箭河地區，實行「移民並村」，妄圖孤立消滅我紅軍和游擊隊。紅安縣婦女委員方志漢被害。直到 1937 年 6 月下旬，紅二十八軍政委高敬亭，突圍轉戰至光山縣南向店。易本應聞報即率兩個保安中隊撲來，經過一個小時的激戰，易本應被擊斃，打死民團一百餘人，繳長短槍一百二十餘支。高敬亭也是河南新縣當地人，曾因受「肅反」擴大化的影響，錯殺過自己的戰友。抗日初期高敬亭任新四軍第四支隊司令員。1939 年 6 月，被新四軍領導錯誤處決。愛人史玉清被開除黨籍，逮捕入獄。

三、內戰殘酷濫殺殃及無辜

國民黨軍在這一帶經常結合民團與紅軍相互廝殺，殃及平民。王老先生文章中提到王家灣他的族兄王志仁（即王成銘）就是中共早期領導人，而他的三哥王成奎卻是王家灣紅槍會的發起人。王老先生的七叔王謀成（即王自昌）當時是紅四軍總後勤處主任，後來犧牲，是王家族中排名第二位的烈士。原來王老先生的父親王自綸參加過農會，後來不知什麼原因，成了鬥爭對象，被掃地出門，母親和弟弟被殺。同時期被殺叔叔輩份的王自烺夫婦，族兄弟輩分的王成煦夫婦、王成圖、王成湯、王成性、王成物，以及住在陳家灣的族兄王成弼、王自審（殘廢人）。參加革命的王自昌與被革命者殺的王自烺、王自審是親兄弟。領導殺人的是以道士為業的赤衛隊員王才幹，他的親叔王功立也是他以革命名義殺的，實際是叔姪矛盾很深造成的。王老先生還說到，他小姑父吳立啟就是在紅麻起義時被國民黨殺的。當時柴山保一帶並沒有土改，也沒劃成分，階級界限並不十分清楚，只是減租減息。以參加民團或者參加紅軍來劃分敵我，殺得成一鍋糊塗粥，使聽者都摸不清頭腦。無序殺人實在可怕、可恨。王老先生如在民團盛行的南陽，就會相安無事。時耶、命耶，如之奈何？正所謂：「既生於危邦，又生於亂世，生亦何堪」。

柴山保王崗槍會堂主是中農身份的王宏勳。槍會是為了防衛散兵遊勇的

危害。當地紅軍吸收王崗的程炳煌、程炳春、程炳如等人入黨。因爲程七灣槍會學董程炳志不滿紅軍，被同族的黨員程炳煌等將其拉到東門崗殺死。程炳志的侄子揚言要報仇，紅七軍調王崗革命槍會來同時應戰，連斃程七灣槍會 3 人，餘眾潰散。紅色根據地柴山保首次創建者之一戴克敏立有首功。大革命失敗後，他和同行者 11 人，先行進至其未婚妻家清水塘。得知民團團長鄭國圖率 30 餘人駐在他家戴家村，決定突襲該敵。恰好其堂兄亦持一支駁殼槍趕來參軍。他們一舉殲滅民團，擊斃團總，繳槍 20 餘支。隨後戴克敏將全軍 3 個分隊接回黃麻老區，立有大功。而另一方面，革命者在鬥爭中同樣受害，甚至滅門。戴克敏的十叔戴先誠在黃安城突圍戰中壯烈犧牲；二伯父戴先治和四伯父戴先致於 1928 年同一天被敵人淩遲處死；三伯戴伯先在白區做地下黨的工作，由於叛徒告密在黃安城落入敵手，於 1928 年遇害；堂兄戴道溥 1929 年在反「會剿」中被敵機炸死，裝殮時已體無完屍。堂弟戴道高曾任黃安農民自衛隊隊長，參加黃麻起義和根據地反「會剿」鬥爭，1930 年在麻城乘馬崗作戰犧牲；大弟戴道深 1930 年 11 月在攻打黃陂姚家集戰鬥中身負重傷，療傷時不幸被捕，同年底在檀術崗英勇就義；1932 年 7 月，戴克敏被張國燾錯誤殺害於河南新集；父親戴雪舫於同年九月在新集爲掩護學生轉移時，被敵機炸傷，經搶救無效犧牲；八叔戴叔先亦於同年 10 月在「肅反」中被誣陷殺害；堂妹戴醒群於 1939 年 9 月在夏家山被捕，被國民黨反共頑固派殘忍殺害。一家可謂眞正的革命家庭。

王老先生曾經見到坐轎子而來的的吳煥先，他曾在麻城蠶業學校讀書。畢業後，在黨的領導下，就搞起農民運動。一些被清算的土豪劣紳，對吳煥先恨之入骨。惡霸方曉亭帶著地方民團，把他的在家的父親、哥哥、嫂子、弟弟等六口人全給殺害。爲了避免母親再遭殺害，勸說她丟開了家業，到外鄉投親靠友。王樹聲建國後授銜大將，全家一共有 13 位兄弟姐妹，投身革命。有爲戰鬥犧牲的，還有被張國燾搞肅反擴大化被殺的，以及國民黨抓走後來失蹤的，共有十多個人。他家經濟狀況是屬於地主逐漸中落，與王家灣王建華家情況差別不大，「像大海波浪，有時起有時落」。在反霸鬥爭中，王樹聲大義滅親，受到群眾的擁護。親自懲辦他祖母的胞弟丁枕魚。王樹聲九歲以前就沒有父母，是他的奶奶帶大的。

夏先生文中提到：國民黨軍隊對柴山保地區的大規模殘酷殺戮，這種殺戮最少有三次。又說：1933 年 10 月，筆者家鄉位於鄂豫邊的數萬百姓遭敵合

圍，躲進萬字山中，敵人竟縱火焚山，結果一萬餘人被活活燒死，其中大部分是老弱婦孺，是否屬實需要進一步落實。當年國民黨軍究竟殺害了多少鄂豫皖區軍民，麻城乘馬崗區的人口變化或可見一般。1926 年乘馬崗區下轄 13 個鄉，總人口 13 萬，到解放初人口不足 3 萬。減少的人口中有的遭遇國民黨軍的屠殺，有的逃亡。乘馬崗土改時也有地主被殺，張國燾「肅反」亦在乘馬崗殺人，鄂東北第 1 路游擊師長邱江甫就是死在這裏的。

　　1931 年張國燾在光山縣白雀園「肅反」鬧得很凶。肅反的對象，主要有三種人：一是從白軍中過來的，不論是起義、投誠的還是被俘的，不論有無反革命活動，要審查；二是地主富農家庭出身的，不論表現如何，要審查；三是知識分子和青年學生，凡是讀過幾年書的，也要審查。重則殺頭，輕則清洗。當年建立柴山保立過功勞而被殺的有：1、徐其虛在武漢中學學習是，深受董必武、陳潭秋的革命思想影響，在斑竹園被冤殺。2、廖榮坤被抓後，雖然徐向前力保，依然被殺。3、江子英曾任紅十一軍三十一師四大隊黨代表、紅四軍十一師三十二團政委。在「肅反」中同樣被殺害。被殺者還有戴克敏、邱江甫、曹學楷，前面已經提到。戴克敏 1932 年在紅四方面軍第 25 軍 75 師任師政治委員。在「肅反」中被誣陷殺害於河南光山縣新集（今新縣）。邱江甫湖北麻城人，1925 年加入中国共產黨，1927 年參加「黃麻起義」，1932 年任鄂東北第一路游擊師長。1933 年春，軍閥夏斗寅派一營長（邱江甫之兄）勸降，邱江甫反而利用此機會做策反工作，規勸其兄改弦易轍，鬧得不歡而散。後被紅 25 軍發覺，誤認爲邱江甫叛變投敵，將其殺於乘馬崗。曹學楷曾任紅 4 軍第 11 師政治部主任、第 13 師政治委員。他是柴山保革命根據地的主要創始人之一。在對敵鬥爭中，他冷靜沉著，機智果斷，素有「小諸葛」之稱。1931 年 10 月，因「肅反」擴大化，被錯殺於河南省光山縣白雀園。林柱中曾任紅十一軍大隊長，肅反擴大化亦被害。這些人大多是學生出身，涉世不深，憑著熱情幹革命，不論錯殺別人或被人殺，是所難免。

　　在柴山保根據地的骨幹中，被冤殺的比死於戰場上的還多多。吳光浩 1927 年犧牲於羅田。晏仲平 1938 年 9 月因傷口復發病逝。江竹溪 1930 年 11 月，於湖北黃陂縣姚家集作戰犧牲。吳先籌[1]1929 年犧牲戰場。保留下來的有徐向前、王樹聲、程世清、詹才芳、錢鈞等，後來成爲了國家將帥。個別人積極執行左傾路線的就是戴繼英。戴季英在紅四方面軍掀起的「肅反」運動中執行王明左傾錯誤路線，造成嚴重後果。郭家河戰鬥勝利後，中共鄂豫皖省委

收到以博古爲首的臨時中央發來的指示，提出要「消滅內部敵人」，「加緊肅反」，說如今到處都是「改組派」、「取消派」、「第三黨」、「AB 團」戴季英積極貫徹執行。戴季英經長征到達陝北後接續搞「肅反」，逮捕劉志丹。審訊期間，戴季英屢次親自動手用皮鞭狠抽劉志丹、高崗，還把劉帶著 5 歲女孩的妻子投入了勞改隊。

柴山保的軍民百姓，在內戰中，既有相互屠殺，也有內部屠殺，殺得是一沓糊塗，損失太大了，「八月桂花遍地開」，桂花香帶有濃重的血腥味。古代起義者，一般都是團結自己的父老鄉親，攻城掠寨打官府。常言說：「兔子不吃窩邊草」，劉秀就搞的「南陽幫」。現今吸收「蘇聯老大哥」經驗大搞內鬥。是非曲直難辨清，「剪不斷，理還亂」，就需要有志於此的歷史學者進行研究，引導國家民族走向正途。

四、改革佃耕土地制度後的演變與問題

國共兩黨在大革命時期是親密戰友，一同發動五四運動，一同火燒趙家樓，一同攻擊北洋政府，一同辦黃埔軍校，一同北伐。兩黨都支持孫中山的「平均地權」政策，一同建立農會。而忽悠老百姓的也是土地改革，打倒封建制度。其實廢除封建土地制度的不是國共兩黨，「廢封建、立郡縣」，「除井田，開阡陌」是二千年前秦始皇。國共兩黨的土地改革對象是應該「佃耕制」。宋代對土地採用不設田制，不抑兼併的佃耕制土地制度，把土地完全推向市場。佃耕制也叫租佃制，一直延續到解放前。佃耕制度的農業經濟結構，由自耕農經濟、地主經濟和佃農經濟組成。在佃耕制實行時期，三者互相轉化，並不固化。推行共一千餘年，並不影響其發展而且不斷完善，生命力很強。發展中得到創新的有「永佃制」、「農業公司」等。一千多年土地並沒有高度集中，「千年田換八百主」一直運轉著。解放後，國家統計局 1950 年農業生產年報資料及各地土改前各階級比重推算是最可靠的根據，地主戶數 3.79%，人口占 4.75%，佔有耕地 38.26%。1953 年劉少奇在土地高級會議上曾經宣佈：除少數民族地區西藏、新疆、以及臺灣外土地改革基本結束時的結果：「有三億無地少地的農民分得七億畝土地。」這是迄今爲止更爲可靠的數據，是土地改革中，一塊一塊地量出來的。當時土地改革是採取「中間不動兩頭平」的政策，按照中國的人口數量和耕地面積，全國十四億畝耕地，另七億畝耕地屬於「中間不動」的占人口一半的中農。中國始終是：「小農經濟是汪洋大

海」。現今大陸和台灣依然實行佃耕制，叫做「小地主大佃戶」。說明土改只是「革命」需要的財力、人力兩動員，說白了就是讓地主出錢、貧戶出力，又都出命，以爭奪江山而已。

兩黨分裂成仇，互相廝殺表面是對土地改革辦法分歧，實質是國際、國內的權力之爭。內戰結果，共產黨取得政權。按照共產黨的政策進行了暴力土地改革，平分了土地，實際結果全民都成了自耕農，仍然是佃耕制結構上進一步的小農化。國民黨退據臺灣，同時期也進行了強制贖買性的土地改革。結果是「殊途同歸」也是小農化。自給自足的農業經濟，商品並不發達，大陸地區土改後的農民希望能夠達到吃飽穿暖而已。國家糧食儲備一直購少銷多，入不敷出。1953 年春，大陸局部地方出現霜災，秋季農民惜糧備荒，無論對國家還是私人糧商，農民不願將糧食出售，致使國家糧食購少銷多，局面惡化，正是全小農化的必然結果。正如陳雲在論證實行統購、統銷的必要性時所說的：「有的同志提出，去掉商人，我們可以多買一點糧食。我看去掉商人並不等於農民的糧食一定可以多賣給國家」。

1953 年 10 月 16 日，中共中央發出了《關於實行糧食的計劃收購與計劃供應的決議》。這一決議是根據陳雲的意見，由鄧小平起草的。所謂「計劃收購」被簡稱爲「統購」；「計劃供應」被簡稱爲「統銷」。後來，統購、統銷的範圍又繼續擴大到棉花、紗布和食油。從實行統購統銷到改革開放期間，國家通過工農業產品「剪刀差」從農村拿走大量財富。

1955 年 7 月 31 日毛澤東在《關於農業合作化問題》講話中提出：「在全國農村中，新的社會主義群眾運動的高潮就要到來。我們的某些同志卻像一個小腳女人，東搖西擺地在那裏走路，老是埋怨旁人說：走快了，走快了。過多的評頭品足，不適當的埋怨，無窮的憂慮，數不盡的清規和戒律，」批判當時領導農業的副總理鄧子恢右傾。當年入秋以來，全國農業生產合作社猛烈增長，初級農業生產合作社達到 190 多萬個，入社農戶達到 7,500 萬戶。占全國總農戶的 63%。到 1956 年 5 月統計：全國加入合作社的以達到 91.2%。其中加入高級社的爲 61.9%。

1959 年～1961 年伴隨著「三面紅旗」、「公社化」，全國出現了農業大減產，人民大量非正常死亡，歷史上稱爲「三年自然災害」。確實是範圍最大、程度最深、持續時間最長的最大災害，造成三年經濟困難的一個直接因素。死亡人數、原因不得其詳，說法不一。《劍橋中國歷史》的估算爲 1600 萬到

2700 萬之間，說光是 1960 年一年就有超過一千萬人死於饑荒。饑荒的極限已經出現了，就是人吃人，活人吃死人，活人吃活人，親人吃親人。再往下寫，就更難以著筆了。柴山保屬於信陽專區，而信陽專區全國有名是重災區，餓死人當上百萬，光山、新縣都屬於該專區，光山是重中之重。尤太忠將軍是光山縣人，他老家餓死人最多。他回家探親後回部隊說了真話，挨了批評。湖北省長張體學是新縣八里畈人，他家有親戚餓死了，回家看過，回去反映過情況也沒起作用。反瞞產中，原來張國燾搞「肅反」的百雀園又成了殺人場。當時為白雀公社，其楊砦大隊的幹部，組織 10 名基幹民兵攔截逃荒群眾。1960 年春節前後，共毆打來往社員 40 多人，其中打死 12 人。白雀園的一次反瞞產現場會上，一名大隊幹部報不出數字，就被當場處死。

在大躍進運動中，農民財產在剝奪，村幹部出現多吃多占，反映幹部貪占的民謠說：「大幹部摟，小幹部偷，社員縫兩大挎兜」。現今貪腐深入到農村基層，過去稱為「鄉約地保」的村黨支書、村長，以轉讓土地為契機，貪污普遍，數量巨大。經過土改的紅土地上，滋生著新的土豪、村霸。安徽合肥市廬陽區藕塘村黨總支部書記劉懷寅貪污上千萬元，還不算大數，廣東有的村支書貪污過億，向國外逃；農村根紅苗正紅二代、紅三代，許多成了貪污者的根芽，江西省副省長胡長清貪污受審時，首先提到自己祖祖輩輩在農村種田維生，受黨的培養，在資產階級糖衣炮彈面前打了敗仗，賴在剝削階級身上。河南臨潁以學毛澤東思想著名。村主任王某因心臟病突發身亡，清理其遺物時，在其辦公室的保險櫃中卻發現了 2000 多萬元現金及多本戶主為王金忠的房產證。貪污的都是農民賴以生存為之鬥爭的土地。官員的貪污款、開發商的行賄款來自土地；農民被打死、被燒死、被推土機軋死也是因為土地。當年批鬥地主者的繼任者，分了舊地主的土地，自己成了新地主，新式山寨版的土豪、村霸。61 歲的土豪吳天喜，九屆全國人大代表、河南省鎮平縣政協原副主席，強姦女學生數字是 36 名，年齡 12 歲到 16 歲，比土豪還土豪。唐山市高新區李各莊村主任白豔春，擔任村主任多年「家有寶馬、路虎等多輛豪車」宅院佔地超 3 畝。這是一座門禁森嚴的大院，3 米高的院牆外立面貼滿了整塊大理石牆磚，門楣飾有精細石雕，可自動控制開閉的大門兩側佇立著兩隻石獅。東莞 90 後土豪高調結婚豪車巡街派發給過路人發 4 萬個紅包，共 99 萬元。更為可觀的是谷俊山弟弟河南濮陽東白倉村支書谷獻軍，建造的「將軍府」，佔用東白倉村十三四畝集體土地。俚語說：「紙幣成噸，黃

金成斤，亞賽當年的和珅」。說的合轍壓韻。過去說：「夫榮妻貴」現今變成「貪官榮拼婦貴」了。

土地革命的結局爲農業發展留下了「坎兒」，就是小農化。現代的土地制度已經離開了宋代自然發展的軌道，基本是人爲的政治干預，而且不清楚取向，只是摸著石頭過河。2014 年末，中央深化改革領導小組，召開了會議，審議了土地問題，被稱爲「新土改」。農村土地徵收、集體土地建設入市、農村宅基地等問題依然解不開疙瘩，任性的堅持不可逾越的「紅線」，難以進行有效的土地改革。要保證土地集體所有制，非農用地由於不斷擴大，想保證農民利益不受損害是困難的。農民自己怎麼能得到保證，權益都是被動的。海峽兩岸都在考慮推行「小地主大佃農」，就是鼓勵不想耕種、無力耕種，耕種效率低下的農民將土地長期出租給經營大戶，推進農地經營規模。當年柴山保的青年土地革命的發動者，不會考慮那麼深；也不會預料有此等結果。「小地主大佃農」取向，又是兩黨土地改革後的另一次「殊途同歸」的自然規律體現。「道法自然，天人合一」，何必強求，內戰又是何苦呢？

五、無序的土地革命結局

九十八歲的王老先生爲柴山保內戰歷史研究蒙紗撕開了一條裂縫：夏先生同樣仍在研究這段歷史。現在抗日戰爭史開始明朗，不同觀點逐漸接近。例如臺灣地區發行的 2015 年「勇士國魂月曆」把左權將軍列人爲抗日名將。抗日戰爭是全民族生死存亡之戰，是正義之戰。參加抗日戰爭的人是爲戰爭而生的一代人，是爲民族赴難的一代人。在被日寇鐵蹄踐踏的國土上，他們在烽火中出沒，在戰場中堅撐，而他們就是那段血與火的歷史，無論他們曾是怎樣的番號，曾歸何人的統率，都應該受後人敬重。抗日戰爭勝利是中國國際威望提高，成爲了常任理事國。凡是參加抗日的都是英雄。內戰與之不同，雙方在相互屠殺中，同時更屠殺無辜。國土不整，民族之間就有裂痕。有些不光彩行爲，都會去掩飾。例如：岳維峻在鄂豫皖蘇區被老部下徐向前俘獲。按約定送來大量的醫藥器械、軍裝和銀元就要釋放岳維峻。張國燾自食其言將他處決，就不是光明磊落行爲。以革命的名義勒索、綁票只是一時之快，名聲不會光彩。歷史事件蒙混一時不能蒙混一世。現今年輕人或對柴山保濫殺無辜，瞭解的還算傳言，半信半疑；而文化大革命時間上不久，濫殺無辜確是大多數的成人所親見，言之不虛。

抗日戰爭勝利是全國同慶，全民受益。內戰結局則全然不同。柴山保有

雙方互殺，也有自己人殺自己人，包括同黨互殺，同族互殺，同村互殺，親戚殺親戚。王老先生的母親和弟弟就是被同族兄弟王成盛、王成贊殺的。此二人還只是少年，不久也為革命犧牲。像王老先生那一代的人，從偉大領袖到草民，內戰中留下的回憶，痛苦多於歡欣，痛苦是永久的，歡欣是臨時的。毛澤東到老，同樣是：「鼓角燈前老淚多」。柴山保根據地創建者之一的程世清算是幸運，「文革」時任江西省委書記、江西省革委會主任等職。和內蒙的滕海清一樣，大搞冤假錯案，民憤極大。他因上了林彪賊船被逮捕，而後被免予起訴，在孤獨和落寞中度過了晚年。戴季英 1952 年犯有錯誤，被開除黨籍，回家反省。不久即被判入獄 15 年。淡出人們的視野，過著近乎「隱居」的生活。那一時代的人，祖國的「良辰美景」，無心「賞心樂事」。正如唐人曹松《己亥歲二首》的詩所云。其一：「澤國江山入戰圖，生民何計樂樵蘇。憑君莫話封侯事，一將功成萬骨枯」。其二：「傳聞一戰百神愁，兩岸強兵過未休。誰道滄江總無事，近來長共血爭流」。

　　歷代政權、政策總是變動的，總不會「萬世而為君」。而草民的子子孫孫，生生不已，是無窮盡的，殺不完的，後來人「捲土重來未可知」，不必「復仇」，也要「申冤」。世世代代要住在祖先留下的土地上生活，低頭不見抬頭見。有關人應該負責任的捫心自問，為子孫後代留下什麼，怎樣向歷史交代，冤冤相報何時了，現今還能怡然自得嗎？時至今日，乘馬崗的王家和丁家至親子孫們又如何見面。柴山保出身的將軍們勝利之日，不知如何去「威加海內兮歸故鄉」。王老先生走後也沒有回過柴山保。或可能如夏先生所企盼的那樣，相互鬥爭的鄉親們重新會面，而「相逢一笑泯恩仇」，這個笑可能是苦笑，也會是「相對無言，只有淚千行」。人人都在關心著歷史，內戰的是是非非總要釐清，只是時間問題。澄清了內戰史，真實的正史才能夠寫好，才能夠取得民族大團結，實現國泰民安。困難就是各有偏見。相信人民有良方，只要不「諱疾忌醫」。祝後來人吉祥如意，永和諧無災

寫於 2015 年春